心理学要論

こころの世界を探る

［改訂版］

福田 由紀 編著

培風館

執筆者紹介（執筆順）

＜　＞は執筆分担章

やまぎわゆういちろう
山際勇一郎　東京都立大学人文社会学部教授　＜1，2章＞
1988年　筑波大学大学院博士課程心理学研究科単位取得退学

なかつやまえいこ
中津山英子　日本大学工学部准教授　博士（心理学）　＜3章＞
1995年　筑波大学大学院博士課程心理学研究科単位取得退学

いとう　ひさえ
伊藤　尚枝　法政大学・恵泉女学園大学非常勤講師　博士（心理学）＜4章＞
2010年　聖心女子大学大学院文学研究科人間科学専攻博士後期課程修了

いこま　しのぶ
生駒　忍　川村学園女子大学非常勤講師　＜5章＞
2010年　筑波大学大学院博士課程人間総合科学研究科単位取得退学

すぎやま　たかし
杉山　崇　神奈川大学人間科学部教授　＜6，8，12，13章＞
2002年　学習院大学大学院博士課程人文科学研究科心理学専攻単位取得退学

ふくだ　ゆき
福田　由紀　法政大学文学部教授　博士（心理学）　＜編者，7，11章＞
1991年　筑波大学大学院博士課程心理学研究科単位取得退学

こんの　ひろゆき
今野　裕之　目白大学人間学部教授　＜9，10章＞
1996年　筑波大学大学院博士課程心理学研究科単位取得退学

きくち　りさ
菊池　理紗　法政大学非常勤講師　博士（心理学）　＜コラム1，2＞
2021年　法政大学大学院人文科学研究科心理学専攻博士後期課程修了

—所属は　2022年3月現在—

改訂版の出版にあたって

2010年に「心理学要論」の初版が発行されてから10年程が経ちました。評判はまずまずでしたので，そろそろ改訂版を出す時期が来たかなと準備をしていました。そのような中で，社会の大きな変革が，外的な要因によって強制的に起こりました。COVID-19 感染症が2020年の年明けから世界中に広がり，人との物理的な距離を取る生活が日常化しました。

教育現場でも，学習と安全の両方を保障するために，対面授業の代わりにオンライン授業や，資料配付型やビデオ視聴型のオンデマンド授業などが取り入れられました。このような変化に，最初は多くの人に戸惑いがあったと思います。しかし，人間の適応力は高く，現在では，これらの授業形態の長所を活かし，かつ，短所を補うような学習・教育活動が行われています。学生は録画されたオンライン授業や作成されたビデオを何度も視聴することにより，今までさらっと聞き流していた内容を確実に自分の知識として蓄積できます。教員も今まで以上に質問やコメントを学生から得られるような授業計画にしています。また，学生のコミュニケーションの機会を担保するとか，そのスキルを上げるための工夫もなされています。

このような現場での学習や教授の変化に対応した教科書が求められるようになってきました。この「心理学要論」は，もともと，初めて心理学を勉強しようという学生を主な対象とし，そして，大学の対面授業で使用される教科書を念頭に作られました。その際，自習もできるように，相互参照を入れる等の工夫をしました。しかしながら，「自習もできるように」というレベルの考え方は現在では通用しません。「一人で学べる」教科書，かつ，「心理学の面白さを自分で発見できる」本でなくてはなりません。

そのため，今回の改訂では初版の良いところである①読んで心理学が理解できること，②多くの図表を見ることにより理解が促進されること，③相互参照を活用することにより関連性を理解できること，④充実した索引を利用することによって学び直しができること，をパワーアップしました。また，人とのやり取りの重要性が実感されるこの頃です。章扉やコラムのトピックスはコミュニケーション，人とのやり取りに関連した内容としました。このように改訂版では心理学の基本的な内容を押さえつつ，新しい話題を取り入れ，さらに新たな執筆者を迎えております。ぜひ，この本で学習することにより，心理学の楽しさを学べた，と感じる読者が増えることを希望します。もちろん，教員からの講義や授業での友人とのやり取りを通して，さらなる知識の獲得や発見もあるでしょう。その体験も貴重ですね。大切にしてください。

最後になりましたが，今回の改訂に関して培風館編集部の近藤妙子氏に多大なるご苦労をおかけしました。ここに深謝いたします。また，皆さんといっしょに心理学を学べることに感謝します。

2022 年 1 月

編著者　　福 田 由 紀

目　次

Ⅰ部　こころの探究

Ⅱ部　こころの仕組み

V部 こころの支援

1 章　こころの歴史を解く

哲学者エビングハウス(Ebbinghaus, H., 1850–1909)はフェヒナー(Fechner, G. T., 1801–1887)の『精神物理学原論(*Elemente der Psychophysik*)』(1860)に深く印象づけられ，当時ヴント(Wundt, W. M., 1832–1920)が研究不可能であるとしていた人間の高次の精神作用である記憶について研究を行った。彼は無意味綴りを用いて刺激を等価に統制し記憶実験を行った。

有名な忘却曲線は学習の節約率によって定義されている。『記憶について(*Über das Gedächtnis*)』(1885)において，系列位置効果，記憶範囲，分散－集中学習の比較，過剰学習などを説明しており，後続の記憶研究や現代の認知心理学に影響を与えている。

また，入門書として普及した『心理学原理(*Gründzuge der Psychologie*)』(1897)の 1902 年改訂版『心理学概論(*Abriss der Psychologie*)』は「心理学の過去は長いが，歴史は短い」で始まっている。

コミュニケーションは，書く・読む・話す・聞く活動といわれる。通常，話す場合には聞く相手が存在するし，書く場合には読み手がいるし，簡単にその役割は交替する。つまり，「やり取り」こそがコミュニケーションの根幹である。

コミュニケーションは，言語的な情報や非言語的情報によって成り立っている。2～5 章の最初のページでは言語的なコミュニケーション，6 章では準言語的なコミュニケーション，7～9 章までは非言語的なコミュニケーションについて紹介をする。そして，10～12 章ではコミュニケーションの場について，13 章ではオンラインでのコミュニケーションについて考える。章扉では話しことばのコミュニケーションを中心に紹介する。

1-1　心理学前史

（1）ギリシア時代

ギリシア時代の哲人の思想は現代の科学的心理学に直接的に影響を与えているわけではない。しかし，学問としてのこころの理解はギリシア哲学に始まり，後世のこころの捉え方に影響を与えている。

a. 宇宙論・認識論

初期のギリシア時代では，宇宙やヒトとは何か，何でできているかなどの宇宙論が模索された。例えば，タレス（Thales, 625–547 B. C.）は万物は水からできていて，ヘラクレイトス（Heraclitus, 540–480 B. C.）は火からできていると考えた。エムペドクレス（Empedocles, 490–430 B. C.）やヒポクラテス（Hippocrates, 460–377 B. C.）は，土，空気，火，水の元素から，デモクリトス（Democritus, 460–370 B. C.）は原子から作られているとしている。

認識論も展開された。ヘラクレイトスは万物は変化するものであると述べ，「同じ川には二度と入れない」ということばを残している。これに対して，クセノファネス（Xenophanes, 560–478 B. C.）など**エレア派**は，感覚を通して経験されることは幻想であり，真実は合理的な理性によって捉えることができると反論している。また，ピタゴラス（Pythagoras, 580–500 B. C.）の**心身二元論**や魂の不滅説，数神秘主義などはプラトン（Plato, 427–347 B. C.）を介して，西洋の思想に強い影響を与えている。

b. 医学におけるこころの検討

アルクマイオン（Alcmaeon，500 B. C. 頃）は脳と**視神経**が直接つながっていることを発見した。当時，身体から離れた位置にあって，謎に満ちた脳に魂があり，こころは心臓あるいは肺にあると考えられていた。彼はこれを否定し，感覚，知覚，記憶，思考，理解が脳で処理されていると主張した。医学の祖として知られているヒポクラテスは，ヒトの体液は黒胆汁，黄胆汁，血液，粘液

表 1-1　ガレノスによるヒポクラテスの体液説の拡張

体　液	気　質	性　格
粘　液	粘着質	緩慢な，無感情な
血　液	多血質	陽気な
黄胆汁	胆汁質	怒りっぽい，性急な
黒胆汁	憂うつ質	もの悲しい

から構成され，これらのバランスが崩れると病気になると考えた。このヒポクラテスの考えをガレノス(Galen, 130–200)は拡張し，体液と4気質を結びつけた**パーソナリティ理論**(表1-1)を展開した。この理論は以降のおよそ1400年間の基本的理論になり，現代の類型論(12-2参照)にも影響を与えている。

c. ギリシア哲学の黄金期

ソフィストのプロタゴラス(Protagoras, 485–410 B. C.)は「人間は万物の尺度である」と述べた。例えば，同じ温度の水でも冷たいと感じるヒトもいれば温かいと感じるヒトもいるように，物理的な現実よりも主観的な視点を重視した。したがって，個人の経験や文化も主観的判断に影響を与えるとしている。この個人経験を重視する考えについて，ソクラテス(Socrates, 470–399 B. C.)は賛成であった。しかし，個人の意見を越えた真実はないという考えには反対で，理性によって経験の背後にある永遠の普遍的真実を発見できると考えた。そのためには外的対象の知識だけではなく，自己についての知識を追求することを勧めている。また，**帰納的定義**が理性の道具として有効であるとした。

プラトンは，師のソクラテスの考えを発展させた。彼は，環境は絶えず変化するうえにヒトの観察は頼りないので，感覚システムに依存する観察を捨て，つまり経験を否定して，理性を訓練することで真実を解明できるとしている。また，彼は心身二元論の立場をとった。さらに，魂は不滅であり死後でも時期が来ると再び別の身体へ入るという輪廻転生の考えもあった。そして，魂は理性，勇気，欲望から構成されていると考えた。このようなこころの構造のモデル化は後の多くの学者たちによって展開されている。

アリストテレス(Aristotle, 384–322 B. C.)はプラトンの弟子であった。しかし，彼は小アジアの旅行とそこでの仕事の経験から，観察，分類，観察による**演繹的推論**を重視した。また，初めての心理学書『魂について(*De Anima*)』を著している。

アリストテレスは三種類の魂を区別した。まず，植物が持っている生長もしくは**栄養の魂**である。これは，成長，栄養の吸収，生殖を可能にする。第二は動物の持つ**感覚の魂**であり，栄養の魂の機能に加えて，外界に反応し喜びや苦痛を経験し記憶を持っている。そして，ヒトだけが持つ**理性の魂**は，他の2つの機能に加え理性的な思考を可能にしている。この考え方は，人間と動物の連続性を認める現代の考え方と異なることになる。これら以外にも外界の情報は五官によって得られること，**記憶**(memory)と**想起**(recall)の区別，**想像**(imagination)と**夢を見ること**(dreaming)の区別など心理学的叙述を残している。

(2) ローマ時代から中世

a. 普遍から個人へ

アリストテレスの死からローマ時代までは，良い日常生活をどのように送るかという**快楽主義**や**禁欲主義**，**懐疑主義**が現れ，その後は宗教への関心が強くなる。

例えば，懐疑主義の創始者とされるピュロン(Pyrrho, 360–270 B. C.)は，個人の知覚により得られたものや認識しているものはヒトによって同じであるかは疑わしく，普遍的な事物に関する表象の判定はできないと考えた。そのため，社会の風習や習慣に順応することでより良い人生を送ることを勧めた。

b. アウグスチヌスの内省

初期キリスト教の最大の教父とされる聖アウグスチヌス(St. Augustine, 354–430)は，**ストア主義**や**新プラトン主義**，**ユダヤ教**を**キリスト教**の教えに結びつけた。この考え方は13世紀までの西洋の中心的なものとなる。すなわち，西洋における思考や感情，行動についての多くの仮説は，この初期のキリスト教の教義を基礎にしていると考えることができる。特に，聖アウグスチヌスの神学上の教義は心理学に関連する事柄が多い。例えば，ヒトは強い**内省**を通して神を知ることが可能であり，至高の感情を得ることができるという。この**内省主義**はデカルト(Descartes, R., 1596–1650)を経由して現代心理学にも影響を与えている。なお，内省によって神を知るということは，神につながる魂とそれを閉じ込めている肉体とは別のものであるという**心身二元論**の立場を示している。また，**自由意志論**も展開している。個人の行動は罪の意識を避け，善の喜びを求めることによって生じるとされた。これはヒトの行動が，生物学的要因や経験，状況などによらない個人の内的な動機づけによって起こるという考え方である。

c. ギリシア哲学の系譜

5世紀からルネサンスに至るまで，西洋では心理学を含む多くの学問が停滞した。その頃，ギリシアやローマの哲学はイスラムやユダヤの世界において翻訳され，医学，科学，数学の発展に役立っている。例えば，アヴィセンナ(Avicenna，ペルシャ名イブン・シナ，980–1037)は500年以上もヨーロッパの大学で使用された医学書を著し，数学，論理学，宇宙学，イスラム神学，政治学，言語学と幅広く活躍した。心理学に関連する思想もアリストテレスから影響を受けており，ヒトの思考について分析している。見る，聞く，触る，味わう，臭うという外部感覚があり，続いて共通感覚，保持的想像，連合的想像，創造的想像，評価力，想起能力，情報使用能力という内部感覚が階層を成していると仮定した。また，身体と精神疾患の治療を行い，うつ病の患者に対して朗読や音楽を使った治療も試みている。

一方，キリスト教の世界では**スコラ学**が現れた。特に，トマス・アキナス(Thomas Aquinas, 1225–1274)が著名であり，それまで信仰のみが強調されていたことに対して，アリストテレス哲学をキリスト教思想の統合に関する議論を行い，理性も重要視されるようになった。これによって伝統的なキリスト教思想では許されていなかった観察や自然についての記述へ方法論が移行していった。

(3) 近代的科学と哲学の誕生

a. 科学の発展

ルネサンスの時代は人間性に強い関心が持たれた。宗教は教会から個人の信仰へ移り，教会の権威が衰えたことにより認識の対象がさまざまなものに及び，科学的な観察による方法論と数学的演繹法も発展した。例えば，コペルニクス(Copernicus, N., 1473–1543)やケプラー(Kepler, J., 1571–1630)，ガリレオ(Galileo, G., 1564–1642)は**天文学**において大きな業績を残している。ただし，ガリレオは，ヒトの思考は主観的なものであるから科学の対象にならないと考えていた。方法論の点では，ケプラーやガリレオの理論を統合して万有引力の法則を導いたニュートン(Newton, I., 1642–1727)の成功が，科学や哲学に与えた影響は大きく，それによって科学的な方法論が認められるようになった。

b. ルネサンスの哲学

ベーコン(Bacon, F., 1561–1626)はガリレオなどの演繹的な方法論とは反対に**帰納的推論**を提唱した。そこでは，直接観察と記録が重視され，演繹による理論や仮説，数学的公式が排除されている。このような実証主義はその後の科学的方法論に大きな影響を与えた。

デカルトは心理学に強い影響を与える複数の考えを提唱している。もともとピタゴラスやプラトンの数神秘主義を信じ，物理現象など数学の公式で説明できるもの以外は疑わしいと考えていた。デカルトによるとヒトの身体については数学で説明できるが，こころについては説明できない。しかし，「我思う，故に我あり」というように，考えている自分の存在は否定できないことから，考えている自分，すなわち意識は学問の対象になりえると主張した。ここに，こころについて学術的アプローチが成立したと考えることができる。なお，デカルトの立場は心身二元論であり，こころと身体が互いに影響し合っているという**相互作用主義**であった。研究方法としては聖アウグスチヌスと同じ内省を推奨した。また，観念などに関わるこころは基本的に生得的であるとした。一方，情動などは外界の刺激が空洞のある糸のような神経を機械的・自動的に伝わり，それによって**動物精気**が増加し，その影響を脳が受けて生じると考えた。ガレノスの影響を受け，生物学的視点によって解釈も行っている。この外界の刺激に対する自動的反応の考え方は現在の**反射**の考え方と同じである。

1-2　心理学の兆候

ルネサンスの頃まで，こころとは何かということは哲学と宗教に関連づけられて模索されてきた。17 世紀の終わりから 19 世紀の初めにかけて，イギリス経験主義，産業革命による科学技術の発展，そして進化論などの現代心理学に直接的に影響を与える重要なこころの捉え方が出現する。

(1) 経験主義・連合主義

a. 経験主義

どのようにこころが内容を持つのかという問題に対して，デカルトの**生得論**とは正反対にイギリス哲学ではすべての知識は経験から得られるとする経験主義が広まる。イギリス経験主義の創設者とされるホッブズ(Hobbes, T., 1588–1679)は，ヒトを機械とみなして，ヒトの行動は究極的に物理的・機械的法則に還元できると主張した。また，ヒトは快楽を追求し，苦痛を回避するように動機づけられていると考えた。ロック(Locke, J., 1632–1704)は完全な経験主義者であった。彼は生まれたときには白紙状態のヒトのこころが膨大な蓄えを持つのは，感覚を通して得られる経験によるものであると述べている。また，バークリー(Berkeley, G., 1685–1753)は物質的世界の存在を否定し，存在することは知覚することであるという**知覚中心主義**を主張した。一方，ヒューム(Hume, D., 1711–1776)は，ヒトは経験したことが概念になるので真の物理的世界は決して知り得ないとする**懐疑論**を唱えている。このようなさまざまな立場があるが，感覚を通して得られる経験によって知識が得られることについては一致している。

b. 連合主義

ロックやヒュームを経由して，ハートレー(Hartley, D., 1705–1757)やミル父子(Mill, J., 1773–1836；Mill, J. S., 1806–1873)によって，経験主義が連合主義と結びつけられ展開する。感覚を通して得られる観念は単純な心的要素であり，連合することによって，複雑な観念や高度な心的過程が成立するという考えである。

ハートレーは連合主義を生理学的に解釈している。感覚への刺激が神経に振動を与え，それが脳に伝わり脳内で同じような振動を起こす。刺激がなくなった後も脳内に振動が残る。この振動が観念に対応する。したがって，観念は感覚刺激の弱いコピーであると考える。そして観念の連合の鍵となるのは接近であり，時間的，空間的に接近して生じるものどうしが結びつき，新たな観念が生じるとしている。この考え方は**行動主義**に類似している。

ミル父子において経験主義と連合主義の結合が強くなる。ただし，J. ミルが連合を単純な要素の合成と考えたことに対して，J.S. ミルは化学式のように連合によって新たに別の性質が生まれると主張した。また，ベイン(Bain, A., 1818–1903)は初めて体系的な心理学テキスト『感覚と知性(*The Sense and the Intellect*)』(1855)と『情緒と意志(*The Emotion and the Will*)』(1859)を著し，当時の神経生理学的知見を用いながら，こころと身体の連合の関係に言及している。

(2) 生物学・生理学的基礎

18世紀から19世紀にかけて起こったイギリス産業革命は科学技術の進歩とその普及を促進させた。同時に，物理学や天文学，数学，生物学などの学問も発展する。直接，心理学に関連する領域では，顕微鏡や実験器具の発達によって生物学や生理学が発展する。心理学より半世紀早く実験科学として成立したこれらの領域は心理学の基礎の一部ともいえる。

a. 神経系の研究

生理学領域では神経系の研究が輩出した。ホイット(Whytt, R., 1714–1766)は除脳したカエルの手足を金属棒で刺激すると手足が反応し，脊髄を除去すると反応しないことから，脳を用いない**脊髄反射**を発見した。ヘイルズ(Hales, S., 1677–1761)も，脊髄を前肢と後肢の間で切断したカエルを用いて運動機能を失った後肢が刺激によって反応することから，延髄・脊髄を含む反射弓を明らかにしている。ベル(Bell, C., 1774–1842)は頭部の12対の神経を発見し，そのうち5番目の神経は顔面への刺激に反応し，7番目は顔面を動かす機能を持っていたことから**感覚神経**と**運動神経**を区別した(Bell, 1811)。マジャンディ(Magendie, F., 1783–1855)もイヌを使った実験によって同様の発見をしたために(Magendie, 1822)，現在では**ベル-マジャンディの法則**とよばれている。そして，ヘルムホルツ(von Helmholtz, H., 1821–1894)は当時は一瞬にして伝わると考えられていた**神経伝達速度**をカエルを用いて測定し，秒速約

27.4 m(90 feet/sec)であることを発見した。ヒトにおいては，実験参加者に脚に触れたときにボタンを押すように指示して反応を測定し，秒速約50～100 mであることを明らかにした(von Helmholtz, 1850)。なお，現在知られている詳細な神経系の構造や機能は3-2を参照されたい。

b. 局在説vs.等能説

こころの所在の問題はギリシア時代から存在した。ガレノスや後世のダ・ヴィンチ(da Vinci, L., 1452-1519)はこころは**脳室**にあると考えていた。また，プラトンはこころは脳に，情意は心臓にあるとしていた。ただし，アルクマイオンの視神経の発見から，こころは脳にあるという考えもあった。

フルーラン(Flourens, J. P. M., 1794-1867)は脳の一部分を取り除いていき，その機能を調べた。その結果，脳の個別機能が特異的に損なわれていくのではなく，全体の機能が弱まっていくことがわかった。このことから脳内の特定の部位に特定の機能が局在するのではなく，脳機能は均等であるとする**等能説**を主張した。これに対して，ガル(Gall, F. J., 1758-1828)は，死者の頭蓋の突起の状態を示す頭相と生前の性格を調べ，各部位が特定の心理学的特徴と関連があると述べた。脳の特定の部分が特定の反応や行動に一対一対応をしているという**局在説**である。なお，ガルの局在説は**骨相学**(phrenology)とよばれ，イギリス骨相学会の解散が1967年であったことからもわかるように大流行をした考え方である。

その後，ブローカ(Broca, P., 1824-1880)が**運動性言語**機能と，ウェルニッケ(Wernicke, C., 1848-1905)が**感覚性言語**機能に関係する場所を特定し，両者がユニットとなって言語機能を制御していると考えられるようになった。また，フリッシュ(Fritsch, G. T., 1838-1927)とヒッツィヒ(Hitzig, E., 1838-1907)は**運動領野**を発見し(Fritsch & Hitzig, 1870)，フェリアー(Ferrier, D., 1843-1928)は運動領野の確認と，さらに大脳皮質に皮膚感覚，聴覚，嗅覚に結びつく領域地図を発表した(Ferrier, 1876)。このような研究によって骨相学が示した局在機能は否定されていった(3-3参照)。

c. 感覚生理学

ミューラー(Müller, J.P., 1801-1858)は，ベル－マジャンディの法則を拡張し，ベルの示唆に従って**特殊神経エネルギー説**を提唱した(Müller, 1826, 1838)。彼によると，特定の感覚神経が5つあり，それぞれ特定のエネルギーを持ち，その興奮によって特定の聴覚，視覚，嗅覚，味覚，触覚といった感覚が生じる。それゆえ，音や光といった外界の刺激自体の性質に感覚は依存していないと考えたが，この説は現在では否定されている。

ヘルムホルツは，聴覚について受容器は1つではなく，何千もの神経繊維が刺激を受けて共鳴し，その組み合わせによって，例えば音の高低などが経験されるという**聴覚共鳴説**を唱えている。また，ヤング(Young, T., 1773–1829)の説の若干の修正と実験による検証によって，色覚の仕組みについて**三原色説**あるいは三色説とよばれる理論を提出した。視覚受容器は1つではなく，赤，緑，青に対応した三種類であり，神経繊維の興奮の組み合わせによってヒトの主観的感覚が説明できると主張した。

一方，ヘリング(Hering, E., 1834–1918)は，多くの観察結果から，色の基本感覚として赤－緑，黄－青，そして白－黒の三組の反対色を仮定した。そしてこの三組に対応する化学物質が網膜にあり，刺激に呼応してそれぞれの化学物質が合成されたり分解されたりすることによって色覚が成立するとしている。これを**反対色説**という。

(3) 進化論の影響

a. 動物進化の考え方の広まり

ギリシア初期の進化論的な思想は，プラトン，アリストテレスの理性の普遍性を求めた哲学やその後のキリスト教の進展によって顧みられることはなかった。その後，18世紀になって動物進化の考え方が受け入れられるようになった。動物進化の考え方を公式化したラマルク(Lamarck, J. B., 1744–1829)は，親が獲得した形質は子孫に伝わっていくという獲得形質の遺伝説を主張した。彼はキリンの首が長い理由を例として，継続して使用する器官は代が変わる度に次第に発達し，そうでない器官は退化するという進化論の考えを説明した(Lamarck, 1809)。

b. ダーウィンの進化論

ダーウィン(Darwin, C. R., 1809–1882)は『種の起源(*On the Origin of Species*)』(1859)で**自然淘汰**を提唱した。戦争や飢饉，疫病などによって食物の供給と人口のバランスが保たれていると論じた経済学者のマルサス(Malthus, T. R., 1766–1834)の『人口論(*An Essay on the Principle of Population*)』(1798)に影響を受け，その考えを，植物や動物，人間に適用した。すなわち，種は生存可能な数を超えて子孫を産むが，個体差があってすべてが生存するのではなく，生存に適した特性を持つ個体のみが生存し，そうでない個体は死滅するという**適者生存**(fittest survive あるいは survival of fittest)の原理である。そして，子孫の環境が親の環境と異なっていれば生存に必要な特性も異なり，親とは異なった特性をもつ個体が存続するようになるという。

ダーウィンの研究の中で心理学に最も直接的に関係している著述に『人および動物の表情について(*The Expression of the Emotions in Man and Animals*)』(1872)がある。この中で，ヒトと動物の差異は質的なものではなく量的な問題であると述べられ，ヒトと動物の連続性が強調されている。この考えは比較心理学，発達心理学などに直接的に強く影響を与えている。また，こころよりも行動に重点を置いたことや環境に対する適応機能を重視した**機能主義**の立場もその後の心理学に計り知れない大きな影響を与えている。

(4) 精神物理学

物理的世界とこころの世界には大きな隔たりがあると捉えられてきたが，科学の発展によって密接なものになっていく。生理学では，物理的刺激によって神経の反応を測定するようになり，さらに，ウェーバー(Weber, E. H., 1795–1878)やフェヒナー(Fechner, G. T., 1801–1887)が物理刺激に対して生じる感覚について組織的な研究を行った。このような立場はフェヒナーによって**精神物理学**(psychophysics)とよばれ，現在の実験心理学の基礎となっている。

a. ウェーバーの法則

ウェーバーは物理刺激と感覚の関係の数式化を初めて試みた。当時の生理学では視聴覚の研究が中心であったが，ウェーバーは筋の感覚の研究を行った。皮膚上の異なる二点を刺激することによって，身体のさまざまな場所における弁別閾の測定を行った。そして，彼の最も大きな貢献は，重さ感覚を用いて原刺激 (S) とさまざまな比較刺激 (ΔS) についての感覚の関係を実験的に調べ，その相対的関係は一定であることを量的に公式化したことである($C=\Delta S/S$, Cは一定：表1–2)。これを**ウェーバーの法則**(Weber, 1834)という。

b. フェヒナーの法則

フェヒナーはウェーバーの理論を拡張し，刺激(S)と感覚量(R)の関係を対数で表現した**フェヒナーの法則**(Fechner's law)を発表した($R=C\log S$, Cは定数：Fechner, 1860)。音の大きさや明るさの感覚に関して，この法則は現在で

表1–2 ウェーバー比(Atkinson et al., 1983)

感覚の種類	ウェーバー比(C)	感覚の種類	ウェーバー比(C)
音の高さ	.003	音の大きさ	.100
明るさ	.017	皮膚への圧	.140
挙　重	.020	塩水の味	.200

も利用されている。その際，フェヒナーは感覚量を直接測定できないと考え，感覚どうしを比較することにより測定した。フェヒナーは刺激の提示方法について，**丁度可知差異法**(method of just noticeable differences)，**当否法**(method of right and wrong cases)，**平均誤差法**(method of average error)の3つの方法を提出している。これらの方法を**精神物理学的測定法**という。

丁度可知差異法は，実験者が1つの刺激を段階的に変化させて，実験参加者に標準刺激と比較判断させる方法である。比較する刺激が標準刺激と違いが丁度わかる点を探していく方法で，**極限法**(method of limits)ともよばれている。**当否法**は，あらかじめ実験者が比較刺激の大きさを数段階ほど設定しておき，それをランダムに実験参加者に提示する方法である。**恒常法**(method of constant stimuli)ともいう。**平均誤差法**は比較刺激と標準刺激が明らかに異なる大きさから出発し，実験参加者が比較刺激を徐々に変化させて標準刺激と同じ大きさになる点を探す方法である。この方法は**調整法**(method of adjustment)ともよばれている。

一方，およそ100年後，フェヒナーの方法では感覚を直接測定できないことを批判して，スティーヴンス(Stevens, S. S., 1906–1973)が**マグニチュード推定法**(method of magnitude estimation)を考案した(Stevens, 1957)。マグニチュード推定法を用いた実験により，刺激(S)と感覚量(R)の関係は，べき関数であることを示している($R=kS^n$, k, nは定数)。これを**スティーヴンスのべき法則**(Stevens' power law)とよぶ。

1-3　心理学の誕生

(1) 実験心理学とその展開

a. 心理学の専門課程の誕生

ヴント(Wundt, W. M., 1832–1920)がライプチヒ大学に心理学実験室を整備し，学生の指導を始めた1879年が，心理学研究における最初の実験室の誕生とされている。ヴントはすべての科学は経験に基づくものであり，さらに心理学が研究対象としている意識は直接刺激から受けた経験であると考える。

ヴントの実験心理学の目標は，思考の基礎的要素を発見し，それらの要素を組み合わせてより複雑な心理的経験の法則を発見することにあった。このことから**要素主義**，**構成主義**と称される。その基礎的心理的過程を直接経験において研究するために**内観法**を用いた。ただし，実験参加者は，物理的に同じ刺激に対しては常に同じ感覚が生じるように訓練が必要とされた。体調などによって見えたり見えなかったりでは問題があるからである。

ヴントによると，基礎的な心理的経験には感覚器官が刺激され，それが脳に伝わって生じる感覚と，感覚に伴って生じる感情がある。感覚は視覚，聴覚，味覚などの種類である**モダリティ**とその強度で記述される。一方，感情は快－不快，興奮－静穏，緊張－緩和の3次元の程度で表すことができるとした。

b. 反応時間研究

ヴントは，反応時間が要素の内容や心的活動を測定する研究の補助的役割を持つと考えた。反応時間についてはベッセル(Bessel, F. W., 1784–1846)が天文観測における個人差のデータから**個人方程式**を計算し，ドンデレス(Donders, F. C., 1818–1889)が次のような優れた研究を行った。例えば，赤ランプが点灯したときの反応時間を測定する(A)。次に，赤と青のランプのうち，赤ランプのみが点灯したときに反応するように教示し，その反応時間を測定する(B)。2つの反応時間の差(B－A)は，赤と青の弁別という心的活動を表していると考えるのである。これを**減算法**という。しかしながら，結果の変動が大きいために，次第に使用されなくなっていく。ところが1960年代に認知心理学の興隆とともに，ドンデレスの反応時間の測定手続き(**時間測定学**)が再び見直されるようになる。

c. 統覚と民族心理学

ヴントは意識の要素の組み合わせには受動的なものと能動的なものがあると考えていた。能動的な組み合わせを仮定したことは，要素の統合だけでは説明できない別の性質があると考えていたことになる。これを**統覚**(apperception)とよぶ。また，高度な心的活動を説明する際に文化的要因の検討が必要であると考え，『民族心理学(*Völkerpsychologie*)』(1900–1920)十巻を著している。

d. 構成主義

ティチナー(Titchener, E. B., 1867–1927)は，直接経験である意識を研究対象としたヴントに賛成だった。意識はそのときどきの心的経験の総和であり，こころは人生の蓄積された経験であると考えた。彼は，心理学の目的はその構成要素と要素の結合法則を解明することであるとした徹底した構成主義者であった。例えば，感覚は質，強度，持続性，明瞭度，拡張性などによってさまざまであり，それらを組み合わせて40,000以上の要素の証拠を見つけている。なお，実験では内観法が中心であったが，ヴントよりも複雑で厳格な手続きを用いた。

e. 作用心理学

ブレンターノ(Brentano, F. C., 1838–1917)は，手続きを重視しすぎる実験心理学には限界があり，心的内容ではなく心的過程について研究することを主張した。これを**作用心理学**(act psychology)という。心的作用にはヴントが研究するには難しいとした高次の心的活動である判断，想起，期待，推論，疑うこと，愛することなどが含まれている。さらに，ブレンターノによると，心的作用は対象の内容ではなく，対象の持つ外側特性を参照する。例えば，見られる対象がない時は見ることができないように，作用はある対象に向かうものである。つまり，作用は作用自体の中に志向する対象を内在している。これを**志向性**(intentionality)と述べている。また，実験における方法は刺激の有無を報告するような内観法ではなく，手を加えず，そのまま意味のある経験を扱う**現象学的内観法**を用いた。

その後，聴覚研究を行ったシュトゥンプ(Stumpf, C., 1848–1936)も意識の要素ではなく，個人に対して生じた心的現象を研究の対象とすることを主張した。この考えは，ケーラー(Köhler, W., 1887–1967)やウェルトハイマー(Wertheimer, M., 1880–1943)の**ゲシュタルト心理学**へつながっていく。なお，哲学者フッサール(Husserl, E., 1859–1938)は，ブレンターノやシュトゥンプと研究を行っており，心理学が科学であるためにはこころの分類が必要であり，そのためには主観的経験の本質を開発できる**現象学**が利用できるとした。

(2) 機能主義とアメリカ心理学

アメリカにおける心理学では進化論を背景に機能主義が展開され，行動主義へ移行していく。

a. 初期のアメリカ心理学

アメリカ史上初めての心理学者はジェームズ(James, W., 1842–1910)と考えられている。ヴントのような実際の研究は行われておらず，講義とデモンストレーションだけであった。しかし，1875年にハーバード大学に心理学実験室を設置し，1890年には大ベストセラーとなる『心理学原理(*The Principle of Psychology*)』を著している。構成主義は意識の要素やその組み合わせが研究対象であったが，ジェームズは意識の環境への適応機能を研究対象とした。この立場から，ジェームズは**習慣**や**物質的自己**，**精神的自己**，**社会的自己**といった**自己**，**情動**(8-5の**ジェームズ・ランゲ説**が代表的)，**注意**などの高次の心的機能についても論じている。

ジェームズと並んで，機能主義を発展させたのがホール(Hall, G. S., 1844–

1924)である。ホールは1883年にアメリカで実質的に初めての心理学実験室を設立し，初めての心理学学術誌(*American Journal of Psychology*)を創刊した。また，フロイト(Freud, S., 1856–1939)を招き，アメリカの地での**精神分析**の展開のもとを作った。さらに，アメリカ心理学会を設立し，1892年に初代会長に就任している。児童心理学，教育心理学，青年心理学などの応用心理学の領域の開拓と発展にも多大な貢献をしている。

b. 機能主義の発展

機能主義の心理学はシカゴ大学とコロンビア大学の二大学を中心に展開された。シカゴ大学の中心人物はデューイ(Dewey, J., 1859–1952)とエンジェル(Angell, J.R., 1869–1949)である。デューイの『心理学における反射弓の概念(*The Reflex Arc Concept in Psychology*))』(1896)が形式的には機能主義学派の始まりとする見方がある。デューイは，分析のために，反射を感覚プロセス，脳のプロセス，運動反応の要素に分けることは不自然であり誤りであるとしている。ジェームズが意識は分解できないとした考え方と同じように，デューイは行動も一連の流れの中にあり要素に分解することができないと考えた。

コロンビア大学での機能主義は，キャッテル(Cattell, J. M., 1860–1944)，ウッドワース(Woodworth, R. S., 1869–1962)，ソーンダイク(Thorndike, E. L., 1874–1949)によって展開される。キャッテルは多彩な方法論を用いて心理学的法則の実践的価値を強調している。また，ゴルトン(Galton, F., 1822–1911)の影響を受け，個人差および個人の心理的特性の測定を行い，初めて**精神検査**(mental test)という語を使用した。ウッドワースは環境への適応を刺激と反応のみ(S–R：stimulus–response)でとらえることについては反対しており，重要な要因として主体の動機づけを間におく(S–O–R：stimulus–organism–response)意見であった。コロンビア学派で後世に最も影響を与えたのがソーンダイクである。ソーンダイクはダーウィンの理論をもとに動物行動の客観的研究を目指した。そのため，自然観察では限界があるとし，条件をコントロールした環境下での**動物実験**を用いた研究を行った(7–4 参照)。

(3) 個人差への注目

進化論の登場は**遺伝**の研究を促し，個人差研究を展開させた。また，反応時間研究や機能主義の考え方も個人への注目を促した。

a. ゴルトン

ゴルトンは，指紋による個人識別，美人の最も多い国の探索，科学講義の退屈さの測定など関心は広かったが，進化論に出会い個人差に強く関心を持ち，さまざまな研究を行った。**知能**は**感覚の鋭敏さ**（sensory acuity）と同等であると考え，感覚の鋭敏さから知能の測定を行った。これは現代では否定されているが，初めての精神活動検査の試みである。その際，**再テスト法**による検証も行っている（2-6 参照）。また，知能は遺伝によることを主張し，遺伝の影響を調べるために**双生児法**を用いた（11-1 参照）。その他に，心理学において初めて**質問紙調査**を用いた研究や**連想語テスト**の作成なども行っている。統計学での研究も大きな貢献の一つである。また，**散布図**から**相関**の概念を定義している。これは後に**相関係数** r として，ピアソン（Pearson, K., 1857-1936）によって数式で表現されている。同様に相関研究によって**平均への回帰**（regression toward the mean）も発見している。

b.　知能検査

ビネー（Binet, A., 1857-1911）は，フランス社会教育省から知的障害児の学校への適応能力の判別に関する研究を依頼され，シモン（Simon, T., 1873-1961）とともに知能検査を作成する（12-1 参照）。彼らの作成したテストは，30 個の問題を難易度順に並べたものであった。また，ビネーは年齢によって知的能力は異なると考え**精神年齢**（mental age）の概念を導入している。精神年齢はシュテルン（Stern, W., 1871-1938）によって，年齢内の相対的位置をわかりやすくした**知能指数**（IQ : intelligence quotient）に変わった。さらに，現在では精神年齢を計算しないで直接，各年齢での相対的位置を示す**知能偏差**を用いることが多い。また，ビネーのテストは児童用であったが，ウェクスラー（Wechsler, D., 1896-1981）は成人版の知能検査を開発している。さらに，ビネーやウェクスラーのテストは個別検査であるが，ヤーキーズ（Yerkes, R.M., 1876-1956）によって第一次世界大戦での大量の新兵の迅速な配置を目的として集団式のテストも開発されている（12-1 参照）。

1-4　現代心理学の基礎

1900 年前後から，現代心理学の 3 つの大きな基礎である行動主義，ゲシュタルト心理学，精神分析が展開される。

(1)　行動主義

現代心理学の直接の基礎となっている理論の一つはワトソン（Watson, J.B., 1878-1958）によって提唱された行動主義であり，その中心的方法論である**客観主義**，**実証主義**は現代心理学に欠かすことができない。

a. 行動主義出現の下地

19世紀末は，進化論の影響により動物とヒトの連続性を仮定し，ヒトの複雑な行動を動物を用いて研究する流れができていた。例えば，ロマネス(Romanes, G. J., 1848–1894)は，恐れや嫉妬をサカナに，共感や誇りをトリに，人間の高次の精神機能を動物にも当てはめた**逸話法**を展開している。しかし，このような流れに対して，モーガン(Morgan, C. L, 1852–1936)は，擬人化しすぎると批判し，心理学的尺度上の低次の精神作用で解釈できるものを高次の心的機能で説明しないと述べた(**モーガンの公準**：Morgan's canon, 1894)。

また，内観法が主流であった時代に進化論研究が観察法を用いたことも，心理学の中で客観主義的な立場の確立のための重要な貢献である。なお，**自然観察法**を用いる流れの一つは，**刻印づけ**研究などで知られる**エソロジー**(ethology)へと受け継がれていく(3–1参照)。

逸話法を修正したモーガンも自然観察法を用いていたが，自然観察法には検証対象ではない余剰変数が多すぎるといった欠点がある。コントロールされた条件での動物観察は，ウォッシュバーン(Washburn, M. F., 1871–1939)やソーンダイクが行っている。

ロシアでは実験生理学の影響が強く，セチェノフ(Sechenov, I. M., 1829–1905)，パヴロフ(Pavlov, I. P., 1849–1936)，ベヒテレフ(Bechterev, V. M., 1857–1927)が内観に頼らない客観的心理学の立場で，**条件反射学**を発展させた。基盤を作ったのは脳内の抑制過程を発見したセチェノフであり，その影響を受けたパヴロフは唾液分泌の実験によって**条件反射**のメカニズムを発見した(5–3参照)。また，ベヒテレフは内分泌だけでなく行動も条件反射で説明しようとした。

b. ワトソンの行動主義

ワトソンの中心的な考えは5つある。1つは，主観性の強い内観ではなく客観的な観察を用いる客観主義である。したがって，刺激に対する言語報告ではなく客観的に把握できる行動を観察対象としている。次に，刺激に対する反応の法則性をみつけること，すなわちS–Rモデルを目指した。3つめは，複雑な行動も条件反射のような単純なS–Rからとらえることができるとした**還元主義**的立場である。そして，思考や言語なども筋繊維といった舌と喉頭の筋肉の条件反射のレベルへ還元して説明している**末梢主義**的考えである。さらに，環境との相互作用によって多くのパーソナリティが決定されるという**環境主義**である(5–3参照)。

c. 新行動主義

ワトソンのS–Rモデルは行動の体系的研究を定着させた。これによって，新行動主義とよばれる，改訂，発展モデルが輩出する。

トールマン(Tolman, E. C., 1886–1959)は**媒介変数**(organism：主体(O))を設定し，S–O–Rによって行動を説明した。重視したのは主体の認知であり，ワトソンの分子的な見方ではなく，巨視的な立場に立っている。『動物と人間における目的的行動(*Purposive Behavior in Animals and Men*)』(1932)の実験では，ネズミが環境の**認知地図**を構成し，それに沿って期待，仮説，信念を作り上げ，それらに基づいて行動することを示している(5–5 参照)。

ハル(Hull, C. L., 1884–1952)も媒介変数を用いて説明を行った。トールマンが媒介変数をSとRから仮定される仮説構成体概念として扱ったことに対して，ハルは演繹的に媒介変数を扱っている。媒介変数は，**動因**(drive)，**習慣強度**(habit strength)などであり，トールマンのゲシュタルト的解釈に対して生物学的要因を取り入れた説明といえる。また，**動因低減説**，習慣強度の二変数を用いて，与えられた刺激によって行動が生起するか(**反応ポテンシャル**)が決定されるという公式を提出している。この理論はスペンス(Spence, K. W., 1907–1967)が修正し，**ハル–スペンス理論**としても知られている。また，ハルの著した『行動の原理(*Principles of Behavior*)』(1943)は1940年代，1950年代の学習や動機づけの研究に影響を与えた。ここにおいて，帰納的仮説検証が一般的であった当時に仮説演繹型のアプローチと行動の数量的法則化が述べられている。

ガスリー(Guthrie, E. R., 1886–1959)は，学習は基本的に1回で成立すると主張し(one–trial learning)，強化における頻度の法則を否定した。動作(movement)は一度の経験で習得され，異なった環境でそれが繰り返されると行為(act)となり，さらに種々の行為がスキル(skill)になるという。

スキナー(Skinner, B. F., 1904–1990)はワトソンを継承し，その考えは**徹底的行動主義**(radical behaviorism)ともいわれている。他の新行動主義者と異なり主体側の要因(O)を媒介変数として仮定せず，S–Rの法則性だけを取り上げた。ハトを用いた**強化スケジュール**の実験に見られるように，環境を操作することによって行動パターンを変化させることができるという環境主義はワトソンと同じである。また，客観主義であることもワトソンと同じであるが，末梢主義ではなく，主体の**自発的行動**(オペラント：operant)を重視した点がワトソンと大きく異なっている(5–4 参照)。

（2）ゲシュタルト心理学

a. ゲシュタルト心理学の基礎

18世紀にカント（Kant, I., 1724–1804）は経験主義や連合主義に反対して，現象学的に経験したことは要素の状態へ還元できない先験的な型であると主張した。マッハ（Mach, E., 1838–1916）は，空間と時間感覚が物理的時空間とは独立していると主張した。例えば，円は大きさ，色，明るさが異なっても円として認識されるし，メロディはテンポやキーが変わっても認識できる。このような絶対的時空間の否定は相対性理論へつながっていく。エーレンフェルス（von Ehrenfels, C., 1859–1932）はマッハの考えを洗練して，われわれの知覚は**ゲシュタルト質**（Gestaltqualität）を持っており，そこには単独の感覚は含まれていないと主張した。この考えがウェルトハイマーに大きな影響を与えたといわれている。

b. ゲシュタルト心理学の成立

ウェルトハイマーが玩具の驚き盤（ストロボスコープ）からヒントを得て，その2年後に**ファイ現象**（**仮現運動**）を発表した1912年が，ゲシュタルト心理学の始まりとされている（4–3参照）。ファイ現象は，要素に還元する要素主義では説明が不可能であり，2つの連続光にまとまりのある構造特性，ゲシュタルトによって説明される。すなわち，ゲシュタルト心理学は，ヴント流の要素主義や連合主義への否定であった。

c. 基本的な理論

ゲシュタルト心理学は，ウェルトハイマーと，その弟子でもあり当初は実験参加者でもあったコフカ（Koffka, K., 1886–1941）とケーラーの3人によって基盤が確立され，主に知覚の領域で展開された。その中心的テーマは**図**と**地**の関係性についてであり，ウェルトハイマーはその基本法則として**群化の要因**をあげている。そして群化の要因が競合するときなども含めて，一般的に知覚はより簡潔で単純な方向に向かう傾向があり，これを**プレグナンツの法則**という（4–2参照）。

ケーラーはゲシュタルトの例として，刺激の持つ物理的絶対的特性ではなく刺激の相対的な関係によって知覚が行われることを動物実験で示した。この性質を**移調**（transposition）とよび，知覚だけではなく，学習場面にも適用できるとしている。また，『類人猿の知恵実験（*Intelligenz Prufüngen an Menschenaffen*）』（1917）では，試行錯誤学習では説明できない学習パターンとしての**洞察学習**を解説している（5–5参照）。なお，ゲシュタルト現象を説明するために，ケーラーは物理学の場理論を参考にして，脳内にもゲシュタルトの法則に対応する生理的構造があると説明している。これを**心理物理同型説**(psychophysical isomorphism：ギリシア語で iso は similar, morphic は shape)という。

コフカは，「知覚：ゲシュタルト理論序説(*Perception : An Introduction to Geatalt–Theorie*)」(1922)によって英語圏へゲシュタルト心理学を紹介し，『ゲシュタルト心理学の原理(*Principles of Gestalt Psychology*)』(1935)で理論の体系化を行った。物理的な**地理的環境**と主観的な**行動的環境**を区別し，我々の行動は地理的環境よりも行動的環境が決定していることを日常例をあげながら解説している。また，ゲシュタルトの原理を発達に応用した『こころの成長：児童心理学序説(*Die Grundlagen der psychischen Entwicklung : Ein Einfuhrung in die Kinderpsychologie*)』(1921)も重要な著書であり，1924年に英訳されている。

d. ゲシュタルト心理学の展開

ゲシュタルト心理学は知覚研究の領域で登場し，その後も発展し続けた。上述以外の知覚現象では**図形残効**，**図地反転図形**，**主観的輪郭**，**透明視**，知覚の**恒常性**現象などの研究が輩出している(4章参照)。

また，学習の領域でも研究が行われている。例えば，問題解決場面において，ウェルトハイマーは**生産的思考**(productive thinking)を重視している。過去の経験などによって再生的に生み出される思考ではなく，**再体制化**によって新しい解決法や認識を生み出す思考であり，その中心となるのは**直観的思考**である。また，彼が提唱した中心転換，ケーラーの洞察，ドゥンカー(Duncker, K., 1903–1940)の**機能的固着**(7–5参照)など，多くの発展研究が行われている。

さらに，レヴィン(Lewin, K., 1890–1947)はゲシュタルト心理学の考えを応用・発展させている。基本的な理論的概念は，**生活空間**(life space)の概念と**場理論**(field theory)である。また，**葛藤**についての研究では，接近－接近，接近－回避，回避－回避の3タイプを提唱した(Lewin, 1935, 8–3参照)。動機づけ研究では中断された作業の方が完結した作業よりも記憶に残りやすいという**ザイガルニック効果**のアイデアの提供などを行った。アメリカに渡って，アイオワ大学児童福祉局で児童心理学，さらにMITに**グループダイナミクス**研究所をつくり，**集団目標**，**集団決定**，**集団凝集性**など社会心理学の領域のさまざまな研究を生み出している(9章参照)。

(3) 臨床心理学の萌芽と精神分析

他者や自身を傷つけたり，不適切な感情が沸き起こったり，予想もしない行動をとったり，非現実的な考えや知覚が生じたりすることは，名称や用語が変わっても，その症状の内容は現代も昔もそれほど大きな違いはない。それらは超自然的視点，生物学的身体的視点，心理学的視点によって説明されてきた。

a. こころの不調への初期のアプローチ

科学が十分発達する前は自然現象が神の仕業とされたように，異常行動の原因も超自然的視点による解釈が一般的であった。

医学の祖とされているヒポクラテスはギリシアの超自然的視点による解釈を否定して，異常行動の原因を脳に置く生物学的視点によって解釈を行った。また前述の体液説を唱え，さらには精神障害をうつ病，そう病，錯乱・脳炎に分類し，入浴，ダイエットなど自然療法を試みている。現在では**転換性障害**とよばれる**ヒステリー**についてもヒポクラテスは言及している。

しかし，教会の影響力の拡大とともに超自然的視点による解釈が強まった。当時の病者の看護は修道院で行われるのが一般的であり，そこでの治療は祈祷などが中心であった。精神疾患の病者が収容施設，いわゆる精神病院において治療されるようになったのは，15～16世紀である。しかし，この時代の収容は，拘束や監禁によるもので，極めて劣悪であり治療とはよべない。このような人々に対して，人道主義的な観点から環境改善の動きが生まれる。運動の出発者としてフランスではピネル(Pinel, P., 1745–1826)，イギリスではチューク(Tuke, W., 1732–1822)，アメリカではディックス(Dix, L. D., 1802–1887)などが有名である。

b. 現代臨床心理学の萌芽

クレペリン(Kraepelin, E., 1856–1926)はフロイトとならび現代精神医学の基礎を築いた人物とされている。最大の貢献は初版が1883年で，その後改訂が繰り返された精神病分類体系の出版物『精神医学教科書(*Compendium der Psychiatrie*)』である。クレペリンはヒポクラテスと同様の生物学視点から，精神病も他の身体疾患と同じように，原因，症状，経過，転帰を想定している。この分類はアメリカ精神医学会が定めた『精神疾患の診断・統計マニュアル(*DSM: Diagnostic and Statistical Manual of Mental Disorders*)』などの現代の診断カテゴリーの基礎となっている。

心理学的視点からの精神疾患に関する解釈はフランスやオーストリアで18世紀後半から19世紀にかけて盛んになった。この展開の背景には催眠についての研究がある。初めに，メスメル(Mesmer, F. A., 1734–1815)がそのきっかけをつくったと考えられる。彼はヒステリー障害の原因は身体の周囲の動物磁気の乱れにあると主張した。そして，治療として患部に触れることによってその乱れを調整する施術を行った。理論的根拠は非科学的であったが，ヒステリー患者に対しては非常にすぐれた効果を示し，**メスメリズム**として一世を風靡した。この方法は患者との信頼関係である**ラポール**の形成や暗示，イマジネーションなどの要素を持ち，現在の催眠法と共通している。そのため，メスメルが催眠療法の先駆者と考えられている。しかし，施術について道徳的見地から批判が生じ，その結果，禁止されるようになった。その後，弟子のピュイセギュール(Puységur, M., 1751–1825)は，**人工夢遊病**(artificial somnambulism)とよんだ催眠トランス状態を臨床研究によって発見した。また，催眠が動物磁気によるものではなく，**暗示**などの心理的な効果であることを示唆した。彼は現在知られている催眠現象のほとんどを確認していたとされ，特に後催眠暗示も行っていたといわれる。**後催眠暗示**(post-hypnotic suggestion)とは，催眠中になされた暗示によって，催眠から覚めた後，何らかの刺激によって反応が生じることを指す。また，ブレイド(Braid, J., 1795–1860)は凝視法を考案し，動物磁気を否定し，暗示の効果を主張した。ギリシア語で眠りを意味するヒプノスから**催眠**(hypnosis)と命名したのはブレイドである。

心理学的視点への関心を喚起させたのがシャルコー(Charcot, J. M., 1825–1893)である。もともとは生物学的視点の立場でヒステリー研究を行っていたが，催眠に触れてから心理学的視点を取り入れるようになっていった。例えば麻痺のようなヒステリー症状の原因は，**トラウマ**経験が意識と合理的な思考を乖離させ，その乖離状態が身体的症状と結びついた結果であるとした。これらの考えは弟子のジャネ(Janet, P., 1859–1949)に引き継がれ体系化されている。

ところで，シャルコーは催眠状態はヒステリーに限られる現象と考えた。それに対して催眠は暗示によるものであり，誰にでも起こりえる特殊な心理状態であると主張して，シャルコーたちの**サルペトリエール学派**と激しい論争を行ったのが**ナンシー学派**のリエボー(Liébeault, A.-A., 1823–1904)やベルネイム(Bernheim, H., 1840–1919)たちである。この論争はナンシー学派の主張に軍配があがる。

ブロイエル(Breuer, J., 1842–1925)は，ヒステリー症状を有する女性に催眠をかけて過去の忌まわしい体験とそのときの感情を語らせたところ，感情の浄化と緊張の緩和によって，症状が消失することを発見した。これを**カタルシス効果**とよぶ。

c. フロイト

現代心理学の基礎の一角を担う精神分析の最大の貢献は，心理学が意識を対象としてきた学問であった流れの中で，意識にない部分を研究の対象とし，しかもその部分によって多くの行動，特に日常生活の上で問題となっている行動を説明することを可能にした点である。

フロイトはヒステリーを生理学的な問題として説明しようとした。しかし，ブロイエルの患者に対して行った催眠を見て，カタルシス効果に感心する。また，セラピストに向けられた**転移**(transference)についても重視した。転移とは，患者の過去の経験が現在のセラピストとの関係に持ち越されることを指す。例えば，患者がセラピストに対して，状況にそぐわない愛情や憎しみを持ったり，表現したりする場合を転移が起ったとよぶ。そしてブロイエルとの共同研究で，『ヒステリー研究(*Studien über Hysterie*)』(1895)を著す。これが精神分析学派の始まりであるとされる。フロイトはシャルコーのもとで，トラウマによって意識の乖離が生じ，それが身体症状を引き起こしていることを学ぶとともに，催眠についても学習する。その後，リエボーのところへ赴き，催眠の技術を高めようとした。このとき後催眠暗示を知ることとなり，これが無意識の理論化へ大きな影響を与えたとされている。

しかし，催眠導入やカタルシス効果には個人差があることから，ベルネイムにヒントを得て，ことばによって抑圧されたものを引き出す**自由連想法**を開発した。また，無意識の内容は**夢**において意識されることや，自由連想を用いると夢について語ることが多いことから夢を重視し，『夢の解釈(*Die Traumdeutunge*)』(1900)を著している。

フロイトは意識について，**意識**，**前意識**，**無意識**の区分をしている。この無意識にあるものを意識化することが治療の目標となる。また，こころは快楽原則の**イド**(エス)，理性の**スーパーエゴ**，その二者を調整する現実原則の**エゴ**によって構成されているという自我の構造理論を提出している。そして，これを用いて**自我防衛機制**や発達・性格形成などについていくつかの重要な理論の展開を行っている(13-1 参照)。

d.　その他の精神分析

フロイトの娘のアンナ・フロイト(Freud, A., 1895-1982)は，父フロイトの考えを忠実に受け継ぎ精神分析の普及につとめた。彼女自身も児童分析の展開と防衛機制についての重要な研究を行っている。他に，フロイトを受け継いだ自我心理学派では，心理社会的発達課題のエリクソン(Erikson, E. H., 1902-1994, 10-3 参照)やロールシャッハ・テスト研究(12-3 参照)で知られるラパポート(Rapaport, D., 1911-1960)などがいる。

ユング(Jung, C. G., 1875–1961)は，『夢の解釈』に出会ってフロイトを支持していたが，フロイトが性的エネルギーを強調しすぎるとして袂を分かつようになる。ユングは**リビドー**を人生における積極的な成長エネルギーと解釈した。無意識についてはフロイトの無意識と前意識を結びつけて，2つの無意識を仮定した。一つは，個人的経験の中で忘れた部分である**個人的無意識**であり，もう一つは，個人的経験を越えた深層にある無意識で，民族や人類に普遍的に存在する部分としての**集合的無意識**である。この集合的無意識からユング独特の**元型**(archetype)や**シンクロニシティ**などの概念が生まれる。方法としてはユングはブロイラー(Bleuler, E., 1857–1939)の勧めでゴルトンの手がかり法(連想法)を援用して無意識の研究を行った。また，夢は個人のパーソナリティと深く関わっていると考え，フロイトと違った観点から夢の分析を積極的に行っている。パーソナリティに関するユングの考え方は12–2を参照。

アドラー(Adler, A., 1870–1937)も『夢の解釈』を読んで影響を受ける。しかし，フロイトの性的な要因を重視した考え，特に幼児期におけるエディプス・コンプレックス(13–1参照)などを認めなかった。そして，フロイトのヒトを丹念に分析していくやり方に対して，ヒトは分割できない個人全体として見るべきであると自らの立場を**個人心理学**とよんでいる。アドラーの発想のルーツは，彼が身体的な側面で非常に強い**劣等感**を持っていたことにある。ヒトは劣等感を別の部分で**補償**(compensation)することによって適応する。一方，劣等感に圧倒されることもあれば，場合によっては**過剰に補償**(overcompensation)することによって適応を越えた強さになると主張している。

ホーナイ(Horney, K., 1885–1952)は，初めはフロイト流精神分析の訓練を積んだ。しかし，臨床経験を積むにしたがい，失業率が高く，住居や食事を得ることや家族を養うことが経済的に十分でない彼女の時代にはフロイトの考えは合わないと考えた。そして，心理学的問題はフロイトが主張した性的な葛藤ではなく，社会的環境や対人関係から生じると主張した。対人関係では親子関係が最も重要であるとした。子どもの生物学的，安全の欲求が一貫して十分であれば愛情につながり，そうでないときは敵意をもたらし，その敵意は抑圧される。これが無気力や孤独感と関係すると説明した。また，フロイトの考えは男性用であるとして，**女性心理学**を展開している。

この他に，社会心理学者でもあるフロム(Fromm, E. P., 1900–1980)や対人関係を重視したサリヴァン(Sullivan, H. S., 1892–1949)などが精神分析学派とよばれる。

1-5　新しい心理学の展開

20世紀の中期までに構成主義が消え，機能主義とゲシュタルト心理学の明確な区別がなくなり，また，行動主義と精神分析が心理学領域では影響力を持つようになった。**人間性心理学**(humanistic psychology)は，そのような流れと，社会的な背景に関連して出現した。また，認知心理学の隆盛も著しい。

(1) 人間性心理学

a. 現象学と存在論

現象学は事物の本質よりも，それをどのように我々が受け取るかを考察する方法論である。ブレンターノの作用心理学における志向性，さらにフッサールの意識の内側に向かう主観的経験のエッセンスの重要性をもとに，ハイデガー(Heidegger, M., 1889–1976)は人間の**存在**(Dasein)の意味を問う存在論を発展させた。これらの哲学的理論の流れを背景に，ビンスワンガー(Binswanger, L., 1881–1966)が**現存在分析**(Daseinanalysis)を展開した。現存在分析の考えの中心は「**今ここで**(here–and–now)」である。また，ハイデガーの理論をアメリカに紹介したメイ(May, R., 1909–1994)は**実存心理学**を提唱した。**ロゴセラピー**の発案者のフランクル(Frankl, V. E., 1905–1997)も実存主義の流れにあるといえる。

b. マズロー

マズロー(Maslow, A. H., 1908–1970)は，人間性心理学を精神分析，行動主義に次ぐ**第三勢力の心理学**とよんだ。精神分析は主に情緒的障害を持つヒトを扱い，正常な状態へと導く技術ばかりを追求し，行動主義はヒトを機械のように非人間的に扱うと批判している。それに対して，彼はヒトを潜在的に成長する力を持つ肯定的な存在として扱い，機械論的でなく全体的に捉え，個人の主観的な世界を重視する。理論の中心は**自己実現**(self–actualization)であり，ヒトの基本的欲求として階層を考え，最終的に自己実現の欲求に基づく行動を仮定している(8–2参照)。

c. ロジャース

ロジャース(Rogers, C. R., 1902–1987)も個人の持つ自己実現の力を仮定し，カウンセリングは，その成長を促すような環境を用意することにあると主張した。その具体的方法は**非指示的カウンセリング**であり，後に**クライエント中心療法**(client–centered therapy)としてまとめられていく。クライエント中心療法は心理療法の一つであるが，カウンセリングの原則として**自己一致**，**無条件**

の肯定的配慮，**共感的理解**を主張している(13–3参照)。

(2) 認知心理学

現代心理学では認知心理学は中心的領域の一つである。しかし，いきなり登場したのではなく，バートレット(Bartlett, F. C., 1886–1969)の**スキーマ**の研究や保存課題で有名なピアジェ(Piaget. J., 1896–1980)の**発生的認識論**など古くから多数の研究があった。むしろ，ワトソンのように認知的側面を否定した意見の方が少ないといえる。

認知心理学の隆盛を促進した一つの流れは情報理論研究である。数学者のウィーナー(Wiener, N., 1894–1964)の提唱した**サイバネティックス**，シャノン(Shannon, C.E., 1916–2001)とウィーバー(Weaver, W., 1894–1978)の共同研究による**情報理論**(information theory)の展開がベースとなっている。

認知心理学が発展する時期では，ミラー(Miller, G. A., 1920–2012)が最も重要な一人である。特に，記憶と言語について関心を持ち，重要な貢献を行っており，例えば，「マジカルナンバー7±2(*Magical Number Seven Plus or Minus Two*)」(1956)で，短期記憶における**チャンキング**の考えを提唱している(6–2参照)。また，ブロードベント(Broadbent, D. E., 1926–1993)は入力情報が選択されて記憶に至る過程を明確にモデル化した**選択的注意のフィルター説**(6–1参照)を提出した。

フェスティンガー(Festinger, L., 1919–1989)の**認知的不協和理論**(9–4参照)，ブルーナー(Bruner, J. S., 1915–2016)の**概念学習**における認知的方略の強調(7–6参照)，チョムスキー(Chomsky, A. N., 1928–　)の言語の構造や獲得における認知的側面の重視など多くの領域で研究が展開されている。チョムスキーの『統辞構造論(*Syntactic Structures*)』(1957)は，それまでの言語研究を変革し，**心理言語学**という新しい分野を導き，心理学に大きな影響を与えた。

ミラーとブルーナーが，1960年にハーバード大学に認知研究センターを設立し，認知心理学はさらに勢いが増す。行動の記述単位である。**TOTE**(test–operate–test–exit)の考えも同年に提出されている(Miller, Galanter, & Pribram, 1960)。例えば，自分の目標となる状態と現在の状態を比較する(test)，不適合なら操作(operate)を行う。そして再度比較(test)を行い，適合していたら終了(exit)へ，不適合なら操作を再度行うというフィードバック回路である。

そして，ナイサー(Neisser, U., 1928–2012)の『認知心理学(*Cognitive Psychology*)』(1967)によって認知(cognition)という語が一般的になる。また，**人工知能**(Artificial Intelligence：AI)についての研究もさかんになってくる。人工知能の研究は，数学者チューリング(Turing, A. M., 1912–1954)が，人間の知能を機械でシミュレートしようと試みたことに始まる(Turing, 1950)。ヒトが見えない相手にさまざまな質問を行い，その回答内容から相手が人間か機械かを判断する。相手が人間か機械か判別できないときにその機械は知能を持っていると考える。これを**チューリングテスト**という。また，1936 年にはコンピュータの原型である**チューリングマシン**を開発した。ウィーナー，シャノン，ウィーバー，あるいはノイマン(Neumann, J. L., 1903–1957)らによって情報理論や計算機科学の基礎が作られて以来，ヒトを一つの情報処理機構とみなしその性質を明らかにしようとする立場は認知心理学の大きな特徴の一つとなっている。認知心理学は，言語学，情報科学，神経生理学，人類学などと関係を深め，1970年代後半から包括的に認知科学と称されることも多い。

(3) 社会心理学

社会心理学の起源はヴントの民族心理学とする見方がある。また，同じ頃，ル・ボン(Le Bon, G., 1841–1931)が『群集心理(*Psychologie des foules*)』(1895)を，タルド(Tarde, J. G., 1843–1904)が『世論と群衆(*L'opinion et la foule*)』(1901)を著した。ル・ボンは群衆に集合的精神としての**群集心理**を仮定し，タルドはル・ボンを否定してマスコミに影響を受ける公衆を取り上げた。しかし，これらの意見は実証的なものではなく理論にとどまっていた。

社会心理学の実質的発展はアメリカでみられる。マクドゥーガル(McDougall, W., 1871–1938)は『社会心理学入門(*An Introduction to Social Psychology*)』(1908)を著し，社会的行動の基礎として本能や衝動を強調した。また，同年に社会学者のロス(Ross, E. A., 1866–1951)がタルド流の考え方で『社会心理学(*Social Psychology*)』を著している。前者は個人に焦点を当て**心理学的社会心理学**の流れをつくり，後者は社会からの視点で**社会学的社会心理学**の流れをつくった。

実証的研究の始まりはオルポート(Allport, F. H., 1890–1978)の『社会心理学(*Social Psychology*)』(1924)である。そして，**説得的コミュニケーション**などの**社会的態度**研究(9–4 参照)，**社会的抑制**などの個人への社会による影響を扱った研究，ソシオメトリーなどの対人関係研究(10–7 参照)，また**集団規範**の研究(9–1 参照)が輩出する。また，1924 年から 1932 年に行われた**ホーソン工場実験**は**産業心理学**にとって重要な研究である。その実験の結果，従業員の生産性は，休憩や作業時間の長さ，照明の明るさではなく，集団の一員として認められることや仲間とうまくやっていきたいという**社会的欲求**により規定されていることがわかった。

第二次世界大戦からは，**ニュールック心理学**と，**印象形成**実験，**認知的バランス理論**，**認知的不協和理論**など強力な実験や理論が提出される。また，レヴィンと多くの弟子による**集団凝集性**，**集団決定**，**リーダーシップ**などのいわゆる**グループダイナミクス研究**が数多く行われる(9章参照)。

近年はさらに研究が多様になる。社会的認知の関連では，**帰属過程**研究，**スキーマ**研究，**ヒューリスティックス**などの**社会的推論**研究が輩出する。自己については，思弁的あるいは社会学的な視点からのアプローチではなく，**自己知覚理論**，**客体的自己意識**，**自己評価維持モデル**など個人の社会的行動の説明に対応した理論が登場する。また，**社会的影響過程**として，個人が他者や集団から受ける影響過程の研究も多い。**社会的促進**も実験条件を整備して再検討され，援助行動も**傍観者効果**から抑制のメカニズムが見直される。**社会的インパクト理論**(Latané, B., 1981)はその統合モデルの一つである。さらに，例えば，進化論的アプローチの研究も増えてきた。また，社会的判断や社会的行動の自動性・**非意識過程**(nonconscious process)の影響を重視する立場も多くなってきている。この他にも，**文化心理学**，**健康心理学**，**環境心理学**，**行動経済学**など他の領域との学際的・応用的色彩がより濃くなっている。

(4) 発達心理学

子どもへの関心は18世紀後半から始まる。当時，子どもは大人と対比させて，未熟な存在，未完成な大人というように一般的に考えられていた。それに対して，ルソー(Rousseau, J. J., 1712–1778)は小説『エミール(*Émile, ou De l'éducation*)』(1762)の中で，子どもは小さい大人ではなく，子どもとして独自の世界があることを強調した。

独立した学問として発達心理学がスタートを切ったのは，自分の子どもを出生後3年間ほど詳細に観察し記述したプライヤー(Preyer, W. T., 1841–1897)の『子どもの精神(*Die Seele des Kindes*』(1981)と考えることができる。この著書は当時，観察および比較という方法を用いたことで評価が高く，多くの国で翻訳され広まった。なお，アメリカでは発達心理学の基盤を作ったホール(1–3参照)が英訳をしている。ホールの勤めていた大学の後任となったボールドウィン(Baldwin, J. M., 1861–1934)は，自分の子どもの観察によって思考の発達を研究した。そして基本的メカニズムとして，有機体の環境への順応である**調整**(accommodation)と有機体が環境の影響を取り込む**同化**(assimilation)を重視した。この考えはピアジェに強く影響を与えている。また，ピアジェも自分の子どもを観察し，多くの研究を残している(11–3 参照)。

ところで，発達は遺伝か環境のいずれによって決定されるのかという議論がある。ロックの経験主義やワトソンの行動主義は環境説である。行動主義者はその基盤である学習理論によって環境説を強調するだけでなく，初期の発達理論が自然観察によるという方法論を利用していたことについても批判している。一方，遺伝説あるいは**成熟**説の代表はゲゼル(Gesell, A., 1880–1961)である。彼は双生児を用いた階段上りの実験から，ある学習を行うためには個体の内的な**準備状態**(readiness)ができている必要があり，そこに達していないと学習は困難であるとしている。現在ではこのような二分法的な考えではなく，両者の重要性を認めている(11–1 参照)。

2章　こころの研究法

こころとは何であるか，どのように機能するのかという問題は，近代までは哲学の中で思弁的に扱われていた。実証的な研究の始まりは，ヴントの実験心理学あるいは心理学の先駆けである精神物理学が生まれた19世紀頃からである。

心理学は実証研究によって科学のスタンスを持つようになった。したがって，自然科学と同様に客観的な観察データから法則や理論を導き出すという方法を用いる。ただし，心理学で扱う対象は目に見えないものである。直接観察できないものを対象とするために，後述するように対象についての定義と，実験，検査，観察その他のすべての方法において，測定のための信頼性や妥当性が重要である。

コミュニケーション，つまりことばのやり取りをするためには，何が必要であろうか。文化審議会国語分科会は「分かり合うための言語コミュニケーション(報告)」を公表している。それによると，「正確さ」「分かりやすさ」「ふさわしさ」「敬意と親しさ」の4つの要素をあげている。これらの4つの要素の基盤となるのが，他者配慮である。相手の語彙能力や知識の質や量，そして感情に配慮することにより円滑なコミュニケーション，つまりお互いに気分が良くなるようなやり取りができる。

https://www.bunka.go.jp/koho_hodo_oshirase/hodohappyo/1401904.html

2-1　こころの研究方法の特色

研究は，その目的から**法則定立的**な場合と**個性記述的**な場合に区別できる。他の自然科学と同様に，こころの普遍的な法則を探求する場合を法則定立的研究という。現代心理学の多くの研究がこれにあたる。個性記述的研究は個に焦点をあてる。臨床心理学やパーソナリティ心理学の領域では一人の個人の特性や特徴が研究対象となる。普遍性に欠ける場合もあるが，非常に重要なアプローチであり，心理学に求められる方法である。

研究の型には**仮説検証型**の研究と**探索的研究**がある。文字通り，先行研究などをベースに仮説を立てて検証していく方法が仮説検証型である。仮説検証型研究において，仮説の立て方は**演繹的方法**と**帰納的方法**がある。明らかとなっていることをベースに新たな仮説を検証する場合が演繹的方法である。ハルが仮説演繹型アプローチ（Hull, 1943）を主張して以来，心理学ではこのタイプが多い。帰納的方法は複数の事象に共通する仮説を立てる方法であり，メタ分析はその一つである。一方，明確な仮説を立てず有効な仮説を探していくタイプが探索型である。探索型の場合は自由度は高くユニークな結果が見つかることもあるが，それだけでは普遍性に言及できない。

また，仮説が**作業仮説**か**理論仮説**かという区別も重要である。例えば，**鏡映描写**を用いた学習の**両側性転移実験**において，「右手で学習した効果が左手に転移する」という仮説は作業仮説である（5-5 参照）。一方，「学習は末梢神経系ではなく中枢神経系の作用によって転移が生じる」という仮説は理論仮説である。いうまでもなく研究には理論仮説が必要となる。

さらに，研究の型には**実験的研究**か**相関的研究**かという区分もある。実験的研究は，原因となる変数を操作し，それによって結果となる変数が変動するかどうかを検討する。したがって，実験的研究では**因果関係**について言及できる。相関的研究は，変数間の相互の関連性についてのみ言及が可能であり，因果関係については言及できない研究型である。

2-2　心理学における倫理の問題

古くから道徳・倫理については個人の判断に委ねられるものであるという考え方が強く，集団で倫理規程を検討することは多くはなかった。しかし，例えば企業コンプライアンスという語を耳にする機会が近年は増えているように，いろいろな職業集団，活動集団において倫理的な問題が検討されたり規程が制定されたりしている。また，最近では大学や諸研究機関においては，倫理規程を作成するだけではなく，実験や調査の実施を審査する委員会や部局を設置する例がかなり多くなってきている。

日本では，1991 年に日本心理学会によって個人に自覚を促す主旨の倫理綱領が制定されていたが，2009 年 8 月に「社団法人日本心理学会倫理規程」が発刊された。日本心理学会発刊の規程の大きな柱は，研究と発表に関わる場合と教育・臨床・福祉・司法など社会実践に関わる場合に分けられている。詳細の部分では違いがあるものの，両者の内容は大筋では共通している。研究と発表の倫理は他の学問と共通する一般的倫理と，こころを扱う心理学特有の問題から派生する倫理がある。

他の研究と共通する倫理では，専門家としての自覚と責任や，研究計画，遂行，研究の終了，結果の発表・公開の各段階において，データやアイデアの改ざん・ねつ造・盗用の禁止などがあげられる。他の研究のアイデアや結果，データを用いるときは，必ず引用であることを記載しなければならない。

心理学研究特有の問題に関わり，すべての研究方法に共通する倫理として，第一に，研究対象者の心身の安全と人権の尊重があげられる。例えば，実験や調査を受けている時やその後に不快や不安になるような影響があってはならない。また，研究対象者を嘲笑したり非人間的に扱ったりしてはいけない。第二に，研究参加者に対しては，研究の目的・手続きおよび参加への影響などについて事前に情報を開示し，承認を得た上で研究を実施するという手順が必要である。つまり，**インフォームド・コンセント**をする必要がある。幼児，障害者など本人が承諾できない場合は保護者，後見人などの承諾を得なければならない。また，社会心理学研究に多いが，研究の手続き上，真の目的を開示できない場合は，実験・調査後に正確な情報を提示し，了解してもらうという**デブリーフィング**が必要である。第三は個人情報の保護である。心理学研究では本人の意識していないこころの部分が明らかとなることもある。研究対象者の不利益にならないように個人情報の管理は徹底しなければならない。

研究論文においては，研究を行う上で倫理が遵守されているかについて倫理審査委員会など第三者によるチェックがなされていることを明記することが必須となっている。

2-3 実験法

実験研究は典型的な仮説検証型であり実証的研究の代表である。自然科学では一般的な方法である。すなわち，仮説検証と実証的研究という点から，心理学は精神科学でありながら自然科学でもあるといえる。

(1) 独立変数と従属変数

実験とは変数間の因果関係を明らかにするために，独立変数(X)を操作して，それによって従属変数(Y)がどのように変化するかを調べる方法である。独立変数とは実験者が用意する原因となる要因であり，従属変数はその結果として生じる要因をいう。例えば，混雑度が攻撃行動を引き起こすという仮説を検証する場合，他者の存在による混雑度が独立変数となり，攻撃行動が従属変数となる。

心理学の研究では扱う変数の**妥当性**(2-6 参照)が問題となる。混雑度の実験では，具体的にその独立変数の混雑度と従属変数の攻撃性をどのように設定するかが重要である。例えば，5 m×5 m の部屋に 2 人と 10 人の二条件を設定し混雑度を操作する。2 人 vs. 10 人で他者の存在による混雑度を操作できているかどうかは妥当性の問題である。もし，それが 5 人 vs. 6 人であったら，二条件の人数は異なるが混雑度の操作として妥当性に疑問が残るだろう。なお，このときに密室そのものが攻撃性を増幅させる可能性が考えられる。その場合は，1 人条件を設定し，他者が存在しない状況での攻撃性を測定しておかなければならない。このように**実験群**の効果を評価するための基準を条件群といい，また，ここでは 1 人条件を**統制群**という。実験では統制群の設定が必要とされることが非常に多い。

(2) 剰余変数のコントロール

剰余変数とは独立変数以外で従属変数に一定の影響を与える要因をいい，実験では剰余変数のコントロールが最重要課題の一つである。剰余変数のコントロール方法は統計的な手法による場合もあるが，通常の実験では統計的なコントロールより，実験でのコントロールを考えることになる。

実験によるコントロールはいくつかの手続きがある。まず，剰余変数を直接コントロールすることが考えられる。例えば，混雑度の研究の場合，部屋の面積以外にも天井までの高さや壁の色，実験参加者への実験の説明，実験参加者どうしの会話の許可，実験参加者の人間関係などすべて条件間で等質にする。これは実験の暗黙の大前提ともいえる。続いて**無作為化**があげられる。関連のありそうな要因をもつ実験参加者を無作為に条件に割り当てる。例えば，攻撃行動に性別が影響を与えていると考えられる場合に，両条件ともに性別の割り当てが無作為に行われる。また，性別の人数比を同じにすれば，性別の影響は等質になる。このような方法を**マッチング**あるいは**組織的配分**という。また，異なる効果を与える条件を同量(同数)用意して効果の**カウンターバランス**をとる方法もある。

(3) 実験のデザイン

因果関係を適切に検討するために効率のよい実験をデザインする方法を**実験計画法**(experimental design)といい，その基礎は応用統計の考えである。言い換えると，実験のデザイン＝分析デザインである。

最も基礎的なモデルは，Y(全変動)＝U(グループ間の変動)＋t(誤差)と表される。測定された従属変数の攻撃性の値のバラツキ(全変動)が，独立変数の混雑度によるものか，混雑度とは関係のない単なる**誤差**によるものかを検討する。具体的には**分散分析**などを用いて**変動の比**を検定する。

実験のデザインは大別して，**参加者間計画**(between participants design)と**参加者内計画**(within participants design)がある。参加者間計画では各水準(各条件)に異なる参加者が割り当てられる。すなわち，1人の参加者は混雑度の二条件のどちらか1つだけを経験する。参加者内計画では参加者はすべての水準に割り当てられる。すなわち，1人の参加者は混雑度の二条件のどちらも経験する。参加者内計画では，個人内変動を抽出することができる。誤差の変動(t)から攻撃性の強い弱いという個人の変動(個人差)を除いた真の**誤差**(**残差**)を用いて，独立変数の効果を評価することになる。したがって，残差と独立変数の変動の大きさを比べるので参加者間計画よりも有意になりやすく，**検定力**(power)も高い。剰余変数として個人差が作用することが予想される場合には，剰余変数をコントロールする方法にも用いることができる。ただし，同一参加者が繰り返し実験を受けることになるので，実験の内容を知ることによる効果，いわゆる学習効果や疲労効果など**攪乱要因**が負の効果を持つこともある。さらに，**順序効果**などをコントロールするために参加者の割り当て順を無作為にするなどの工夫も必要となる。実験計画法では**完全無作為法**(completely randomized design)，**乱塊法**(randomized block design)などいくつかの割り当て法が考案されている。

2つ以上の独立変数の影響を同時に検討する場合に用いられるのが**要因計画**(factorial design)である。例えば，混雑度と性別の二要因を独立変数として設定する実験計画は二要因計画である。2つの独立変数はともに参加者間要因であれば二要因参加者間計画，ともに参加者内要因であれば二要因参加者内計画，参加者間要因と参加者内要因を組み合わせている場合を**混合計画**(mixed design)という。独立変数が2つ以上の場合，独立変数の単独の効果を**主効果**(main effect)，組み合わせの効果を**交互作用効果**(interaction effect)という。一般的に，要因計画を行うということは交互作用効果の検討が目的であるといえる。なお，交互作用が有意になった場合には，さらに片方の要因の水準別に他方の要因の主効果の検討を行う。例えば，性別×混雑度が有意になった場合は，男性における混雑度の効果，女性における混雑度の効果をみる。これを**単純主効果**(simple main effect)という。

(4) 準 実 験

実験室で行う実験室実験では，変数の操作が適切に行われれば，誤差が少なく信頼性の高い結果が得られやすい。また，変数がコントロールされているので一般性が高い。そして，結果の解釈も設定した仮説に合わせて一義的に検証できる。その反面，非日常的な人工的環境で実験が行われるために，現実性に乏しく，日常を代表している環境が設定されているかが問題となる。このような特性に対して，準実験とは日常に近い環境で行われる実験をいう。現場実験が必ずしも準実験になるとは限らないが，準実験である場合が多い。現場で行う実験は自然であるが，変数のコントロールに問題が生じやすく誤差が大きくなりやすいなど，実験室実験のもつ特性と反対の特性を持っている。

(5) 心理学おける実験・測定例

心理学の実験では測定方法もさまざまであり，いろいろな工夫がされている。それらの具体例を表2-1に示す。これらはすべてではなく一部である。

例えば，脳に直接関連する研究では，古くはオールズとミルナー(Olds, J. & Milner, P., 1950)のように特定の部位を直接刺激したり，あるいは破壊したりする方法が中心であった。最近では脳の外から測定することが可能になっている。X線の陰影の肌理(グレイスケール)を細かくするCTスキャンは脳の器質的な特徴を探ることに向いている。機能的な側面については脳波，MEG，fMRI，PET，fNIRSなどがある。脳波は脳の活動の微弱電流を計測する。MEG(脳磁計)はニューロンの活動による磁気の変化を計測する。fMRI(機能的磁気共鳴画像法)とPET(陽電子放出断層画像法)は脳の活動を血液中の状態から探る。fMRIは磁気，PETは陽電子を用いる。fNIRS(機能的近赤外線分光法)は近赤外線を投射して脳内の血流量を測定する。また，脳の外から磁気で刺激す

表 2-1　さまざまな測定法と実験例

測定の種類	測定方法例	実験例あるいは具体的測定例
精神物理学的測定	スティーヴンス(1957)のマグニチュード推定法	標準刺激の明るさを10としたとき，比較刺激の明るさはいくつか
言語的記述	評定尺度	「とても楽しい－少し楽しい－どちらともいえない－あまり楽しくない－全然楽しくない」のどれかを選択
遂行成績	反応頻度	スキナーの実験におけるハトの円盤をつつく回数
反応時間	反応潜時	パヴロフの実験において唾液分泌が始まるまでの時間
	反応時間	再認判断までの時間
生理的指標	GSR(galvanic skin response)，心拍，容積脈波，体温，内分泌量，血流量，脳波など	バイオフィードバック実験における種々の指標

る TMS(経頭蓋磁気刺激)や微弱な電流で刺激する tDCS(経頭蓋直流電気刺激)もある。これらは**非侵襲法**とよばれる。

2-4　観察法と面接法

観察法は，ヒトや動物の行動を自然または実験的な状況において観察，記録，分析して，行動の特徴や法則を解明する方法である。言語を必要としない場合にも利用できる。一方，**面接法**は，ある目的のために一定の場所で対象者と対面してコミュニケーションを行い，対象者を理解したり支援を行ったり，あるいは新しい理論を構築したりする方法である。

(1) 観察法の種類

a. 自然観察と組織的な観察

観察法においても，独立変数，従属変数を設定して，剰余変数のコントロールを施せば実験法とよばれる。その対極が自然観察である。自然観察法は人為的な操作を加えずありのままを観察する方法である。自然な状態でデータを入手できるが，研究対象とする行動がいつ発生するかわからない状況における観察なので，時間と労力，および出現した行動に関連する他の要因との因果関係について明確に説明しにくい。したがって自然観察法はほとんどが探索的研究である。一方，研究の目的を仮説検証に設定すると，実験法のように独立変数

表 2-2 自然観察と実験の比較

	自然観察 ——— 実験的観察 ——— 実験法	
一般化	不 可	可
統 制	なし，または弱い	厳 格
解 釈	多義的	一義的
状 況	自然的	人工的

と従属変数を設定して剰余変数をコントロールする必要がある。その中間に位置するのが実験的観察である（表 2-2）。

b. 参与観察と非参与観察

場面を直接に観察するか，ビデオなどメディアに録画したものを用いて間接的に観察するかで，観察法を分類することもできる。直接観察の場合は，さらに実験者などが場面に介入する参与観察と介入しない非参与観察に分けられる。また，介入の状態も観察対象者と相互作用がある場合とない場合がある。

なお，ビデオなどのメディアを利用しているかを基準にするのではなく，人による落書きやゴミ捨て行動，動物の痕跡行動をデータとする場合や日誌などをデータとする場合のように，リアルタイムではなく行動発生から時間が経過した時点での観察を間接的観察とよぶこともある。

（2）観察システム

観察法においても妥当性が重要である。特に，経過していく時間の中で現象を捉えなければならないので一般化可能性の側面（2-6 参照）が問題となる。

a. 記録方法

現象の素朴な記録方法は**記述法**である。記述には日誌を書くように行動を描写し記録していく**日誌法**と，偶然に発生した行動を記録していく**エピソード法**がある。例えば，青年期の態度や価値観の研究や自伝的記憶に関する研究などでは日誌法が用いられる。特徴としては，自然な環境の下の複雑で多様な行動を全体的に捉えることができるが，結果の一般化が難しいことが多い。

カテゴリー法はあらかじめ対象となる行動レパートリーを用意しておき，それが出現したときにチェックしていく方法である。日誌法と比較すると一般化可能性は高いが，そのためには，行動とカテゴリーが一対一に対応していること，カテゴリーが十分に用意されていること，使いやすいリストになっていることなどが必要である。

カテゴリーのチェックだけではなく，その行動の程度を検討したい場合には

評定法を用いる。質問紙調査で用いられるものと同様の尺度，選択肢を4～7段階程度のものを用意する。評定に労力が必要であるが，カテゴリーをチェックするだけの場合よりも情報量が多くなり，統計的分析も幅が広くなる。

b. 現象の選択法

現象を取り上げる切り口には**事象見本法**(event sampling method)，**場面見本法**(situational sampling method)，および**時間見本法**(time sampling method)がある。事象見本法は，特定の行動に焦点をあて，その行動がどのように生起して，どのような経過をたどり，どのように終結するのかをみる方法である。特定の行動に注目するので時間的な流れを追うことができる。場面見本法は特定の場面において，行動の生起過程，経過過程などをみる方法である。例えば，電車での着席行動は典型的な例である。時間見本法は30秒や1分というように時間区分を設定し行動を抽出する方法である。量的に現象をとらえやすいが，時間内に対象とする行動が観察されない場合もあり，出現頻度が低い行動を対象とする場合には向かない。

c. 観察者のバイアス

観察法においては，例えば，カテゴリー法と時間見本法を組み合わせても，観察者の主観が混入するなど客観性が保証されないことも多い。その原因として，観察者の熟練度や用具などの環境の不備があげられる。それら以外にも，対人知覚における知覚者のエラーやバイアスとして知られている要因の影響もありえる。代表的なエラーとして，まず**ハロー効果**(halo effect)があげられる。これは，性格や能力，外見などの1つの次元の評価が他の次元に影響するバイアスをいう。例えば，「この子は良い性格のようだ。だから頭も良いだろう」と考えることを指す。本来，性格と知的能力は無関係であるはずが，性格に関する情報が知的能力の評価に影響を及ぼしている。**寛大効果**(leniency effect)は一般的あるいは自分自身にとって，他者の望ましい側面は過大に評価を行い，望ましくない側面は控えめに評価するバイアスである。結果として他者に対して実際よりも寛大な評価になる可能性が高まる。また，**論理的エラー**(logical error)は，個人が特性どうしの関連性を結びつけた知識を経験から持っており，それによって他者を評価するエラーを指す。例えば，太っている人はおおらかだろうと論理的に推論してしまう。これら以外にも対人知覚におけるエラーやバイアスは多い。

(3) 面接法の種類

面接は目的や場面によって調査面接と臨床心理面接に分けられる。

調査面接は，調査目的に沿ってデータを収集するための方法であり，仮説を検証したり，仮説を生成したりするときにも用いられる。

臨床心理面接には**査定面接**と**臨床面接**がある。査定面接は被面接者(クライエント：client)の診断と評価が目的である。特に，質問紙法や投影法などの心理検査では得られない情報を入手することができる。査定面接には，**インテーク面接**とよばれる最初に行う重要な面接がある。そのときの様子で，可能ならば治療方針を決めたり，問題解決の糸口を探すこともある。一般にインテーク面接でクライエントとの合意が成立して治療契約が交わされる。また，臨床面接とは，カウンセリングや心理療法として行われる面接であり，心理的な問題を抱えるクライアントのこころのケアや援助などを目的としている。

(4) 面接の構造

面接は構造によって3種類に分けられる。まず，あらかじめ決められた質問を決められた順序で行う方法の**構造化面接**である。面接者が質問紙を読んでいくような手順であるが，質問紙法とは違って，被面接者の表情，身振り，視線など言語以外の情報も利用できる。2つめは**半構造化面接**である。被面接者の回答によって，質問内容を変更したり順序を変えたりあるいは加えることもある。これらは，必要な情報を一定の基準で入手できるため査定面接などに向いている。3つめは**非構造化面接**である。構造化されておらず，その時々で面接者が自分自身の洞察に基づいて語りかけていく。治療場面や心理臨床における事例研究で用いられる。

(5) 面接者に求められること

クライエントとのよい信頼関係(**ラポール**：rapport)を構築することが面接者に最も求められる事項である。ラポール形成のための手助けになるのがロジャースのいう面接者(カウンセラー)の**自己一致**，**無条件の肯定的配慮**，**共感的理解**の3つの基本的態度である(13-3)。クライエント中心療法に限定せず，一般的にカウンセラーが身につけるべき態度とされている。

2-5　調 査 法

こころを知るために実験，観察とならんでよく用いられる方法が調査法である。調査法では多くの要因を用いて多角的に検討することが可能である。調査というと質問紙法がイメージされることが多いが，多種多様である。

（1）標本調査

調査には**国勢調査**から街頭インタビューまでさまざまなものがある。その種類も，目的，対象，収集法などいろいろな分類基準がある。国勢調査のように検討の対象となる全員を用いる調査は**全数調査**あるいは**悉皆**（しっかい）**調査**という。○○大学の学生の意見を調べる場合に，学生全員からデータを集めることができれば全数調査である。

心理学研究は，普遍的なヒトの行動を研究対象とすることが多いため，全数調査が理想である。しかし例えば，都会に住む女性の一人暮らしの高齢者といった複数の条件によって対象が限定されたとしても，対象者全体(母集団)を実際に調べることは不可能である。ほとんどの場合，母集団から抽出された標本を対象とする。このような調査を標本調査という。

この標本調査の際，抽出された標本がいかに母集団を代表しているかが最大の課題となる。抽出方法は大別して**有意抽出法**と**無作為抽出法**がある。街頭インタビューや知り合いからデータを得る場合は有意抽出法である。有意抽出法は簡単に実施できるが，標本の代表性に乏しく，多くの統計的検定は無作為抽出を前提にしているので使用できない。

（2）無作為抽出の方法

心理学の調査では無作為抽出を基本としている。その無作為抽出法にもバリ

表 2-3　無作為抽出法の例

	概　要	長所・短所
単純無作為抽出法	最も単純で直接的な無作為抽出は，対象者全員に番号をつけて，サイコロを転がすように乱数によって選ぶ方法である。	信頼区間の推定が容易であるという長所はあるが，時間とコストが非常に大きく，母集団がよほど小さくなければ実質的には実行不可能である。
系統抽出法	1番目の標本のみを乱数によって抽出し，2番目以降は一定の抽出間隔によって選んでいく方法である。	単純無作為抽出より抽出作業が簡単である。
多段抽出法	地域など(例えば市町村，投票区)によって母集団をあらかじめ分けておき，それぞれの抽出単位から段階的に標本を選んでいく。	大規模調査に向いているが，抽出段階が多くなると精度が悪くなる。
層別抽出法	母集団を予備知識に基づいて，いくつかの等質なグループ(層)に分け，各層からランダムに選んでいく。	系統抽出法や多段抽出法とは反対に，1つの層はできるだけ同じ特性を持つ対象者が含まれていることが求められる。層が適切に作成されれば最も精度がよい。

エーションがある。代表的な抽出法を表2-3にまとめた。なお，層別多段抽出法のように複数の抽出方法を組み合わせて用いることもある。

(3) 調査の実施法

調査方法も多彩である。代表的な方法を表2-4にまとめたが，配布を郵送にして回収を調査員が赴くとか，調査員が配布し郵送を依頼するなど，配布と回収で異なる方法を組み合わせて用いることもある。

(4) 調査票の設計

具体的な調査票作成では，回答形式の選択と質問のことば遣い(ワーディン

表2-4　調査方法の例

	概　要	長所・短所
配票調査法(留め置き法)	調査員が訪問し，調査を依頼して，後日回収する方法である。	対象者本人が回答したか，真剣に回答したかは確実ではない。しかし，回収率や回収数はある程度高く，コストは面接法よりは安くなる。
面接法	調査員が戸別に直接聞き取りを行う方法である。	対象者を確認しながら，複雑な内容の場合には解説を加えることもできる。回収率は高い。調査員によるバイアスが生じる可能性もあり，コストや時間がかかる。
郵送法	郵送もしくは宅配便を用いて調査票を配送する方法である。	コストが低いことが最大の長所である。しかし，回収率は30%程度しか期待できない。
電話調査法	調査員が電話を掛けて聞き取る方法である。最近は自動システムで質問－回答を行う方法が主流になっている。	自動式の場合はコストが低く，即時に実施できるという利点はある。しかし，本人確認は難しく，質問内容や選択肢が音声で与えられるため，多数の質問項目や複雑な内容は設定しにくい。さらに，固定電話の普及率が減少しているため，調査参加者，つまり標本抽出に偏りがある。
集合調査法	一堂に会した対象者に調査票を配布して行う方法である。	卒業研究のデータ収集でよく用いられる。コストがかからず多数の回答者数を短時間に得ることができるが，母集団を代表しているかについては全く保証されない。したがって，一般化した解釈が困難である。
ウェブ調査法	インターネットを利用して行う調査法である。	コストの面や即時性などにすぐれているが，自動式電話調査法と同様に標本の代表性については疑問がある。

グ)に注意が必要である。

a. 選択肢式と自由記述

回答の仕方は大別すると選択肢式と自由記述方式に分けられる。選択肢式はあらかじめ質問内容が明確にされているので，回答が容易であり漏れも少なく，信頼性も高い。しかし，用意された内容に対する回答に限定されるので，対象者の自由度が制限されたり，質問の設定によっては誘導的な回答を招いたりすることもある。それに対して自由記述は，文字通り自由な意見や作成者が予想しなかった反応を拾うことができる。しかし，回答者にとって面倒であり，いい加減な記述になることも多い。また，回答結果を統計的に解析するときに，アフターコーディングに手間がかかるというマイナス面がある。なお，最近では，自由記述回答のようなテキスト型データを形態素によって分析するシステム開発され，コーディングに労力がかからなくなりつつある。

b. 選択肢式のバリエーション

選択肢式には複数の形式があり，どれを用いるかは分析方針と合わせて考えなければならない。例えば，「はい－いいえ」の回答に対して平均値は算出できない。一方，評定尺度回答形式の場合には，平均値を算出できる。

①**単一回答形式**(SA: single answer)は，好きな食べ物を1つ選ぶというように用意された選択肢から1つだけを選択する。②**複数回答形式**(MA: multiple answer)は，好きな食べ物はいくつ選んでもよいという方法である。③**制限回答形式**(LA: limited answer)は，好きな食べ物を3つだけ選ぶというように回答数に制限をかける。④**順位回答形式**(rank order answer)は，好きなものから順位をつける方法で，すべてに順位をつける完全順位式とベストスリーを順位づけするというような一部順位式がある。⑤**評定尺度回答形式**(rating scale answer)は，好きな程度を答える方法で，5件法，7件法などがあり選択肢が増えると情報は多くなる。ただし，回答者の負担が大きくなったり，実質的に使われない選択肢も発生したりすることもあり，多ければよいというものではない。また，間隔・比率尺度データとして解析されることが多いが，選択肢に等間隔性があるかに気をつけなければならない。

c. 項目の設計

質問文によっては回答を困難にしたり，回答にゆがみを与えたりするので，項目の設計の際には注意が必要である。通常は**予備調査**を行い，期待した回答が得られるかどうかを確かめなければならない。設計における主な注意事項は，①**ダブルバーレル質問**(double-barreled question)**をしない**：「日本酒や焼酎が好きですか」のように，1つの質問で2つの内容を尋ねない。②**わかりやすい表現にする**：略語，流行語，隠語や業界用語を使用したり，「…が多くないときに賛成しないことに反対ですか」のように否定表現を多用したり，あいまい・難解な語を用いない。③**誘導的な表現はしない**：ポジティブ，ネガティブあるいは特別なイメージに結びつく語句，表現，文章を用いない。例えば，「ワーキングプアが増えている世の中ですが…」とすると，現在の世の中にはワーキングプアが多いことが前提となっている。そして，この前提が後続の内容に影響を与える。また，「車が激しく衝突した」と「車がぶつかった」では，車の速さが異なって理解され，回答が異なったりすることが知られている。④**答えにくい質問はしない**：プライバシーに関わることやタブーに関することは回答がゆがむ可能性が高い。⑤**キャリーオーバーに注意する**：先の質問内容が次に影響を与えることがある。

2-6　検 査 法

検査法(テスト法)は，心理検査を用いて個人の知的側面や性格などを測定する方法である(12章参照)。臨床心理学における個人のアセスメントに用いられるだけでなく，実験研究や相関的研究での変数として用いられることもある。また，アセスメントでは，複数のテストを組み合わせて単一のテストが持つ短所を補う**テストバッテリー**が必要とされることも多い。

テストが備えなければならない最も重要な側面は**妥当性**(validity)である。1950年くらいまでは，研究対象の概念を測定の手続きによって定義する操作的定義が用いられた。この定義の保証は外的な基準との関連性(**基準関連妥当性**：criterion-related validity)の検討などによる。しかし，何を測定しているのかという内容は重要な問題とされない。そのため内容についての適切さ(**内容的妥当性**：content validity)の検討も必要とされるようになった。次いで，こころの測定において理論的・仮説的な構成概念(**構成概念妥当性**：construct validity)の検証が重視されるようになる。そのような流れを経て，すべての妥当性は構成概念妥当性に集約されるという議論が提出された(Messick, 1989)。

(1) 構成概念妥当性

メシック(Messick, S., 1931–1998)によると「妥当性とはテスト得点またはそれにその他のアセスメントをもとにして行う推論と行為の相応性(adequacy)および適切さ(appropriateness)について，それを支持する実証的証拠や理論的根拠がどの程度かを示す総合的評価判断をいう」(Messick, 1989)とされており，妥当性はいくつかの種類があるのではなく構成概念妥当性として総合的に評価される。

構成概念妥当性の総合的評価として以下の6側面がある(Messick, 1995)。

a. 内容的側面(content aspect)

内容の関連性，代表性および技術的な質の証拠が含まれる。すなわち，テストの内容や課題が測定したいことを含んでいるか，あるいは測定の目的に合っているかという側面である。例えば，英文の数学問題は英語のテストとしての内容的妥当性は低い。複数の専門家による意見の一致度を用いることが多い。

b. 本質的側面(substantive aspect)

理論的なプロセスが実際にアセスメント課題で観測できるという実証によって評価される。すなわち，テストの反応プロセスが心理学的に説明できるかという証拠を指す。

c. 構造的側面(structural aspect)

テストの得点が問題として取り上げている構造をどれくらい忠実に示しているかで評価される。因子分析の結果や，項目間の相関関係や内的一貫性の程度などが用いられる。

d. 一般化可能性の側面(generalizability aspect)

得点の測定論上の特性や解釈がどの程度，母集団，場面，課題などに対して一般化できるかで評価される。なお，この定義によると，これは従来の**信頼性**(reliability)に相当すると考えられる。

e. 外的側面(external aspect)

他の変数との相関パターンから評価される。例えば，同じような構成概念を測定する他のテストと関連が高いかどうかを評価する**収束的妥当性**，他のテストと異なることを示す場合に用いられる**弁別的妥当性**による。具体的には，**多特性・多方向行列**(MTMM：multitrait-multimethod matrix)や**構造方程式モデリング**などが用いられる。

f. 結果的側面(consequential aspect)

尺度使用の適切さから評価される。例えば，結果が偏見や不公正などにつながらないかという点であり，社会的影響の分析も必要な場合がある。

ところで，メシックによると信頼性は構成概念妥当性の一部に含まれることになるが，信頼性は測定値の誤差が少なく安定した値であるかどうかを示す。同一の実験参加者に同一のテストを行ったときに同じ結果が得られるかという安定性と，1つの変数に対して用意されたテスト間で同じ結果が得られるかという一貫性が評価基準である。信頼性は数値で表現される。

安定性は従来からいくつかの数値によって評価が行われてきた。最もシンプルな評価は**再テスト法**である。同一のテストを同一の実験参加者に期間をあけて実施して相関関係をみる。ただし，期間をどれくらいあけるかが問題となる。期間が短いと学習効果が生じる。逆に，期間が長いと個人に変化が生じる可能性がある。

子どもを対象とした検査の場合は発達の影響が大きくでることがある。**平行テスト(代替テスト)法**は等質のテストを2つ用意してその相関をみる。再テスト法のように期間をあけないので実施が容易であるが，2つのテストが等質であるかは主観的な判断で行われるので等質性の完全な保証はない。

一貫性に関してもいくつかの指標がある。例えば，**折半法**はテストを奇数・偶数番号によって2つに分け，**信頼性係数**を求める方法である。信頼性係数(ρ)は2群の**相関係数**(r)を用いて $\rho=2r/(1+r)$ で求められる(**スピアマン・ブラウンの公式**)。1回のテストで実施することができ，学習効果もない。

(2) 標 準 化

検査結果を評価するためには，対象とする母集団の中での相対的位置を知ることが必要になる。そのためには調査法と同じように厳密な手続きで標本抽出を行って測定を実施し，その結果を標準得点や偏差得点などで表すことができるようにしておかなければならない。例えば，アメリカで開発された検査を正確に和訳するだけでは不十分で，日本において調査，実験を行い，そのデータから日本版を作成しなければならない。この手続きを**標準化**という。標準化は得点に関するものだけではなく，実施方法を含んでいる。

2-7　心理統計の利用

心理学では，科学研究・実証研究という立場から，研究対象としている心理特性を客観的な方法で示さなければならない。例えば，川端康成は踊り子を鮮明に描写するが，それを読んだ読者のもつイメージが皆同じであることはあり得ない。心理学では心理特性を数量化することによって客観的に表現する。

(1) 現象の記述

初めに，収集した測定値(データ)の傾向や特性に関する記述を行う。記述のための方法を**記述統計**という。記述に使用する**統計量**(統計的指標)は測定値の

尺度水準によって決まる。尺度には，①**名義尺度**(nominal scale)，②**順序尺度**(ordinal scale)，③**間隔尺度**(interval scale)，④**比率尺度**(ratio scale)があり，比率尺度が最も情報量が多い。データの**中心傾向**を表す**平均値**と，**散布度**を表す**分散**または**標準偏差**は，間隔・比率尺度データの場合のみ算出できる。順序の情報を持つ順序・間隔・比率尺度は，**中央値**や**四分位偏差**などが使用できる。名義尺度では**最頻値**など使用できる統計量が限定される。

(2) 推　定

心理学においては，研究対象となる集団のデータすべてを用いることはめったにない。人間の援助行動は…，女性より男性が…，小学生は…，というように一般的な行動や心理特性が研究対象であるため，前述したように集団全体(母集団)から適切な方法で**標本**(サンプル)を抽出して実験，調査などを行う。したがって，入手するデータは標本であり，そこで計算された統計量から母集団の特性を表す数値である母数(パラメータ)を推定する。例えば，**母集団**から $N=100$ のサンプルを抽出し平均身長(170 cm)を算出する。この 170 cmはサンプル平均(X)であり，母数は母平均(μ)である。**母数**の推定には，母平均が 170 cmである確率は 75% であるというように，点を示しその確率をいう**点推定**と，母平均は 95% の確率で 168 cmから 174 cmの区間の値であるという**区間推定**がある。心理学研究論文においては，さまざまな統計量を表記する際に，その値の 95% の信頼区間を示さなければならないことが一般的となっている。

(3) 検　定

測定値は比較しなければ意味はない。比較したその差が確率的に偶然か意味のある差であるかを調べることを**検定**，あるいは**統計的仮説検定**という。

例えば，男女の食事時間の差を調べる場合，はじめに，男女で食事時間に差がないという仮説をたてる(H_0：$\mu_{男}=\mu_{女}$)。これを**帰無仮説**(null hypothesis)という。次に検定統計量を計算する。この場合は 2 つの平均値の差の検定なので t の値を計算する。計算された t 値の出現確率が非常に低い場合，差がないという帰無仮説を捨てて，差があるという**対立仮説** H_1：$\mu_{男}\neq\mu_{女}$を採択する。このときの帰無仮説を棄却し，対立仮説を採択する確率の大きさを**有意水準**という。5% が判断基準とされることが一般的であるが，慣習的な基準であり理論的根拠はない。

計算された確率があらかじめ設定した有意水準よりはるかに小さい値であっても，本当は有意差がないかもしれない可能性は残る。真は差がないのに，差があると誤って判断してしまうことを**第一種の誤り**(type Ⅰ error)といい，**危**

険率αとして表される。また，真は差があるのに差がないと判断することを**第二種の誤り**(type II error)といいβで表される。そして真は差があり，それを差があると判断できることを**検定力**(power)といい，$1-\beta$で表される。

しかし，統計的仮説検定において，有意水準を根拠に研究仮説を二分法的な絶対的解釈を行いがちなことについて批判もあがっている。アメリカ統計学会が2016年に警告を行い(Wasserstein & Lazar, 2016)，また英科学論文誌「*Nature*」においても統計的検定の誤用とする声明が掲載されている(Amrhein, Greenland & McShane, 2019)。これらの記事においては前述の信頼区間などによる推定を強調した方法や**ベイズ流**の方法などが推奨されている。なお，ベイズ流の方法は統計的仮説検定とは大きく異なり，事前確率をもとに，得られたデータから新たな確率を導出する統計学である。

(4) 標本サイズ(Nの大きさ)

検定に用いられる統計量はt値，F値，χ^2値などさまざまであり，そこで計算された値の確率はt分布，F分布，χ^2分布に照らし合わせて大きさが評価される。これらのt分布などは標本分布という確率分布である。しかしながら，t値などの標本統計量はNが小さくなると分布から大きく外れ，近似が悪くなる。近似をよくするためには，Nの大きさを大きくする必要がある。したがって，研究ではデータを十分に集めなければならない。

では，標本サイズは大きければ大きいほどよいかというと，Nが大きくなるとわずかな差であっても有意になりやすい。例えば，$N=1000$のとき，相関係数は$r<.10$でも有意になる。平均値の差の場合も同じことがあてはまる。すなわち，Nが大きいと統計的な有意差と統計量の実質的大きさの意味が乖離することになりやすいので注意が必要である。このようなことから論文には，実質的な大きさを評価する指標である**効果量**(effect size)を記載しなければならない。

では，適切な標本サイズはどのように決めればよいのかということが問題になる。標本サイズの決定には，**検定力分析**か信頼区間設定によって目安が提供される。心理学においては検定力分析が用いられることが多く，これから行おうとする検定において設定する有意水準，目標とする検定力の大きさ，母集団での期待される効果量によって決定される。

3章　行動の仕組み

心理学では，行動の生起頻度や生起するまでの時間，質問紙で得られる評定得点など何らかの指標で測定した間接的手がかりをもとに，こころの働きを知ろうとする。比較行動学や比較心理学では，ヒトの特異性を知るために，系統発生的に他のさまざまな種の動物の行動との異同を検討する。生理心理学では，こころの働きとの関わりのある生理機能を検討する。このようにさまざまな手法を駆使して，実証的にヒトのこころを解明していく。

この章ではごく基礎的な事項だけではあるが，行動の生物学的，医学的背景を紹介する。

皆さんは医者に「寛解(かんかい)です」と言われたらどのように思うであろうか？病気が治ったと誤解するのではないだろうか。「寛解」とは，症状が落ち着いて安定した状態であり，病気が治ったことを指しているわけではない。このように，専門家とそうでない人がコミュニケーションを取る場合，相手がその言葉を知っているかどうかの配慮が必要となる。そのため，「病院の言葉」をわかりやすくする提案が国立国語研究所から出されている。

同様に，自分がどのくらい外来語(カタカナ語)を使っているか考えてみよう。相手が知らないカタカナ語を使っている場合には言い換えができるように準備しておく必要がある。

https : //www2.ninjal.ac.jp.byoin/

3-1 刻印づけ

生物のさまざまな行動が，生まれつきプログラムされた遺伝的な行動，つまり生得的な行動か，それとも生後の環境における経験により生じた学習性の行動，つまり獲得性の行動かをめぐって，行動学者と心理学者で，または心理学者どうしで激しく**遺伝－環境論争**が行われたことがあった。心理学者どうしの論争は，11–1を参照されたい。ここでは，生後初期の隔離飼育実験で見出された，早成性のトリの刻印づけをめぐる行動学者と心理学者の主張の違いをみよう。

成熟した状態で生まれること，トリでいえば孵化直後から移動できる状態を**離巣性**，あるいは**早成性**という。離巣性と反対の**留巣性**，あるいは**晩成性**とは眼や耳が閉じて自分で移動できない状態で生まれることをいう。

古典的な実験にさかのぼると，行動学者のスポルディング(Spalding, D. A., 1873／1954)は，孵化後に他個体から隔離したニワトリの雛に覆いをかぶせて視覚刺激にさらされないように育てた。孵化後2日以内に覆いをはずされた時に見た，動く対象に雛がついてまわることを見出し，この現象を追従とよんだ。追従現象は3日以上経過してから覆いをはずしたときは起こらなかった。

同様に行動学者のローレンツ(Lorenz, K., 1937)は，多くのトリの種は自身の種を生得的に認知せず，孵化後に単独で飼育してから同種他個体のもとに戻しても，他個体を同種の仲間だとは認知しないことを示した。孵化後に見た動く対象に追従する現象を，ローレンツは刻み込むという意味のインプリンティング(imprinting)と名づけた。**刻印づけ**，あるいは**刷り込み**と訳される。ローレンツは刻印づけの特徴として，それを逃すと刻印づけが起こらない限定的な時期，すなわち**臨界期**(critical period)があるとした。また，いったん刻印づけが行われると元に戻らない不可逆的な性質などをあげて，刻印づけの生得性を主張した。

通常は，孵化するときに近くにいるのは自身の親であるから，孵化した時に動く対象への追従は，親について採餌を学習するなど生命維持上重要な役割を持つ点で適応的である。しかし，親以外，同種以外にも追従するとなると，孵化時に近くにいた対象が天敵であればすぐに命がなくなってしまうことになる。このような場合に備えた安全システムのようなものはないのだろうか。

ヘス(Hess, E. H., 1959)はマガモの模型を移動させると雛が追従することを確認し(図3–1)，追従が起こる臨界期を示した(図3–2)。

図 3-1　刻印づけの実験の様子
(Hess, 1959)
模型の親鳥が移動すると，雛がそれに追従する。

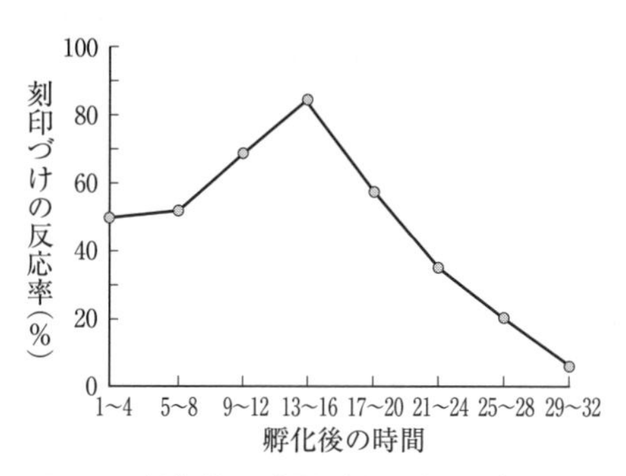

図 3-2　孵化後の時間ごとの刻印づけの成立頻度(Hess, 1959)

孵化後，時間が経つにつれて追従反応が多くなり，13～16 時間後の頃がピークで，その後だんだんと反応率が下がっていく。このように臨界期はある程度の幅を持っている。ヘスはまた，マガモの雛が孵化するときに，親が卵に向かって継続的に鳴き声を発し，その鳴き声の主に雛が追従することを示した。卵に向かって継続的に発せられる声の主は親ではなくても，別の人工的な音を出す物体でも追従対象となりうることが確かめられた。すなわち，自身の種の声だけに反応するようあらかじめプログラムされているわけではないことが示された。しかし，卵の近くにいて，継続的に声を出す存在は通常は自身の親であるので，誤った対象に追従しないよう孵化前に備えられた安全システムといえるかもしれない。

後に多くの実験的検討がなされ，刻印づけはローレンツが考えたよりは柔軟で，臨界期には幅があり**敏感期**(sensitive period)とよぶのが妥当であることがわかった。また，追従対象を見せないことによって追従反応の消去が起こることから，行動学者が主張する固定的，不可逆的な生得的行動というよりは，ヘスが指摘したように刻印づけは初期学習の結果であると解釈される。

3-2　神経系の仕組み

生物の体内をめぐり，主に**神経細胞**(ニューロン)で情報を伝達する一連の器官を神経系という。神経系は，発生的には最初は 1 本の神経管からなり，必要な部分が分裂して複雑な構造を持つようになる。例えば昆虫では頭部に脳の原始型である神経節が発達して，神経系が統合され，感覚器官が発達した。進化の梯子(はしご)をあがるにしたがって，神経管の一端がふくらみ，脳が作り出される。この節では神経系にはどのようなものがあり，生物の周囲や内部で生じたさまざまな刺激はどのように伝達されるかを概観する。

(1) 神経系の成り立ち

脊椎動物の神経系は大きく2つに分けられる。脳と脊髄からなる**中枢神経系**(central nervous system)と，中枢神経から体内の末端へ伸びる紐状の神経系である**末梢神経系**である(図3-3)。

末梢神経が中枢神経のどこにつながるかによって，脳から出る脳神経と，脊髄から出る脊髄神経に分けられる。一方，機能で分けると，どのような情報を伝達するかにより，**体性神経系**と**自律神経系**に分けられる。

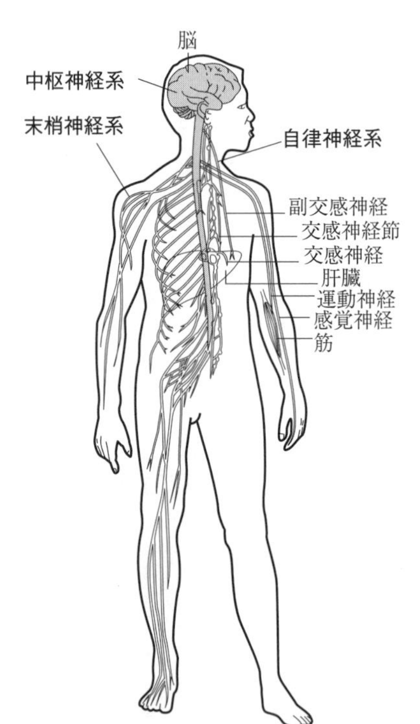

図3-3　神経系の概略(大島，1998)
脳と脊髄から成る中枢神経系と，体内に広がる末梢神経系があり，さらに体性神経系と自律神経系がある。

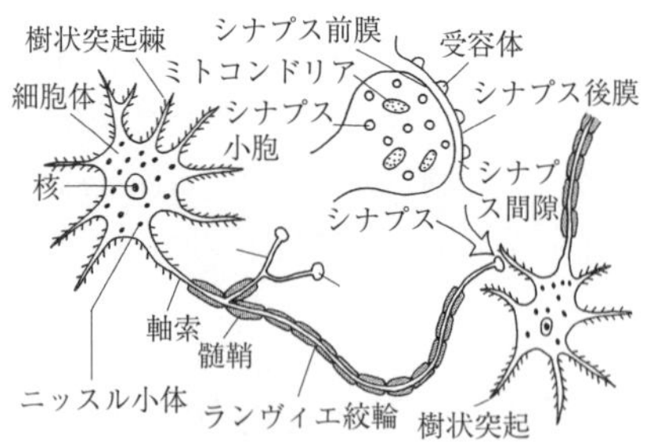

図3-4　神経細胞とシナプスの構造
(古川他，1998)

体性神経系には，皮膚や筋肉，関節からの情報を中枢神経系に伝える感覚神経と，中枢神経系からの運動指令情報を末端に伝える運動神経がある。随意運動を行うために使う筋肉は運動神経の支配を受ける。

自律神経系はその名の通り，自律した組織で不随意的に働く。自律神経系は呼吸，消化，発汗，体温調節，内分泌機能，生殖機能，代謝の機能を制御する。自律神経系には**交感神経系**と**副交感神経系**があり，交感神経系は危急時に心拍，呼吸などを上昇させる。それとは逆に副交感神経系は内部環境の調節を行う。我々が普段リラックスしている時には副交感神経系が優位で平穏な状態が保たれている(3-4 参照)。

(2) 神経伝達の仕組み

神経組織を構成する細胞は神経細胞(neuron)とよばれる。個々の神経細胞が長い突起となる**軸索**をのばす点と，木の枝のように枝分かれする**樹状突起**を持つ点で他の体細胞と異なる。

軸索や樹状突起の末端は，神経細胞やその他の細胞の膜と直接に接しないで，**シナプス**間隙とよばれるすきまがあり，その間を体液がうめる。情報を受けたときに軸索に瞬間的に生じる電位が軸索の末端に達すると，末端のシナプス小胞から**神経伝達物質**がシナプス間隙に放出される。情報の受け手側の細胞には特定の物質にだけ反応する受容体があり，神経伝達物質と結合する。この関係は鍵と鍵穴の関係にたとえられる。結合の結果，活動電位が生じて神経伝達物質が伝えた情報が再び電気的なものに置き換えられる。このようにしてさまざまな情報が伝達される(図 3-4)。

神経伝達物質には，アセチルコリン，ドーパミンなどのカテコールアミンや，グルタミン酸などのアミノ酸，ペプチドなどがある。それぞれの伝達物質について，記憶や脳の興奮過程との関連が検討されている。例えば，興奮性の伝達物質であるグルタミン酸の複数ある受容体のうちの一つであるNMDA受容体は学習や記憶に促進的な役割を果たすと考えられている。具体的には，ある条件でニューロンの膜に長時間の変化を起こすので，次に同じ条件になったときに反応が起こりやすくなる。これは長期増強とよばれ，別々の事象が記憶の中で関係づけられることに関連すると考えられている。

3-3　脳の仕組み

脳の進化の過程についてマクリーン(MacLean, P. D., 1973)は，進化にともなって新しい機能が付け加えられたと考えた。脊椎動物に共通の組織である中脳，小脳，橋（きょう），延髄は爬虫類にもあり，それらを覆う皮質はなく，これらを爬虫類脳とよんだ。この部位は呼吸や生殖，闘争などの基本的機能を持つ。それらを覆うように発達した，喜怒哀楽などをつかさどる大脳辺縁系，視床，視床下部を旧哺乳類脳とよんだ。さらに，そのまわりを覆うように発達し，感覚情報処理や情報の統合，創造性の基盤となる新皮質を新哺乳類脳とよんだ。大雑把にいえば，動物の生命維持に関わる基本的な仕組みは生物に共通であり，より複雑な動きや適応が必要な働きは後から付け加えられた。ヒトの複雑なこころの働きに関わる仕組みは一番新しい外側の脳である新皮質が関与する。

こうした脳の進化の過程は，生物の受精から脳が完成するまでの細胞分裂の過程に集約される。3-2 で述べたように最初は中空の神経の管が形成され，次第に神経細胞ができ，管の一方の端が分裂により大きくなり，大脳，中脳，小脳などを作り出すことになる。

（1）ヒトの脳の成り立ち

ヒトの脳を左側，外側からみた図を示す（図 3-5）。ヒトの脳は，外観から大きく分けると，大脳，小脳，脳幹から成る。脳幹は間脳や中脳，橋，延髄から成る。大脳は，中心溝，外側溝などで区切られた大きな 4 つの部分である前頭葉，頭頂葉，後頭葉，側頭葉に区分される。大脳を機能で分けると，感覚情報を担当する感覚野，運動情報を担当する運動野，それ以外のすべてである連合野に分けられる。こうした構造のヒトの脳に至るまでの進化の歴史をみると，

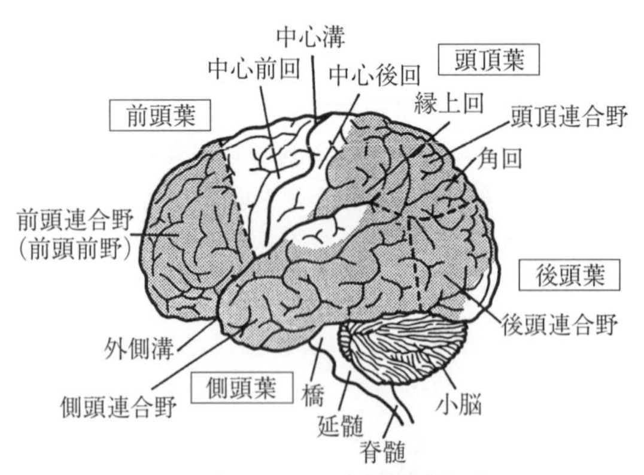

図 3-5　ヒトの脳を左側から見た図（古川他，1998）
灰色部分は連合野を示す。

原始魚類で脳が複数の部位に分かれ，初期爬虫類で脳容量の増加と半球の発達がみられ，原始哺乳類で大脳が飛躍的に発達し，各半球に前頭葉が形成された。

（2）脳の機能局在

ヒト以外の動物の脳も対称な左右に分かれているが，その機能に差はない。一方，ヒトの脳は，左右の半球に機能差があり，これがヒトの脳の特異性といえる。ヒトの脳の**機能局在**(functional localization)はどのように見出されたのだろうか。

舌や口を動かすことができ声も出せるが，話そうとするとことばが出てこない患者の脳では，左半球の前頭葉の下のほうに損傷があることが1861年に示された。この部位を**ブローカ野**あるいは**運動性言語野**という。続いて左半球の後ろのほうに損傷がある患者では言語の受容に問題がある感覚失語があることが示された。その部位は**ウェルニッケ野**あるいは**感覚性言語野**とよばれる。これらに端を発し，左脳と対称な位置にある右脳の部位が損傷されても同様の言語障害は見られないことから，ヒトの脳は左右で異なる機能を持つことがわかった。

また，左右の半球をつなぐ**脳梁**(のうりょう)という軸索の束の切断の事例から，左右の脳の機能差がわかった。人間の脳には視交叉があり，右視野で見たものは左脳の視覚野に，左視野で見たものは右脳の視覚野に送られる(図3-6)。

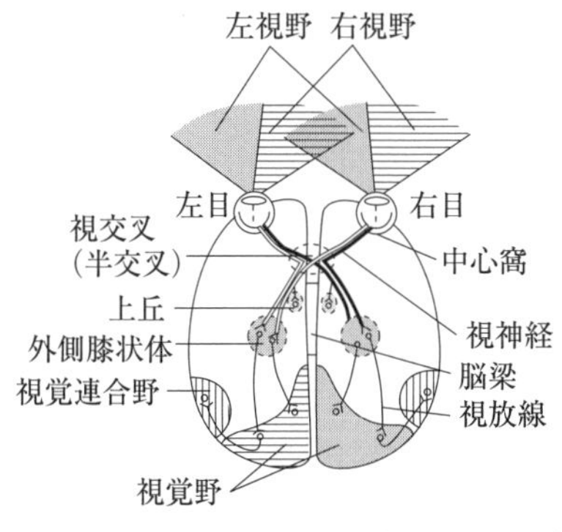

図3-6　視覚情報の伝達経路(古川他, 1998)
視交叉は半交叉しており，左視野の刺激情報は右脳へ，右視野の刺激情報は左脳へ伝達される。

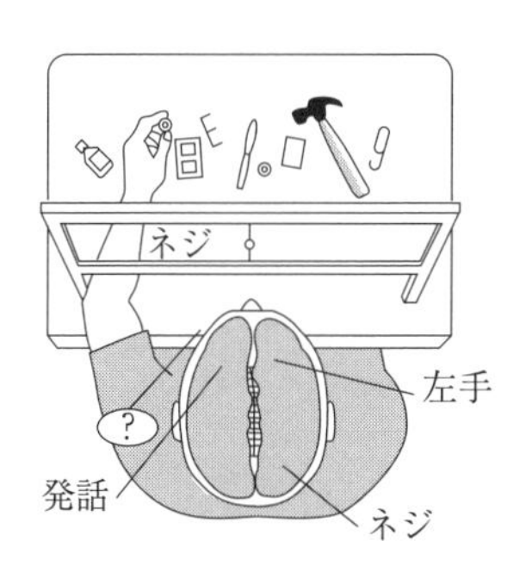

図3-7　分離脳患者の実験の様子
(Sperry, 1968：Atkinson et al., 2000より)

そして，脳梁によって左右脳の情報が統合される。この脳梁をてんかんの発作の広がりを防ぐために切断する治療方法が多く用いられた時代があった。この手術を行うと左右の脳の密接な連絡ができなくなる。手術を受けた患者の左視野に，例えばネジという単語を見せると右脳のみに情報が伝達される。脳梁が切断されているため，そこから言語を担当する左脳へ連絡できない。そのため，提示された単語を「ネジ」と発話できず，何も見えなかったと答える。一方，手元を隠して，いくつかのものの中から左手でネジを選ぶことはできる。しかし，そこで何を持っているか尋ねると，答えることができない(図 3-7)。右脳には言語機能がないため，見た単語について言語で答えることができない。一方，右脳はネジという単語を確実に見てはいるので，右脳がコントロールする左手を使えばネジを選ぶことができる。しかし，左手でつかんでいる物の情報は右脳から左脳に伝達されないので，やはり「ネジ」とは発話できない。このことからも，左右の脳が異なる働きをしていることがわかる。

3-4　生理学的研究

(1) 研 究 法

心理状態に関する生理学的研究は，簡単にいえばある心理状態にあるときに生理状態がどのようであるかという，心理状態と生理状態の対応関係を知ろうとする手法であり，大きく分けると 2 つの方法がある。

一つは，ある生理機能が減少したり増大したりした場合の，心理状態の変化を調べる方法である。脳のある機能が損傷された場合に，行動や認知がどのように変化するかを調べる。運悪く病変があり脳機能が損傷されたヒトについて調べる神経心理学の他に，ネズミなどの動物を使った損傷実験や脳の特定部位を電気刺激した場合の行動の変化を調べる手法もある。もう一つは，ある心理状態が変化したときの生理状態の変化を調べる方法である。生理状態の変化の指標には，ポリグラフで測定される心拍や呼吸，脳波，皮膚電位反応などがある。また各種ホルモンの放出量や fMRI，fNIRS 等を使用して脳内の血流量の変化を測定する方法もある。行動や認知の状態の変化と生理指標との対応関係は，覚醒と睡眠，情動，学習，記憶課題遂行時など多種多様な条件で調べられる。ここでは我々が常に直面するストレスに関わる生理的変化をみてみよう。

(2) ストレスの生理

ストレス(stress)とは，こころを脅かす刺激によって，心身が均衡を崩した状態を指す。その刺激は**ストレッサー**(stressor)とよばれ，その結果生じる心身の反応をストレス反応とよぶ。心理的ストレス反応には不安や怒り，攻撃性，無力感，抑うつ，認知的障害が含まれる。一方，生理的ストレス反応には基礎代謝率や心拍数の増大，瞳孔の拡大，血圧の上昇，呼吸数増加，筋の緊張などが含まれる。つまり，ストレッサーに直面すると，私たちの体は交感神経系の働きにより一時的に変化する(図3-8)。その後，そのままの状態が続くわけではなく，次第に交感神経系と逆の作用をする副交感神経系の働きによって，生理状態の均衡を保つことができる。しかしストレッサーに長くさらされる場合には，状況は変わってくる。

セリエ(Selye, H., 1978)はストレッサーに長くさらされる場合の一連のストレス反応を**汎適応症候群**として，3つの時期に分けた(図3-9)。ストレッサーにさらされると，交感神経系を活発化させてストレッサーに対応する警告反応期に入る。次に，ストレッサーにさらされる状況に立ち向かおうとする抵抗期に入るが，あまりにその状況が長く続くと，対応し続けることができなくな

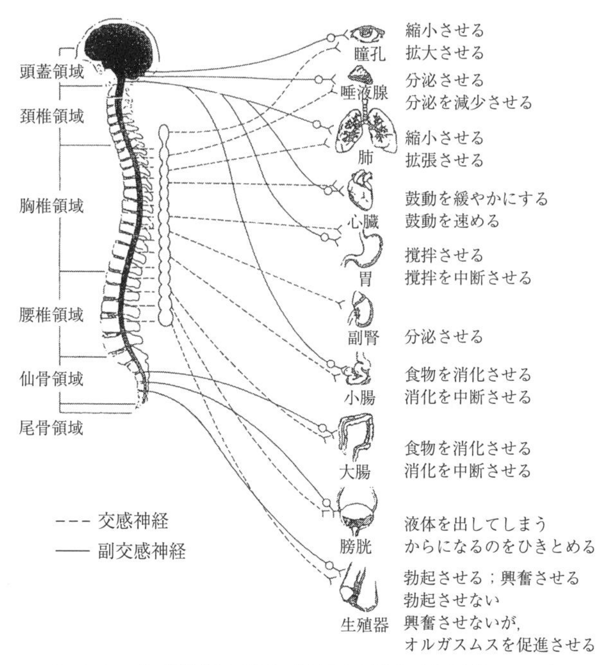

図3-8　交感神経と副交感神経の働き(古川他，1998)

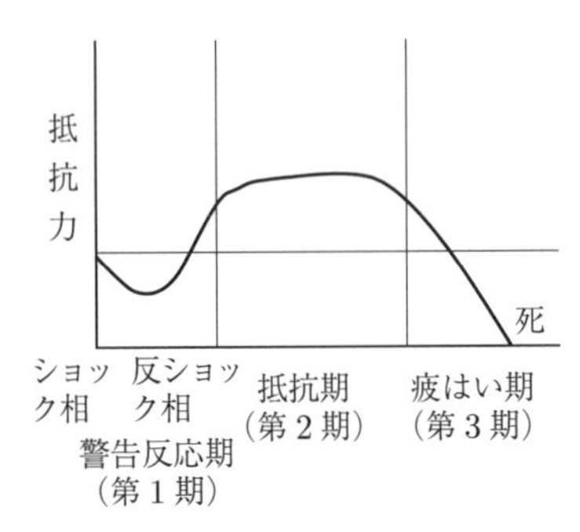

図 3-9　セリエの汎適応症候群で示される抵抗力の変化（古川，1998）

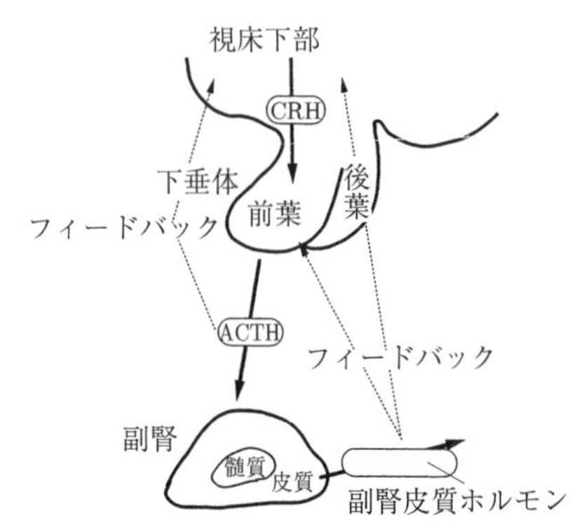

図 3-10　視床下部－下垂体－副腎皮質系（HPA 系）（古川，1998）

り，疲はい期に突入する。抵抗期は，ストレッサーに立ち向かうか逃げるかという意味で「闘争か逃走か」の時期ともいわれ，疲はい期はいずれもできないほどエネルギーが枯渇する時期ともいえる。

これらの時期の生理的変化については，拘束や低温などのストレッサーにさらされたネズミなどの動物実験で確かめられている。ストレッサーは視床下部を刺激し，視床下部は２つの神経内分泌系を制御する。一つは前述の内容にある交感神経－副腎髄質系で，心拍を上昇させたり，瞳孔を拡大したりし，さらに副腎髄質からアドレナリンとノルアドレナリンを放出する。もう一つは視床下部－下垂体－副腎皮質系（**HPA 系**：hypothalamus-pituitary-adrenal axis）とよばれ，比較的長く続くゆっくりとした反応系である（図 3-10）。視床下部から副腎皮質刺激ホルモン放出ホルモン（CRH：corticotropin-releasing hormone）を出し，脳下垂体を刺激し，脳下垂体は副腎皮質刺激ホルモン（ACTH：adrenocorticotropic hormone）を放出する。その結果，副腎皮質では血中の糖分などを調節するホルモン群が放出される。これらのホルモン群が放出される状態が長く続くと，免疫系が弱められ，病気にかかりやすくなり疲はい期にいたる。しかし，ストレッサーとストレス反応はまったくない方が良いわけではない。適度にストレッサーなどがある方が困難への心身の対処能力が培われたり，リラックスできる平常状態の価値が相対的にあがったりするという良い効果もある。

4章　感覚・知覚

ヒトはカメラやビデオのように正確にモノを見ているわけではない。例えば錯視図形などでそれは簡単に体験できる。ヒトが対象物を見て他のヒトに説明するときは，実際の対象物と大きく異なることが多い。これは，見たヒトの解釈が加わっているからだと考えられる。心理学において，このような内容を扱うことは，対象物(刺激)やその変化を，ヒトがどのように解釈して扱っているかを知ることである。

一般に，感覚は，受容する刺激の種類により視覚，聴覚，嗅覚，味覚，皮膚感覚の５種類に分けられる。ヒトは，周囲からの多種多様な刺激をこれらの感覚を通じて受け取るが，その大部分を視覚に頼っている。ここでは主として視覚について見ていこう。

エレベータの中で社長と同乗したと想像してみよう。社長はあなたが自分の会社の社員であることを社章から推測し，「仕事は順調ですか？」と聞いてきた。あなたは自己アピールする場を与えられた。エレベータの移動時間はせいぜい数十秒である。さあ，どうする？

あなたは何を話すだろうか。仕事の順調度？大体，社長は自分の名前や部署を知っているの？など何を話したら良いか戸惑うだろう。しかも，数十秒しかない。

言語的なコミュニケーションスキルとして，最初に要点を話す，あるいは書く方法がある。話したい内容の中で優先順位をつけて，重要な事柄から話すことをビジネスの世界では「エレベータピッチ」と称している。この考え方は，さまざまなやり取りの場面で使える。

4-1　感覚と知覚

現代の心理学では，**感覚**(sensation)と**知覚**(perception)を区別する。研究者の間にも考え方の違いがあるが，一般に，感覚とは，単に視覚・聴覚・触覚などの感覚器官で情報を検出することを表す。それに対して，知覚とは，感覚で受けた刺激情報を統合し，意味のある解釈をするまでの一連の過程を表す。

図 4-1 を見てください。はじめて見たヒトは，ただ白黒の斑模様が見えるだけであろう。単に視覚で受けた刺激だけであり，解釈をしておらず，この見え方が感覚である。次に，章末の図 4-20 を見てから，もう一度，図 4-1 を見てください。図 4-1 に「ヒゲの男」を知覚できたであろう。白黒の斑模様から受けた感覚と，図 4-20 を見た経験を統合し，人物と背景を区別できる。この見え方が知覚である。

まず，はじめに，感覚の過程として，このような視覚情報を処理する脳過程と網膜における視覚的特性について説明しよう。

(1) 視覚情報を処理する脳過程

視覚情報を処理する脳の神経経路は，複雑なネットワークを形成している。視覚情報は，大きく分けて 2 つの経路を通って処理される。

1 つめの経路は，図 4-2 の破線で示す，膝状体外系(しつじょうたいがいけい)(extra-geniculate system)を通り頭頂連合野に至る経路である。この経路が，視環境への適応過程にとって重要な背景視(周辺視)の機能を担っている。

2 つめの経路は，図 4-2 の実線で示す，膝状体系(しつじょうたいけい)(geniculate system)を通

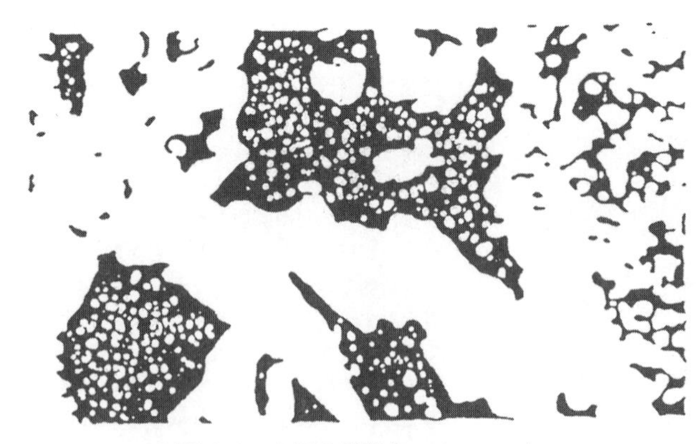

図 4-1　白黒の模様(Pauter, 1954)

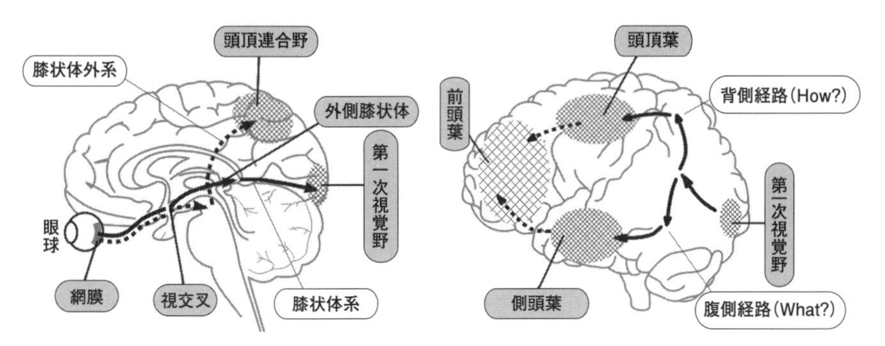

図 4-2　視交叉から分かれる 2 つの経路（Milner & Goodale, 2006 をもとに作図）

図 4-3　第一次視覚野から分かれる 2 つの経路（Milner & Goodale, 2006 をもとに作図）

り第一次視覚野に至る経路である（Milner, A. D. & Goodale, M. A., 2006）。この経路が，網膜の中心窩（図 4-4）で捉えた視覚対象物を識別する機能を果たす中心窩視（中心視）を担っている。

第一次視覚野に至った視覚情報は，さらに，図 4-3 で示す**腹側経路**（ventral stream）と**背側経路**（dorsal stream）のいずれかを通り，前頭葉に到達する。腹側経路は，対象物の形と色が何か（What ? ）を識別する経路といわれている。背側経路は，対象物の位置や動きがどのようか（How ? ）を識別する経路といわれている。マカクザルの脳の実験によれば，腹側経路に損傷を受けたサルは対象物の形（円筒体／立方体）を弁別できなくなり，背側経路に損傷を受けたサルは，対象物（円筒体）がサルから見て左側と右側のどちらにおいてあるのかを判断できなくなる（Milner & Goodale, 2006）。

（2）網膜における視覚的特性

視覚情報を感受する網膜には 2 つの特性がある。

1 つめの特性は，網膜の解像度が中心では高く，周辺では低く，非均質なことである。解像度の高い光受容体である錐体（すいたい）細胞が網膜の中心に分布しており，解像度の低い光受容体である桿体（かんたい）細胞が網膜全体にわたって分布しているためである。錐体細胞は，詳細がよくわかる解像度の高い視力（visual acuity）の発生源で，網膜の中心窩（図 4-4）というくぼみを中心とする直径 2〜3 ミリの円形領域（黄斑）に密集している。錐体細胞は明るい状態で機能して，光の中の赤・緑・青の色光部分を効率よくとらえる性質を持っており，それぞれの色光名を関して赤錐体細胞，緑錐体細胞，青錐体細胞とよばれている。一方，桿体細胞は薄暗い状態で機能して，微弱な光を敏感に感受して神経信号に変換す

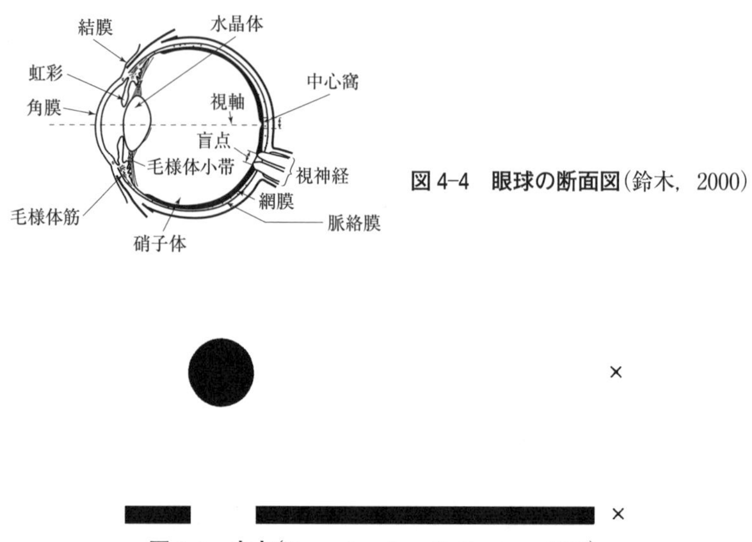

図 4–4　眼球の断面図（鈴木，2000）

図 4–5　盲点（Ramachandran & Gregory, 1991）

右目を閉じて，左目で×印を注視し，図を近づけたり遠ざけたりしてみると，上の図では円が見えなくなる点があり，下の図では直線の途切れ目がなくなり，連続して知覚される。

る。網膜にはすべての光受容体で受けた入力信号が集まって視神経に連絡する盲点（視神経乳頭）がある。この盲点には光受容体が存在しない。例えば，図 4–5 の上図で，×印のあたりを左目で凝視したまま紙面をゆっくり近づけたり遠ざけたりすると，円が見えなくなることに気づくだろう。円の視覚情報があなたの盲点に投射されて，情報を感受できないからである。

2 つめの特性は，視線を固定し続けることで網膜が順応して網膜像が消失することである。図 4–6 の実験を行うと，網膜が順応し画像に対応する網膜像が消失する。画像全体が一度に消失するのではなく，画像が〔□〕ならば，〔⊔〕に見えたり，〔| |〕に見えたりして，画像の一部を残しながら消失してゆく。通常，物を見るときには，眼を動かす筋肉が不随意に不規則に収縮し常に眼球を揺れ動かすことで，順応を避けている。これを眼震という。

網膜には，このような 2 つの特性があるので，空間的に広がっている対象物を一定の鮮明度を確保しながら見るために積極的に眼球を動かすことが必要になる。図 4–7 は少女の顔写真を見るときの，眼球運動の軌跡を表している。視線が移動していることと凝視している所があることがわかるだろう。

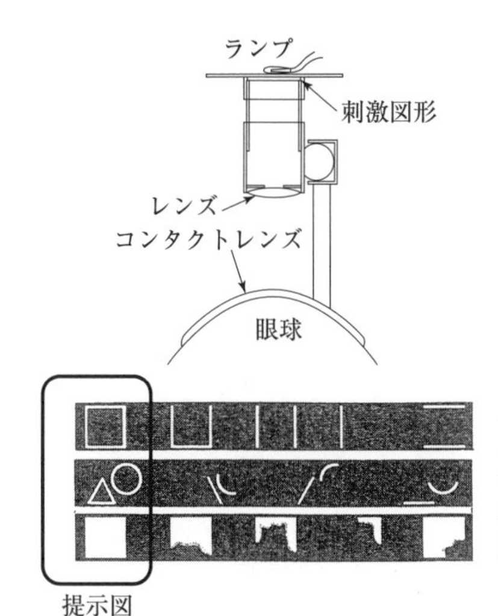

図 4-6 静止網膜像(Pritchard, 1961)
小さな画像投影機をコンタクトレンズで眼球に固定し，網膜像を動かなくして一番左の図を提示する。すると，提示図の右に連なる図のように，部分的な要素を残しながら消失していく。

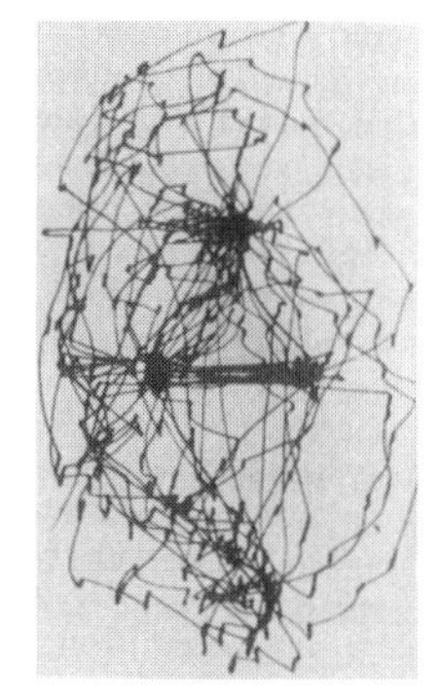

図 4-7 少女の顔写真をみるときの眼球運動
(Smith et al., 2003 をもとに作図，原典は Yarbus, 1967)

4-2 形の知覚

私たちの網膜に映る外界の像は，無数の明るさと色の寄せ集めである。それは，図 4-1 をはじめて見たときに，白黒の斑模様にしか見えなかった状態に相当する。分離した領域を，個々の部分としてでなく，まとまりを持った全体として**体制化**(organization)することで形の知覚が成立する。図 4-1 で「ヒゲの男」を知覚できたのは，白黒の斑模様のひとまとまりを「ヒゲの男」として，背景の斑模様から分離して統合的に体制化できたからである。

知覚の体制化は，ゲシュタルト心理学者によって研究され，多くの要因が提案された。ここでは主な要因を紹介しよう。これらの要因によって，ヒゲの男を知覚できたように，物理的な線が無いのに形を知覚する現象も説明できる。さらに，体制化によって形の知覚が変わると，明るさの知覚も影響を受ける。

（1）部分と全体

図 4-1 でヒゲの男の形を知覚したときのように，「全体」は「部分の集まりだけではない，まとまった何か」として知覚される。このように，全体としてまとまりを持った形へと刺激が体制化されることを，**ゲシュタルト理論**(Gestalt theory)では視知覚の基本原理と考える。

体制化には，全体ができるだけ簡潔な良い形(good gestalt)になるようにまとまる傾向がある。この傾向を，**プレグナンツの法則**(law of Prägnanz)という。この原則を基礎として，体制化つまり群化するときの要因を**ゲシュタルト要因**(Gestalt factors)という(図 4-8)。

（2）図 と 地

体制化の最も単純な現れ方は，2 つ以上の異なる領域がある刺激から，**図**(fig-

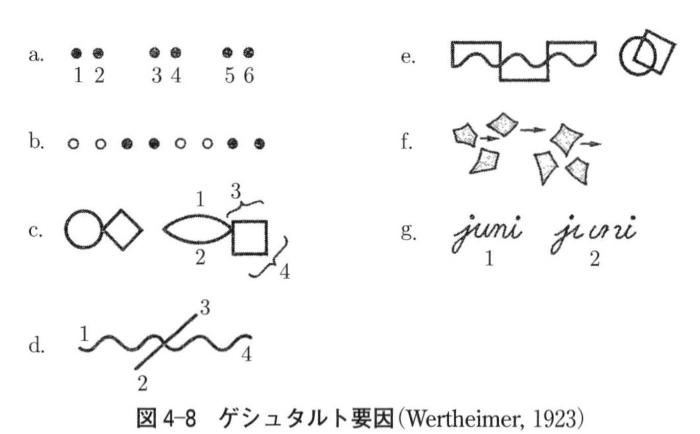

図 4-8　ゲシュタルト要因(Wertheimer, 1923)

a. 近接の要因：近いものはまとまりやすい
b. 類合の要因：似ているものはまとまりやすい
c. 閉合の要因：(　)のような形や，閉じた領域はまとまりやすい
d. よい連続の要因：なめらかに連続するものがまとまりやすい
e. よい形の要因：もっとも単純な形になるようにまとまりやすい
f. 共通運命の要因：同時に動く・静止する形はまとまりやすい
g. 経験の要因：知っている文字列に見える方を優先する

a．ルビンの杯

b．老婆と若妻

a. 図と地が反転し，真ん中に杯があるようにも，横顔が2つ向かい合っているようにも見える。
b. 同じ図形の中に2つの見え方があり，老婆にも若妻にも見える。

図 4–9　反転図形と多義図形(a は Rubin, 1921, b は Boring, 1930)

ure)と**地**(ground)を知覚することである。図とは，視野内でまとまりをもった形として知覚される領域で，地とは図の背景に広がる領域をいう。視野内の刺激が図と地として知覚されることを図と地の分化，または分擬という。

図 4–9 a は，ルビンの杯とよばれる図版である。向かいあった二人の「顔」(黒い部分)を図として知覚すると，白い部分が地になって「杯」が知覚されなくなる。他方，「杯」を図として知覚すると，黒い部分が地になって「顔」が知覚されなくなる。この図 4–9 a を能動的に視線を動かしながら見ていると，図と地が交互に反転することに気づくだろう。しかも，「杯」と「顔」とを同時に知覚することができない。図 4–9 a 自体は変化しないのに，図と地が反転するのは，体制化が刺激によってだけではなく，あなたがどちらの領域を図と知覚しようとするかによっても影響を受けることがわかる。

図 4–9 a のように図と地が反転する図形を**反転図形**(reversible figure)という。図 4–9 b のように，老婆と若い妻の 2 つの図が反転する図形を**多義図形**(ambiguous figure)とよぶ。

図と地の知覚は，視覚以外の感覚でも起こる。例えば，雑音の多いパーティ会場の背景の音(地)から，話者の声(図)を聞きわけられるだろう。また，着ている洋服が皮膚に触れる感触(地)から，洋服の中で皮膚の上を虫が這いまわっている感触(図)を感じわけられる。

(3) 主観的輪郭

図 4–10 を見ると，3 つの黒い切れ込み円の中心を頂点とする白い三角形が手前にあるように見えるだろう。このように，輪郭となる線が存在しないにもかかわらず知覚できる輪郭を，**主観的輪郭**(subjective contour)とよぶ。主観的輪郭の内域は外域よりも明るいと知覚されて，内域が外域よりも手前の位置に

図 4-10　主観的輪郭
(Kanizsa, 1979)

図 4-11　完結した図形でも見られる主観的輪郭(椎名，1995)

あると知覚される。

カニッツァ(Kanizsa, G., 1979)は，主観的輪郭の知覚を決定する要因は，刺激図形の完結化(completion)の過程であると主張した。カニッツァは，この完結化がゲシュタルト要因に従うと考え，刺激図形はできるだけ安定した良い形に完結化できる図形でなければならないと指摘している。完結化とは，図 4-10 を見たとき，白い三角形の背後に，3 つの完全な黒い円と，V 字からなる黒線の三角形があり，それらの一部が隠されていると知覚することである。

なお，刺激図形の完結化だけでは，主観的輪郭の発生を説明できない図形が報告されている。例えば，図 4-11 の刺激図形(不規則な多角形)は中央に四角形の主観的輪郭を知覚できるが，刺激図形の完結化は起きていない。すべての主観的輪郭の発生する理由を説明できる理論はまだない。

(4) 明るさ

周囲の刺激の影響を受けて明るさが異なって知覚される現象を**明るさの対比**(contrast of lightness)という。例えば，図 4-12 は，白い四角と黒い四角それぞれの中央に灰色の小さな円が埋められている。2 つの円を見比べると，白い四角の中の円は，黒い四角の中の円よりも暗く見えるであろう。しかし，2 つの円は物理的に全く同じ明るさである。これは明るさの錯視の一種である。

明るさの対比は，周囲の刺激だけでなく，形の体制化にも影響を受けることがわかっている。コフカ(Koffka, 1935)は，図形の配置を変化させて，明るさの対比の現象がどのように影響を受けるかを示した。例えば図 4-13 a では，左側の半リングが明るく知覚されて，右側の半リングが暗く知覚される。それに対して，2 つの半リングが 1 つのリングになるように左右の図形を隣接させると，図 4-13 b のように，中央にある灰色のリングは，ほとんど同一の明るさに見える。リングの体制化の違いに応じて，明るさの対比の知覚が影響を受

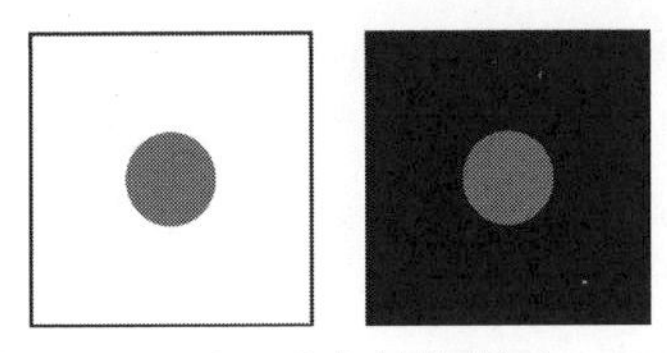

図4-12　いろいろな対比(鈴木, 2000)

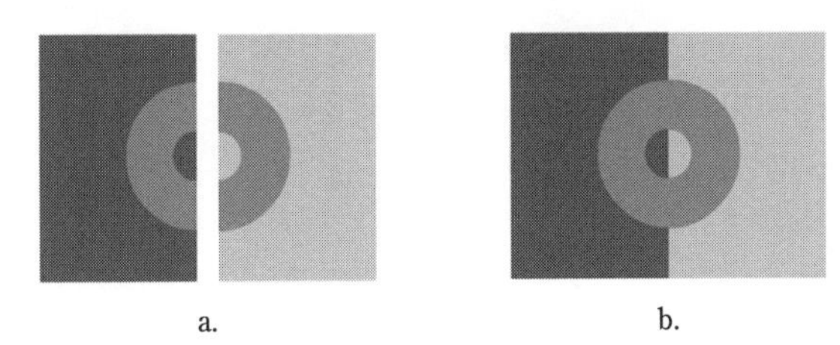

図4-13　ウェルトハイマーの輪(Koffka, 1935をもとに作図)

けることがわかる。

4-3　運動の知覚

人は物にぶつからずに歩くために，対象物の位置関係だけでなく，動いている対象物の運動の方向も知覚することができる。ところが，対象物に動きが無いのに，対象物が動いたと知覚したり，自分自身が動いているように知覚したりする場合がある。この節では，静止した対象物なのに，対象物が動いたと知覚する現象を紹介する。

(1) 仮現運動

少し離れた位置にある2つの光点を，交互に点滅させると，光点が2つの位置の間を移動するように見える。踏切で2つの赤いランプが交互に点滅したときに，動きを感じたことがあるだろう。この見かけの運動を**仮現運動**(apparent movement)といい，ウェルトハイマー(Wertheimer, M., 1912)が実験的に示したことで知られる。

仮現運動の見え方は，その提示間隔時間(片方のランプが消えてから，もう片方のランプが点灯するまでの時間)に応じて変化する。30ミリ秒以下のとき，双方の光点が同時に点滅しているように知覚されて，仮現運動が知覚されない。約60ミリ秒程度のときに滑らかな仮現運動が知覚される。この滑らかに移動して見える現象を，ウェルトハイマーは**ファイ現象**(phi phenomenon)と名付けた。200ミリ秒以上だと2つの光点が個別に点滅しているように知覚されて，仮現運動が知覚されない。この現象は，アニメーションや映画などに応用されている。

(2) 自己誘導運動

自己誘導運動(induced movement of self)は，見ている対象物の運動情報が，自分の身体の運動として感じられる現象である。**ベクション**(vection)または，**視覚性運動感覚**(visual kinesthesis)とよばれることもある。内面に縦縞模様(あるいはランダムに並んだ斑点)を描いた大きなドラムを上から吊り下げる。そして，その中に参加者を入れてドラムを回転させる。最初はドラムが回転していると感じるが，しだいに自分が回転しているかのように感じられる。日常生活においても，隣の電車が動いているのを見ると，停車している自分の電車が動いているように感じたことがあるだろう。視覚情報が，身体の移動感覚と密接にかかわっていることを示している。

(3) 自動運動

暗室の中で，静止した小さな光点を見つめていると，その光点が不規則に揺れ動いて見える。この現象を**自動運動**(autokinetic movement)という。自動運動が成立するメカニズムの1つに，観察者の眼筋の不随意な動きが挙げられる。不随意な眼球の動きが，観察者の眼球の動きとしてではなく，光点の動きとして知覚される。

暗室の条件下では，光点の背景が見えないため，光点が静止していることを示唆する手がかりが無い。結果として眼筋の不安定な動きが，自分の眼球の動きとしてではなく光点の動きとして知覚される。事実，意図的に水平方向の眼球運動を導入すると，光点が水平方向に動くと知覚するヒトが増えたという実験結果がある。

光点の動きには個人差がある。ところが，自動運動の実験を集団で行い，参加者に光点の運動の方向や量について報告させると，他者の報告に同調する。これに端を発して，社会心理学の同調現象が注目されるようになった(9-1参照)。

(4) 運動残効

例えば，渦巻き状の図形の回転運動をしばらく観察したあと，静止した対象物を見ると，その対象物が逆方向に回転する動きを感じる。これを**運動残効**(motion aftereffect)という。日常生活においても，映画の終わりのスタッフロールをしばらく見たあとで，スタッフロールが止まったとき，逆向きに動いているように感じられる経験ができる。

スタッフロールを見て運動残効が生じているときには，上向き方向への運動に対する順応が生じている。順応とは，特定の運動に対する感度の低下をいい，観察者自身が気づくことはない。順応は選択的であり，見続けている運動に対する感度は低下するが，方向や速度が異なっている運動に対しては，通常の感度が保持される。このように，順応が特定の運動に対して選択的に起こることを**選択的順応**(selective adaptation)という。

運動残効と選択的順応とは，脳の視覚野にある運動を処理する細胞の働きによって説明できる。運動を処理する細胞は，細胞ごとに，特定の運動の方向と速度に対して選択的に反応する。例えば，上向きの運動に対する選択的順応は，上向きの運動に反応する神経細胞が疲弊することで生じる。他方，逆方向の下向き運動に反応する神経細胞はいつものとおり機能しているので，それらの処理が優勢になり，下向き運動の残効が生じる。

4-4　奥行き知覚

知覚の働きの1つは，2次元の網膜像から，3次元の世界を再構築することである。落ちている物を拾い上げたり，横断歩道をわたっても安全かどうかを判断する場合など，奥行きを持つ3次元の世界を再構築することはとても重要である。

3次元の世界を再構築するとき，私たちは視覚的な**奥行きの手がかり**(cues to depth)を数多く利用している。奥行きの手がかりは，3つに大別でき，眼球運動の手がかり，絵画的手がかり，両眼の手がかりがある。

(1) 眼球運動の手がかり

眼球運動の手がかり(図4-14)には，**調節**(accommodation)と**輻輳角**(convergence angle)の2種類がある。どちらも両眼を動かす筋肉の収縮情報で，この情報が手がかりとなる。

a. 調　節…毛様体筋は，目のレンズにあたる水晶体の厚みを調整する筋肉である。近くの対象物を見るときにはレンズを厚くなるように，遠くを見るときにはレンズが薄くなるように調整している。この毛様体筋の筋肉の収縮情報が奥行きの手がかりとなる。

b. 輻輳角…両眼と対象物とでできる角度である。近くの対象物を見るとき

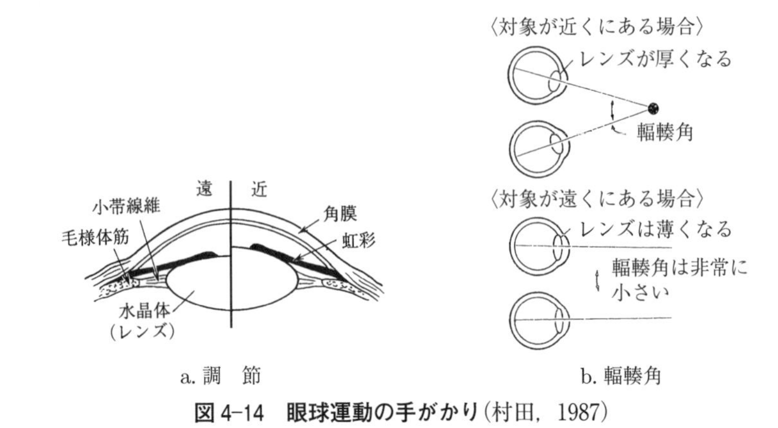

図 4-14 眼球運動の手がかり(村田，1987)

は，両眼を中心寄りに向けるので，輻輳角が大きくなる。他方，遠くの対象物を見るときは，両眼の向きが平行に近づいて輻輳角が小さくなる。輻輳角も奥行きの手がかりとなる。

（2）絵画的手がかり

絵画的手がかり(図 4-15)は，古くから，絵を描く芸術家たちの間で 3 次元を表現する方法として用いられてきた。

a. 運動視差…走行中の電車から窓の外を見ると，近くの対象物は進行方向と反対に移動しているように見える。他方，遠くの対象物は，進行方向と同じ方向に移動しているように見える。知覚される運動の差が，対象物までの距離を知る手がかりとなる。

b. きめの勾配…カーペットや石畳の道路のように，表面に肌理(きめ)がある対象物を観察すると，肌理の勾配が見える。勾配とは，肌理の密度の変化である。肌理の密度が高いほど遠くにあることを示し，密度が低いほど近くにあることを示す。

c. 線遠近法…道路の白線や線路のレールなどの平行線は，観察者から遠く離れるほど収束する。

d. 重なり…ある対象物 A が対象物 B の一部を遮っているとき，対象物 A は手前にあり，対象物 B は奥にあるという奥行きを示す。

e. 陰 影…光源と影の論理的な関係が奥行き手がかりになる。例えば図 4-15 e は，上部が明るい円をでっぱっていると見て，下部が明るい円をへこんでいると見る。

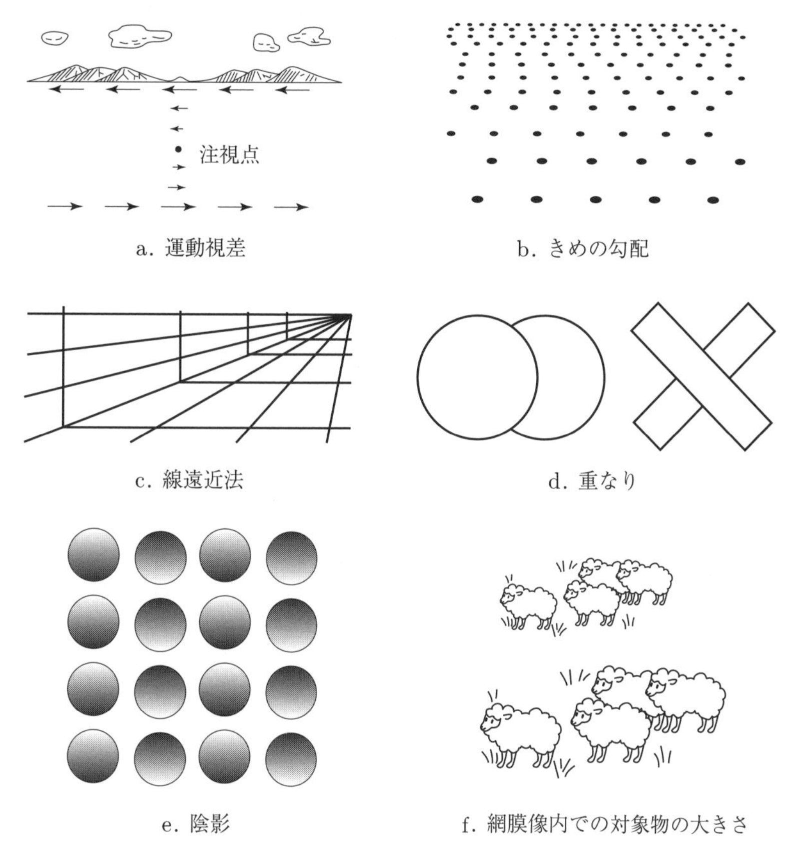

図 4-15　絵画的手がかり(村田，1987)

f. 網膜像内での対象物の大きさ…同じ大きさと形をした対象物が複数あるとき，網膜により小さく映る対象物ほど遠くにあることを示す。

(3) 両眼の手がかり

両眼の手がかり(図 4-16)は，**両眼視差**(binocular disparity)である。両眼視差は，風景を眺めたときに，両眼の網膜像が生み出すわずかな違いによって生じる。この違いによって，環境を 3 次元として知覚する立体視が可能になる。対象物が近いほど両眼視差は大きく，立体視にとって有効な情報となる。観察者から対象物までの距離が 2 メートルから 20 メートルまで増加すると，両眼視差は 100 分の 1 に減少する。そのため，両眼視差を情報源とする立体視は，距離が遠くなるにつれて利用できなくなる。

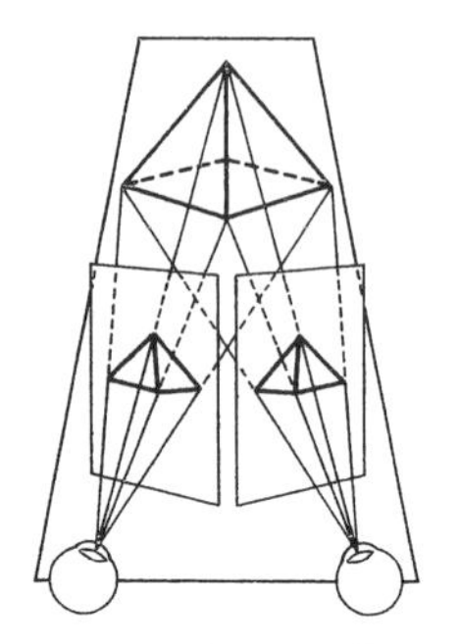

図 4-16　両眼の手がかり（村田，1987）

4-5 恒常性

対象物の網膜像は，それが置かれた周囲の環境の明るさの変化や，移動による位置変化などの影響を受けて，多種多様に変化する。しかし，私たちは，対象物の色や大きさ，形などは変わらないと知覚する。このように，網膜像の変化に関係なく，対象物の属性が不変であると知覚することを知覚の**恒常性**（perceptual constancy）という。恒常性には，色や大きさ，形だけでなくいろいろな種類があり，その例を表 4-1 に示す。

恒常性の働きによって，私たちは身の回りにある対象物の特徴を一貫して知

表 4-1　いろいろな恒常性

速度の恒常性：	物体が一定の速度で運動するとき，物体と観察者との距離に応じて，網膜上の物体の速度は変化するはずだが，物体の速度は一定として知覚する。
音の大きさの恒常性：	音源と観察者との距離が変化すると音の強度が変化するが，知覚される音の大きさは一定である。
形の恒常性：	丸い皿の見え方は見る角度によって異なる。しかし，丸い皿としての形は変わらずに知覚される。
色の恒常性：	物体の色は，有彩色の照明のもとでも，無彩色の照明のもとでも，知覚される色は一定である。
明るさの恒常性：	知覚される面の明るさは，対象物の面から眼に反射する光の強さが変化しても一定である。
白さの恒常性：	部屋の白い壁は，奥のほうに比べて窓際のほうが非常に明るく見える。しかし，その白さには差がない。
位置の恒常性：	頭や眼球を動かして対象物を見たときに，網膜で対象物を受けとめる位置は変化していても，対象物は静止して見える。

覚することができる。恒常性が働かなければ，対象物から知覚した特徴と，対象物自身の物理的特徴が，大きく乖離するような錯覚を引き起こすこともある。ここでは，大きさの恒常性を取り上げて詳しく説明しよう。

（1）恒常性による大きさの一貫した知覚

大きさの恒常性とは，網膜像のサイズが大きいか小さいかに関係なく，対象物の大きさを常に同じであると知覚する現象である。例えば，友人があなたに向かって近づいてくる場合を想像してみよう。網膜上の友人のサイズはだんだん大きくなるが，友人の背丈は常に同じであると知覚するだろう(11章の図11–7参照)。

大きさの恒常性があるため，対象物の大きさを知覚するためには，網膜像のサイズだけでなく，対象物までの知覚された距離も重要な要因と考えられている。**大きさ・距離の不変仮説**(size-distance invariance hypothesis)(Kilpatrick, F. P. & Ittelson, W. H., 1953)によれば，網膜像のサイズが同じならば，距離が遠いと知覚するほど，対象物を大きいと知覚するという。例えば，対象物の網膜像のサイズが変わらないとき，対象物が遠くにあると知覚すれば，対象物の大きさは大きいと知覚し，反対に，対象物が近くにあると知覚すれば，対象物の大きさは小さいと知覚する。

（2）恒常性による錯覚

エイムズの部屋とは，大きさの恒常性が崩壊して，大きさの錯視が発生する例である。エイムズの部屋は特殊な形をしている(図4–17 a)。天井と床は傾斜していて，観察者から正面にある奥の壁は，隣接する壁に対して直角ではない。観察者から奥の壁の左端までの距離は，右端までの距離の約2倍ある。そ

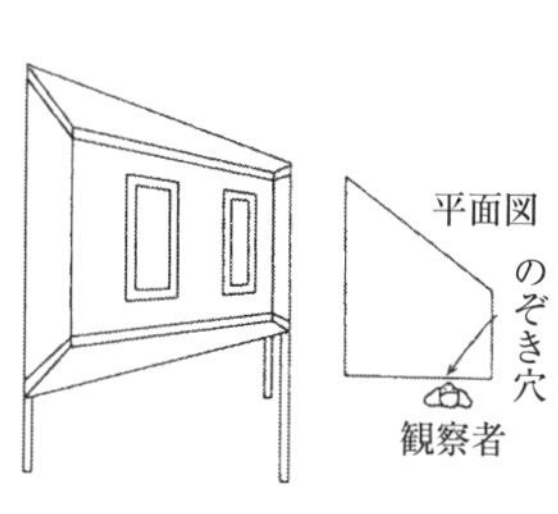

a. エイムズの部屋の図解

b. 中にいるヒトの立っている位置により，大きく見えたり，小さく見えたりする

図4–17　エイムズの部屋の仕組み(aはKelley, 1947, bはShepard, 1990)

れにもかかわらず，観察者がのぞき穴から部屋の中を片眼でのぞくと，通常の部屋をのぞいた場合と同じ網膜像が作られる。この部屋の奥の壁の両端に2人のヒトが立つと，相対的に近くにいるヒトの背丈は極端に大きく見える(図4-17b)。他方，遠くにいるヒトの背丈は極端に小さく見える。この錯視効果は劇的で，奥の壁の両端を歩いて移動するヒトが，歩くにつれて伸び縮みするように見える。

エイムズの部屋でヒトの大きさの恒常性が崩れる理由は，部屋の構造にある。観察者は部屋には歪みがないと解釈して，壁の両端に立っている2人が自分から同じ距離に立っていると思い込むからである。実際には，左端にいるヒトは右端にいるヒトよりも観察者から遠いため，左端にいるヒトの網膜像は相対的に小さくなる。観察者は，同じ距離にいると思い込んでいるので，大きさ・距離の不変仮説を適用しない。結果として，大きさの恒常性が崩れて，極端に小さいヒトと，極端に大きいヒトが立っているように知覚する。

4-6　知覚とイメージ

目を閉じて，ネコを想像してみてほしい。想像したネコの絵のようなイメージは，実際に視知覚したネコと多くの類似点があるだろう。この頭の中の絵のようなイメージは，**心的表象**(mental representation)の一形式と見なすことができる。心的表象とは，外界の情報を内的に表現する方法のことで，絵のようなイメージだけでなく，文字(「ねこ」「猫」など)や，発音(/neko/)などの言葉で表現したイメージも含まれる。ここでは絵のようなイメージとしての心的表象が，視知覚と似ているかどうかを検討する。

(1) イメージと知覚は類似している

絵のようにイメージした対象物と知覚した対象物が類似していると主張する研究者は，両者が同じような操作性や空間関係を持つと考える。

シェパードら(Shepard, R.N. & Metzler, J., 1971)は**心的回転**(mental rotation)の実験を行って，イメージした対象物を知覚した対象物と同じように操作できると示した。彼らは10個の立方体をつなげた図形の対を実験参加者に提示して，2つが同じかどうかを答えさせた。図形の対の回転角度の差が大きいほど，答えるまでにかかる時間が長くなることが報告された(図4-18)。

コスリンら(Kosslyn, S.M. et al., 1978)は，絵のようにイメージした対象物間の距離が，実際に知覚された対象物間の距離に似ていることを，仮想の地図を使用した実験で明らかにした。地図を実験参加者に記憶させた後，地図のある地点から別の地点までの移動をイメージさせた。すると，地図上の距離が長いほど，イメージに要する時間が長かった(図 4-19)。

のちにコスリン(Kosslyn, 1994)は，視知覚と絵のようなイメージが同じような操作性や空間関係を持つ仮定に基づいて，知覚予測理論を提唱した。この理論によれば，実際に行動する前に，行動をイメージすることで，どんな結果になるかを予測するという(Moulton, S. T. & Kosslyn, S. M., 2009)。例えば，プロゴルファーは目の前にあるボールを打つ前に，打ったときのイメージを使用して，ボールをショットするとどのように飛ぶかを予測する。

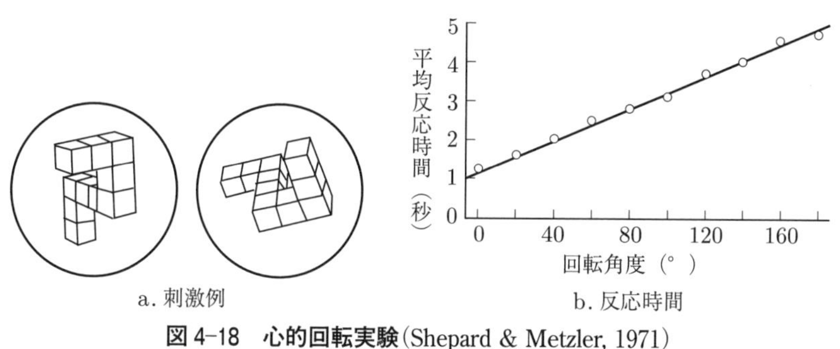

図 4-18　心的回転実験(Shepard & Metzler, 1971)

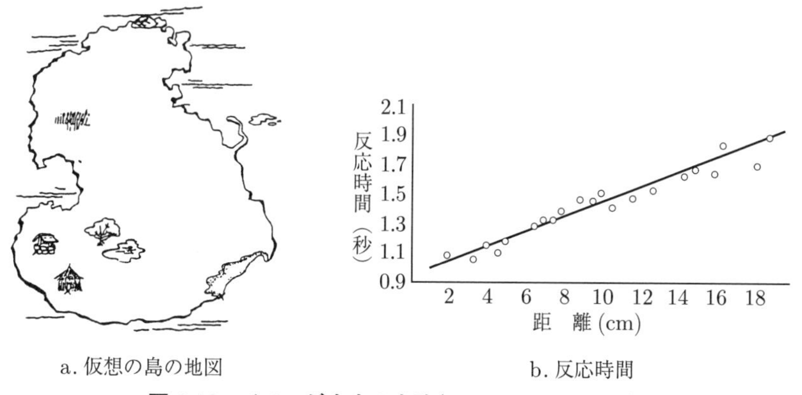

図 4-19　イメージ走査の実験(Kosslyn et al., 1978)

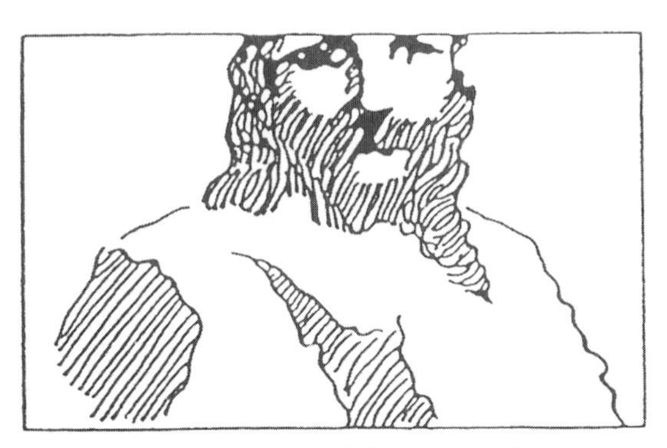

図 4-20　ヒゲの男(Pauter, 1954)

(2) イメージと知覚は類似していない

ピリシン(Pylyshyn, Z. W., 2002)は，イメージは知覚とは大きく異なると主張した。彼の命題理論によれば，対象物をイメージするときには，絵のような視覚的イメージではなく，対象物に関する暗黙の知識でイメージする。

例えば重い砲弾を持って歩くようイメージさせると，軽い風船などを持って歩くようにイメージさせるより同じ距離でも時間がかかるという結果が得られた。これは，重い物を運ぶときには，軽い物を持って歩くよりも当然長く時間がかかるはずだという暗黙の知識による反応時間への影響として説明でき，絵のようなイメージが関与することはないと考えている。

最近の脳の活動に関する研究は，ピリシンの命題理論よりもコスリンの知覚予測理論と一致しているようである。ウィンラブら(Winlove, C. I. P. et al., 2018)は，複数の研究結果を統合してメタ分析を行い，第一次視覚野は，絵のようなイメージをしているときに活性化されることを明らかにした。しかも，第一次視覚野の活性化の大きさは，鮮明な絵をイメージしたと報告している参加者ほど大きくなったという。また，ダイクストラら(Dijkstra, N. et al., 2017)は脳の視覚系全体で，イメージをしている時の脳の活性化状態と，知覚している時の脳の活性化状態との間の重なりが大きいほど，絵のようなイメージがより鮮明になることを報告している。このように知覚とイメージは第一次視覚野などのプロセスが同様に関与しており，どちらも脳活動の類似したパターンに関連しているようである。

5章 学　習

学習というと教室場面での教科学習を思い浮かべる人が多いかもしれない。しかし，ここで扱う学習はそれに限らず，例えばある出来事から別のある出来事を予期するようになるなど，新しく獲得するさまざまな内容を含む。

学習は，見たり，聞いたり，触ったり，動いたりという何らかの経験により，ある場面である行動の起こる頻度や起こり方に変容が起こることと定義される。また，成績といった目に見える遂行の結果の変化だけではなく，知識の変容といった表には表れないような変化も学習に含まれる。

学習研究は，学習の手がかりとして行動など目に見える指標を測定するところから始まった。

質問の仕方は，相手が自由に回答できるオープンエンドな型と「はい・いいえ」でしか答えられないクローズドエンドな型に分類できる。

相手が頭の中で考えている「お題」をクローズドエンドの質問をしながら当てる「20の質問」ゲームがある。例えば，相手が考えている「ネコ」を当てるために，質問者は「それは飛びますか？」「それは鳴きますか？」などと質問をする。回答者は各質問に「いいえ」「はい」と応えていく。そのやり取りを通して，「ネコ」を当てる。当てるためには多くの質問が必要である。オープンエンドの質問だったら，「頭で考えているのは何ですか？」で十分であろう。ただし，ゲームにならないが…。どちらのタイプの質問をすれば，相手からより多くの情報を得られるかは明白である。

5-1　心理学における学習

心理学では，**学習**を「経験による比較的永続的な行動の変容」と定義する(今田，1996)。学校で学ぶのも，自学自習も，もちろん学習ではあるが，それらは学習のうちの一部にすぎず，心理学が扱う学習の範囲ははるかに広い。

逆に，どのようなことが学習ではないのかを考えたほうが，イメージがつかみやすいかもしれない。経験によらないものは学習ではないとすると，発達的変化(11章参照)のうち，これまでの人生経験と関係なく，成長とともに年齢によって生じるものは，学習ではない。「比較的永続的な」とあるので，例えば，正座して足がしびれて，うまく動作できなくなるのは，しばらくすれば完全に戻るので学習ではない。

ヒトだけではなく，ほかの動物もさまざまな行動を示すので，その変容は学習の定義にあてはまる。心理学における学習の基礎研究は，むしろラットやハトなどの実験動物をとおして進んだ面が大きい。そして，動物実験の積み重ねから導きだされた学習理論は，動物の一種である以上は，ヒトにもかなりの部分で同様にあてはまる。

5-2　非連合学習

同じことを何度も体験していると，反応の程度が変わっていくことがある。これは，**非連合学習**とよばれ，単純で原始的な学習である。これに対して，次節以降で取り上げる各種の条件づけのような，刺激と反応との結びつきとして考えられる学習は，連合学習とよばれている。

突然大きな音が鳴ると，まばたきや体幹の筋肉のすばやい収縮が起こる。これは**驚愕反射**とよばれる，生得的な行動である。しかし，同じ音が何度も鳴ると，だんだんと反射が弱まっていく。あるいは，乳児に新奇な図形パターンを提示したときの注視時間は，徐々に短くなっていく。このような，刺激の反復によって反応が減少する現象を，**馴化**(じゅんか)とよぶ。ただし，反復の初期には，反応がやや強まる，**鋭敏化**という学習がみられることがある。鋭敏化は，刺激強度が強い場合に現れやすく，弱い刺激では馴化のみが見られる(図5-1)。

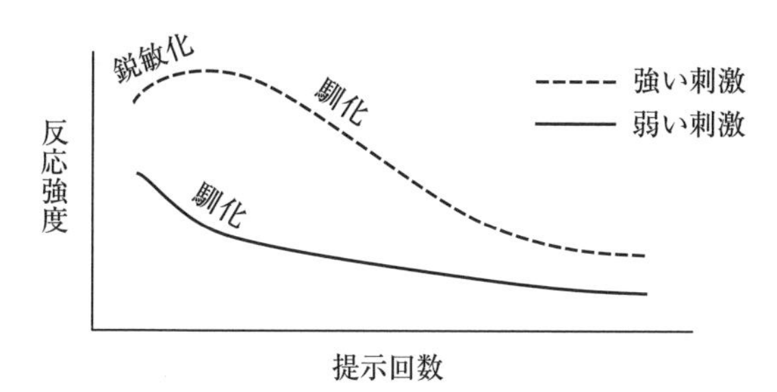

図 5-1　馴化と鋭敏化のイメージ

5-3　古典的条件づけ

(1) パヴロフの条件反射学

イヌの消化腺の研究をしていた生理学者パヴロフ(Pavlov, I. P.)は，あるとき，実験中のイヌが，餌が提示されるよりも前に唾液の分泌を始めていることに気がついた。これが，後に**古典的条件づけ**とよばれる学習の研究へとつながった。そこで，図 5-2 のような装置による「パヴロフの犬」の実験を例に，古典的条件づけの用語や基本的な考え方を説明する。

餌を提示されたイヌは，唾液を分泌する。これ自体は，生得的に備わっている反射である。このような場合に，餌は**無条件刺激**(US)，唾液分泌は**無条件反応**(UR)と表現される。ただし，唾液はどんな刺激に対してでも分泌されるわけではない。メトロノームの音を鳴らすと，音源のほうに注意を向ける定位反応が生じることから，音は聞こえていることがわかるが，唾液が出ることはない。これにより，メトロノームの音は，唾液分泌という無条件反応に対して

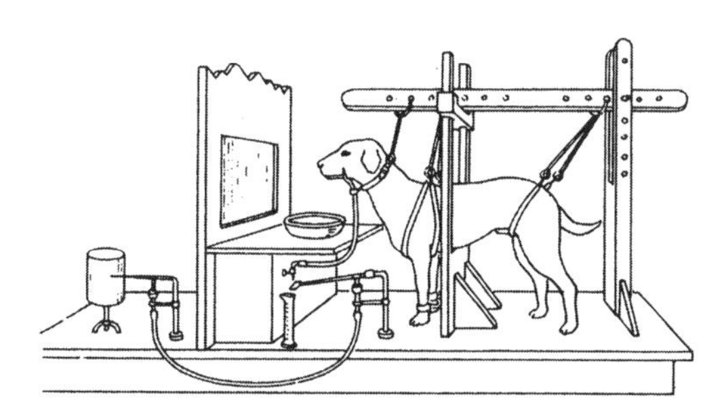

図 5-2　イヌの条件づけ実験の様子(Yerkes & Morgulis, 1909)
分泌された唾液量を測定するようチューブにつながれている。

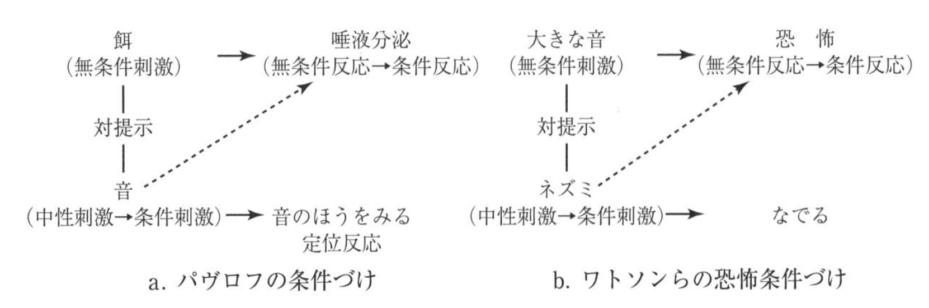

図 5-3　古典的条件づけの図式

は無関係であるといえ，**中性刺激**(NS)と表現される。

ここで，メトロノームの音を鳴らしながら餌を提示するという，対提示の手続きを行った場合には，餌があるために唾液分泌が起こる。ところが，この対提示を繰り返していくと，メトロノームの音のみに対しても唾液分泌がみられるようになる。パヴロフは，音と餌との対提示を受ける経験から，刺激－反応の新しい結びつきである連合がつくられたと考え，このような学習を条件づけとよんだ。この場合は，メトロノームの音は**条件刺激**(CS)，唾液分泌は**条件反応**(CR)と表現されることになる(図 5-3)。

条件づけが成立すると，条件刺激とは別の似た刺激に対しても，条件反応にあたる反応が得られやすくなる。これは**般化**とよばれ，学習の効果を応用的に拡張していると考えることができる。一方で，条件刺激のみの提示が続くと，条件反応は出にくくなっていく。餌を出さずにメトロノーム音のみを鳴らすことを繰り返すと，しまいにはまったく唾液が出なくなる。これを**消去**とよぶ。ただし，いったん出なくなった条件反応も，しばらく期間をおいてから条件刺激を提示されると，弱いながらも現れることがある(図 5-4)。**自発的回復**とよ

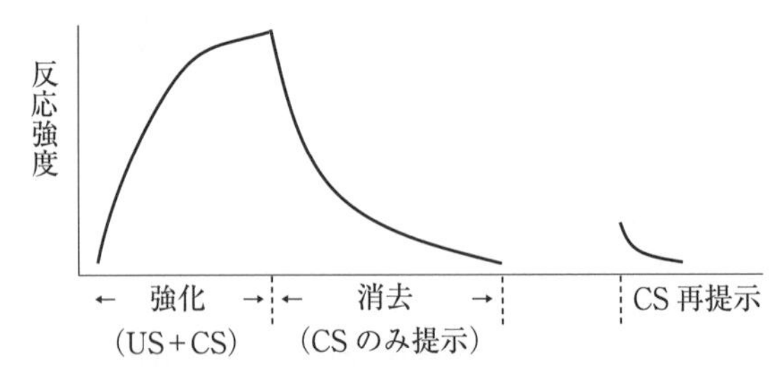

図 5-4　強化・消去・自発的回復のイメージ

ばれるこのような現象は，消去の手続きは学習効果を文字どおり消してしまうのではなく，逆方向へはたらきかけるような別の学習を行っていることを示唆している。

（2）古典的条件づけの諸現象

前項の実験例のような，CSが出てすぐUSも出るという対提示では，条件づけが成立しやすい。CSの後に時間を空けてからUSを提示すると，両者が時間的に離れるほど条件づけが成立しにくくなる。一方で，USがCSよりも先行する場合には，時間差が小さくても条件づけは困難である。図5-5に，これらのパターンの図と呼称を示した。時間の進行は左から右へ，凸の部分が刺激の提示期間を表している。ただし，新奇な味の飲食物の摂取と体調不良との連合の場合のように，CSとUSとが時間的に離れている痕跡条件づけであっても，条件づけが成立する。これは**味覚嫌悪学習**，または発見者の名から，**ガルシア効果**とよばれている。

古典的条件づけは，できごとをひと足先に予測し，あるいは別の手がかりから察知し，すばやく適切な反応をもたらすことに寄与する学習である。本項で紹介した諸現象も，その視点から解釈すると，いずれも合理的で効率的な予測に寄与していると考えることができて興味深い。

（3）恐怖条件づけ

恐怖などの情動も，生体の反応としてとらえると，条件づけで説明できる(8章参照)。ワトソンとレイナ(Watson, J. B. & Rayner, R., 1920)は，ある乳児を

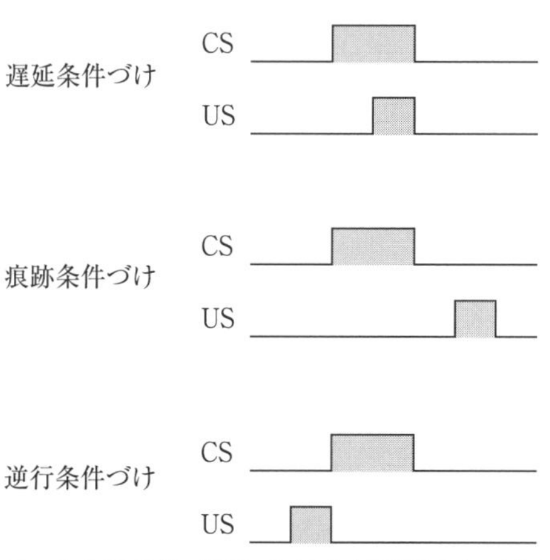

図5-5　古典的条件づけにおける対提示のタイミング

表 5-1　DSM-5 における限局性恐怖症の恐怖刺激（沼，2014 による）

① 動物（クモ，虫，イヌ）
② 自然環境（高所，嵐，水）
③ 血液・注射・外傷（注射針，侵襲的医療処置）
④ 状況（飛行機，エレベーター，閉所）
⑤ その他（窒息感や嘔吐につながる状況，子どもでは大きな音やぬいぐるみ）

対象に，白毛のラットに触れ合わせては背後で金属棒をたたき，その打撃音から生じる恐怖反応を連合させるという恐怖条件づけの実験を行った。学習は速やかに成立し（図 5-3），白ウサギや白いひげのついたお面まで怖がるようになるという般化も認められた。さらには，実験対象であった「アルバート坊や」は，成人後もイヌなどの動物を嫌っていたという説がある（Powell, R. et al., 2014）。

このような知見から，**恐怖症**（13-7 参照）の発症過程を，古典的条件づけでとらえる見方がある。恐怖症において恐怖の対象となりうるものはさまざまであるが（表 5-1），個々の患者が怖がるのはそのうちのどれかに限られやすい。これは，患者は何でも怖がる過敏なパーソナリティなのではなく，個人ごとに異なるたまたまの恐怖体験でどれかと恐怖とが連合してしまったのだと考えると説明がつく。

（4）古典的条件づけの応用

限局性恐怖症などに奏効する心理療法として，**エクスポージャー**がある。心理的に安全な環境のもとで，恐怖の対象をあえて体験することを繰り返すという手法であり，恐怖反応に対する消去の手続きのかたちをとっている。

ポジティブ感情を扱う条件づけにも，有用な応用がある。心地よい音楽や美しい景色を伴わせた広告には，商品や企業名に対して快を連合させる効果が期待できる。他者と近づく際に会食のかたちをとるのは，食卓を共にしている人と，食がもたらす快とが連合し，食べることと話すこととが並行できないという不合理を上回るほどのメリットがあるからかもしれない。

5-4　オペラント条件づけ

（1）行動分析学

スキナー（Skinner, B. F., 1-4 参照）は，反射のような特定の刺激に対して自動的に起こる行動をレスポンデント行動とよび，そうではない，生体が自発している行動をオペラント行動とよんで区別した。オペラント行動に関する条件づけを**オペラント条件づけ**とよび，その体系的な研究から行動の予測と制御を目指す**行動分析学**を創始した。そして，前節で取り上げたようなレスポンデント行動の条件づけのほうは，「古典的」条件づけとよばれることとなった。

(2) 強化と弱化

生体が自発する行動であるオペラント行動は多種多様である。しかし，その行動がいつ，どこで，何をするかは，まったくランダムに決まるわけではない。たいていは，その場に適した行動に限って自発される。また，同じ種でも個体によって傾向が異なることがある。では，その生起パターンはどのようにつくられるのだろうか。

一般に，ある行動をしたあとに良いことが起こると，その行動はまた起こるようになる。人間はほめられるとまた同じことをするようになるし，ペットに芸を仕込むときには，うまくできたらすぐ餌を与えるとよい。このような，その後の環境の変化によって行動の生起頻度が上がることを，**強化**とよぶ。逆に，厳しくしかられたらその行動をしなくなるように，その後の変化によって行動の生起頻度が下がることを**弱化**とよぶ。強化，弱化とも，動作の力や意思の力の強弱が変わるという意味ではなく，行動が起こる確率が上がるか下がるかということに注意してほしい。行動に随伴させることで強化につながるものごとを**強化子**，弱化につながるものごとを**弱化子**とよぶ。

今そこにあるものや，これから起こるはずと予想されるできごとがなくなることで起こる強化もある。クラスの席替えで決まった自分の席が気に入らなかった子に，泣いて嫌がったら変更してもらえる経験をさせると，気に入らないときにまた泣く行動を増やすかもしれない。このような，環境にある，一般には好ましくないと感じられることがなくなることで起こる強化を，除去型強化とよぶ。これに対して，強化子の提示で起こる強化は，提示型強化とよばれ

表 5-2　行動分析学の基本用語の対照表

本書で採用した『行動分析学事典』(日本行動分析学会，2019)の用語	従来から用いられているほかの用語の例
強化子	好子
弱化子	嫌子，罰子
提示型強化	正の強化
除去型強化	負の強化
提示型弱化	正の弱化，正の罰
除去型弱化	負の弱化，負の罰

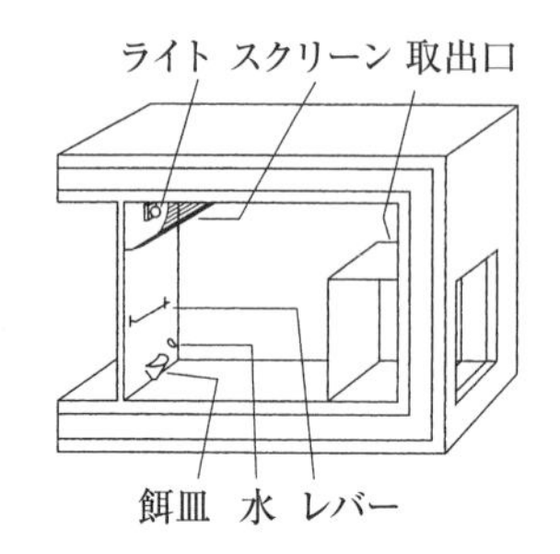

図 5-6　スキナー箱(Skinner, 1938)

る。弱化でも同様で，それぞれ除去型弱化，提示型弱化とよぶ。

なお，これらの行動分析学の用語にはバリエーションがあり，ここでは専門学会が現在において推奨する，比較的誤解を招きにくいものを採用した。教員採用試験などでは従来の用語が今も多く見られるので，どの表現で見かけても理解できるようにしてほしい(表 5-2)。

(3) 三項随伴性

大きな声であいさつをして先生にほめられた子どもは，近所の人にも大声にあいさつするようになるだろう。ある場面で強化された行動は，別の場面での生起頻度も上がる。これが，オペラント条件づけにおける**般化**である。しかし，同じ行動をしても，そのあとに起こるものは場面によって異なる。見知らぬ人に大声であいさつをして困惑を返されるうちに，そういう場ではあいさつはせずに，ほめてくれる相手にだけ元気にあいさつするようになるだろう。つまり，オペラント行動の自発は，その前にある文脈と，そのあとに続くできごとによって調節されることになる。オペラント行動のこのような対応性を，**三項随伴性**とよぶ。スキナー箱(図 5-6)を用いた動物実験では，ライトが点灯した際に(A: antecedent)，レバーを押すと(B: behavior)，餌が得られる(C: consequence)といった実験設定を行って，行動の変容を観測する。行動の前後関係を調べて三項随伴性のかたちに整理することは，各項の頭文字をとって**ABC 分析**ともよばれる。

(4) オペラント条件づけの消去

強化子の提示が続くことでその行動は増えるが，提示をやめるとしだいに減っていく。オペラント条件づけでいう**消去**である。しかし，行動がまったく生起しなくなったようにみえても，しばらくしてから同じ環境に戻すと，また現れることがある。オペラント条件づけでの**自発的回復**である。

ただし，それまで得られていた強化子が突然得られなくなった直後には，その行動の頻度がむしろ増大する**消去バースト**や，周囲の人やものに当たる消去誘発性攻撃行動がみられることがある。買ってほしいものをアピールするとすぐ買ってもらえる経験が続くと，それが叶わなかったときにすぐあきらめるのではなく，よりアピールを連発することがある。ここで根負けして買い与えると，アピールの連発を強化することになりかねない。また，思ったとおりにいかないと怒鳴ったり八つ当たりしたりする場合も，対応には注意を要する。

(5) 強化スケジュール

現実の世界では，同じ場面での同じ行動であっても，常に同じ結果がともなうとはかぎらない。毎回とも必ず強化されるのは**全強化**ないしは連続強化，される場合とされない場合とがあるのは**部分強化**とよばれる。前者のほうが速やかに学習が成立するが，十分に学習が成立したのちに消去されにくくなるのはむしろ後者であり，これを**部分強化効果**とよぶ。

部分強化では，強化子を随伴させるタイミングの決め方である**強化スケジュール**も重要である。前に強化されてからの時間経過で決めるか，それとも回数で決めるか，そしてその基準に変化をつけるかどうかで，4種類に大別される(表5-3)。強化スケジュールごとの累積反応には，典型的には図5-7のようなパターンが得られる。折れ線の途中にある，右下向きの短い線がついている箇所は，強化子が出たタイミングを表している。FI(固定間隔強化)では，強化子が出るとしばらくは得られないことが明らかなので，反応後休止が生じて横ばいになるが，次のタイミングが近づくと反応が増えていく。VI(変動間隔強化)ではその予測ができないので，ときどき反応する行動が一貫して続く。比率強

表5-3　強化スケジュールの種類と例

<table>
<tr><th colspan="3">強化スケジュールの種類</th><th>例</th></tr>
<tr><td colspan="3">連続強化</td><td>子どもがお手伝いをするたびに毎回お小遣いがもらえる。
自動販売機にお金を入れれば毎回欲しいものが得られる。</td></tr>
<tr><td rowspan="4">部分強化</td><td rowspan="2">比率強化</td><td>固定比率強化
(FR: fixed ratio)</td><td>セールス量に応じた能力給。</td></tr>
<tr><td>変動比率強化
(VR: variable ratio)</td><td>パチンコなどのギャンブルで，報酬は平均すると一定の確率に定められている。</td></tr>
<tr><td rowspan="2">間隔強化</td><td>固定間隔強化
(FI: fixed interval)</td><td>一定期間ごとに報酬がもらえる。報酬として成績評価を考えると，定期試験の前に勉強が増える。</td></tr>
<tr><td>変動間隔強化
(VI: variable interval)</td><td>子どもがよく勉強した後やお手伝いをした後，親の気が向いたときだけお小遣いがもらえる。</td></tr>
</table>

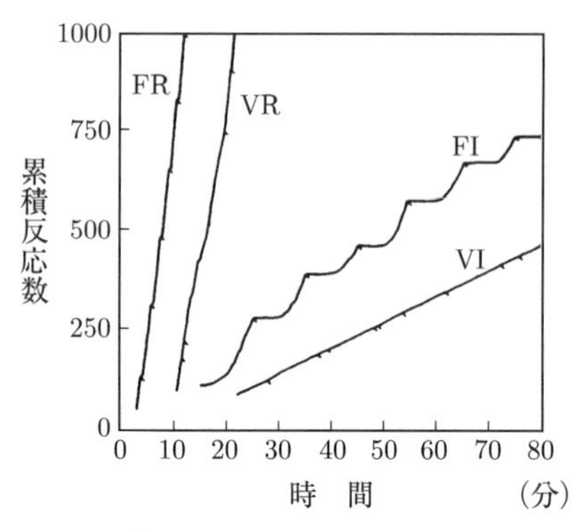

図 5-7　強化スケジュールごとの累積反応数（Reynolds, 1968）

化スケジュールの場合は，どちらであっても反応回数が多いほど強化子を得られる機会が増えるので，反応回数は増えやすい。FR（固定比率強化）ではわずかに反応後休止がみられることや，VR（変動比率強化）のほうが動きはじめるまでに時間がかかるが，そのあと一気に増えていくことも読みとれる。ここから，強力な依存を生じてしまうことがあるギャンブルの心理学的な性質を読みとってほしい。

（6）応用行動分析

行動分析学の知見を実際場面に活用するのが，**応用行動分析**（applied behavior analysis：ABA）である。ペットのしつけや，盲導犬などの介助動物の訓練など，さまざまな動物への応用が行われている。また，ヒトにももちろん有効で，行動療法の主要なアプローチの一つとなっている。

心理療法としての応用行動分析は，言語による対話や内省をとおしてクライエントの内面に向き合う古典的な心理療法とは異なり，外部からの観察によるABC 分析からアプローチすることから，幼児や知的障害者の支援の場面でよく用いられる。自閉症者の包括的支援プログラムである SCERTS にも，応用行動分析からの影響がみられる。

ただし，弱化すれば行動が減るからといって，不適切，不適応的なものに安易に弱化を考えることは，しないほうがよい。勉強しない，話をきかない，などを弱化したくなるかもしれないが，これら自体は行動ではない。勉強する行動，話を聞く行動を強化するべきである。

5-5 さまざまな学習

原始的な学習である非連合学習も，連合学習としてまとめられる古典的条件づけやオペラント条件づけも，さまざまな動物に広く共通してみられる学習である。一方で，ヒトや，進化的に近い仲間である大型類人猿では，連合学習の発展として考えられるものを含めて，より高度な学習のかたちも多くみられる。このうち，認知心理学の分野で扱われる記憶研究は6章で紹介する。ここではそのほかの，より行動的側面の強いものを概観する。

(1) 洞察学習

生体はさまざまな行動を自発するが，そのうち良い結果につながったものはまた起こるようになる。そのような試行錯誤をとおして成功へとすすむと考えると，さまざまな行動を発して成功に近づいていくことが，学習には重要なはずである。しかし，ケーラー(Köhler, W., 1917)は，チンパンジーの知的能力の研究の中で，一気に行動を成功させる学習を見出したと報告した。檻の天井から吊りさげられたバナナを取ろうとするがどうにも手が届かない場面で，しばらく歩き回ったのち，檻の端に置かれていた木箱を集めてきて積み上げ，その上に上ることでバナナを手に入れた(図5-8)。ケーラーはこれを，解決法を頭の中で洞察してから行動に移したと考えて，**洞察学習**とよび，試行錯誤学習とは質的に異なる学習であると指摘した。

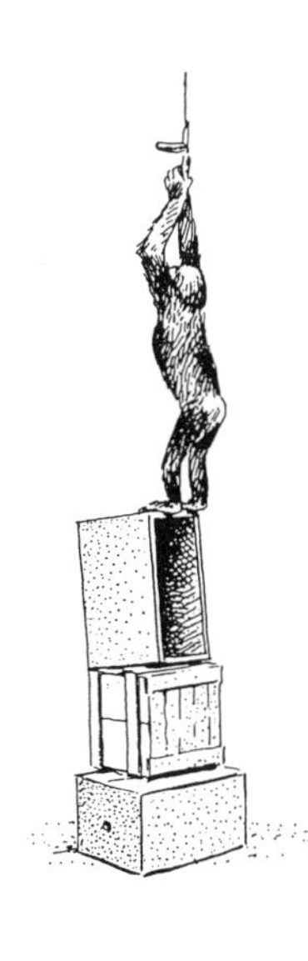

図5-8　バナナを手に入れたチンパンジーの様子(Köhler, 1917)

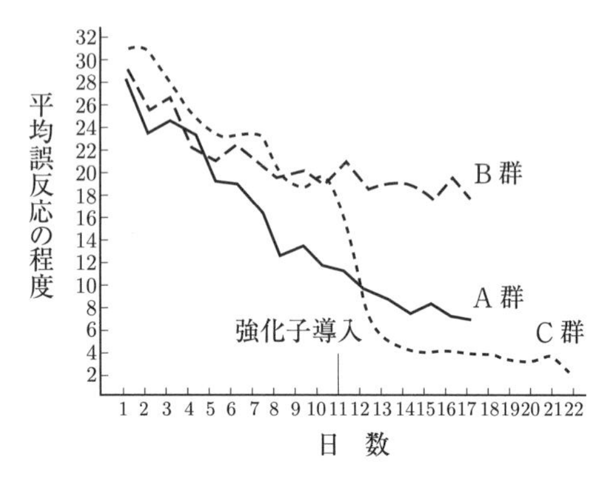

図 5-9　潜在学習における各群の誤反応数の変化
(Tolman & Honzik, 1930)

(2) 潜在学習

トールマンとホンジック(Tolman, E. C. & Honzik, C. H., 1930)は，オペラント行動の学習は強化子(餌)によって起こるという考え方にはなじまない知見を得た(図 5-9)。ラットを対象に，迷路を抜けて目標地点に達する試行の繰り返しによる変化をみる実験であったが，強化子の提示について違いがある 3 種類の群が設定されていた。

A 群では，目標地点に餌が置かれており，毎回とも無事に餌を得たのちに飼育ケージに戻された。B 群では，毎回とも目標地点に達したらそこで終了だが，餌はなく，あとは飼育ケージに戻された。そして C 群では，10 日目まではB 群と同じ手続きで続け，11 日目から A 群の手続きへと切りかえた。実験の結果は図 5-9 のようになった。A 群と B 群との差から，強化子(餌)による学習の進行が読みとれる。C 群は，10 日目までは当然に B 群と同じ推移を示したが，強化子が提示されるようになると，すぐに A 群に追いついた。もし，餌が置かれるようになってから学習が始まるのであれば，10 日も出遅れた C 群が追いつくことは難しいはずである。つまり，強化子の有無にかかわらず迷路自体の学習は同じだけできていて，餌を早く得たいがために学習したことを利用するようになり，外から見える行動の変化として現れるということになる。行動データには見えないところで学習が進んでいることから，**潜在学習**とよばれている。この現象は，ラットのような小動物にも，「頭の中」につくられる**認知地図**を想定する議論を生み，のちの認知心理学の登場を準備することとなった。

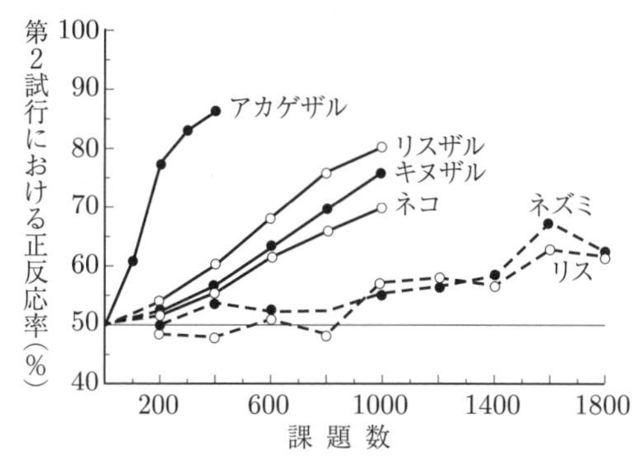

図 5-10　逆転学習(Warren, 1966)

試行数と逆転学習完成の関係を種ごとに示したもので，
種により習得に必要な課題数が異なる。

(3) 逆転学習

2つの選択肢のうち常にどちらか決まった一方で餌が得られるような実験では，少ない試行数でほぼ正解できるようになる。では，あるまとまった試行数のセットごとに，正答の選択肢を入れ替えることを繰り返すとどうなるだろうか。そのルールがつかめてくると，入れ替え後の最初の試行ではまだ入れ替えに気づかないので誤答するが，交替に気づくことができると，次の試行からは正答できる。ただし，動物種によってかなり差がある(図 5-10)。ごく大まかには，知的能力が高い動物ほど，このような法則がある学習も確実に行えることがわかる。

(4) 運動学習

運動能力は，練習によって伸ばせる。筋力や持続力の向上だけでなく，動作を意図どおりにコントロールする能力の学習も起こる。

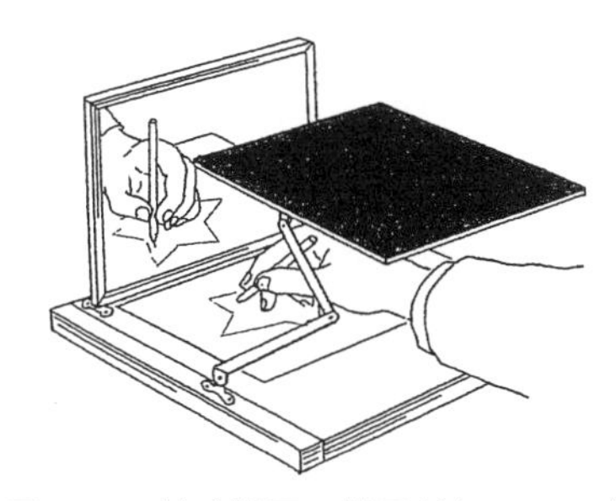

図 5-11　鏡映描写の様子(村田，1987)

これまでに経験がない運動を一から学習する過程をみる目的で行われる実験手法として，**鏡映描写課題**がある(図5–11)。手もとを隠し，手を反対側から映している鏡をとおしてのみ見られる状態で，星型などの図形を輪郭線に合わせてなぞっていく。手は自由に動くはずだが，鏡に映った手と輪郭線は前後・上下が反転しているため，視覚情報とは逆の動作を対応させるというこれまでにない体験となり，最初は相当に混乱し，なかなか動かせない。しかし，繰り返すと着実に学習がすすみ，描写時間も縮み，正確さは向上していく。また，左右どちらかの手で十分に経験してから，もう一方の手で試すと，そちらの手で行うのは初めてであるのに，課題を初めて行ったときよりは良い動作ができる。先に行った手での学習が，もう一方の手へと**転移**しているためである。転移の発生は，運動学習がそのときに使った筋肉の制御パターンの学習だけではなく，より抽象的な運動スキルの形成も含んでいることを示唆している。

(5) 観察学習

ヒトなどの高等動物は，他者ないしは他個体の行動とその結果を見ているだけであっても，効果的に学習を行うことができる。これは**観察学習**，あるいはモデリングとよばれる学習である。

バンデューラ(Bandura, A., 1965)は，保育園児を強化群，弱化群，観察のみ群の3群に分けて，大人の行動を映像で見せ，その影響をみる実験を行った。強化群が見たものは，大人が大きな人形に暴力をふるい，その後に賞賛されるという内容であった。弱化群では，暴力をふるった大人はしかられるという内容であった。観察のみ群は，暴力行動の部分のみを見た。このあと，園児は自由に遊ぶ時間を10分間与えられたが，そこには先ほど暴力を振るわれていた人形も置かれていて，大人の影響を受けた攻撃行動がどのくらい出るかが観察された。まねをするようにうながした場合の行動についても測定したところ，図5–12のような結果が得られた。自由に遊ばせた場合には，強化群と弱化群に差異があることから，他者の行動の結果を見ることで自分が体験したことと同じような学習が生じる，**代理強化**の効果が認められたといえる。ただし，模倣をうながされるとその差は縮み，どの群でも暴力的な反応が多発した。つまり，見ただけでも行動の模倣が起こることがわかる。

現代のメディア社会において，観察学習の効果は，暴力コンテンツや自殺報道の問題としても議論にのぼる。表現の自由との兼ねあいが難しいテーマであるが，日本民間放送連盟(2016)は，観察学習による影響について意識した放送基準を定めている。一方で，今日では，例えば動画サイトでの楽器演奏の公開

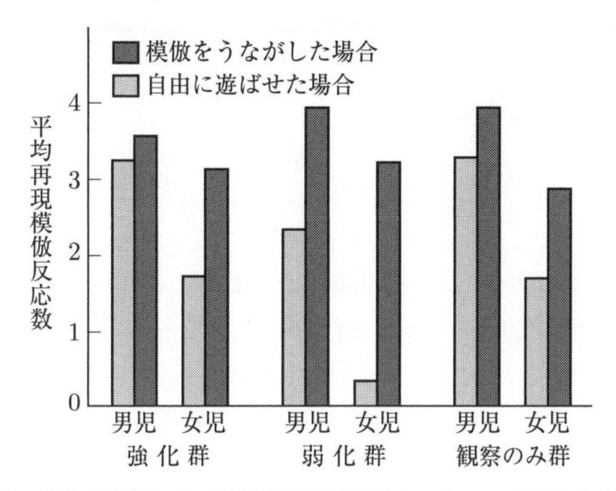

図 5-12 観察学習における模倣行動(Bandura, 1965 より改変)

が増え，演奏音のみならず身体動作の模倣にも役立つような学習環境となることで，若いうちから高度な能力を身につける音楽家が活躍するようになったとの指摘もある(高橋，2020)。

5-6 学習の連鎖

学習によって変容した行動が，同じ行動の学習をさらに促進し，循環するように学習がすすむことがある。あるいは，ある人が学習によって獲得した行動が，別の人の行動を変容させるというかたちで，学習が広がっていくことがある。社会科学のさまざまな領域において，良い要素をもつものはその力を活かしてさらによくなり続けるという好循環の存在が知られている。マートン(Merton, R. K., 1968)はこれを，新約聖書の「マタイによる福音書」にある3人のしもべのエピソードからの類推で，**マタイ効果**とよんだ。

勉強でも，スポーツでも，できる子どもは親にも先生にもほめられ，周囲からも注目されるために，さらにその行動を増やし，能力を伸ばし，また強化される循環に乗ることができる。一方で，特に学力に関しては，レベルの高い学校にぎりぎり手が届いて進学すると，そこでは一転して消去や弱化を受けるような状態になるため失速しやすく，不本意ながらレベルの低い学校に進学することとなると，その中では余裕の上位にいるために強化を受けつづけられて伸長するという，**小さな池の大きな魚効果**が知られている。

コラム1　ことばを伝える，とは

「私，ねこ！」

このことばを聞いたとき，あなたはどのような意味だと思うだろうか。

仮に「好きな動物の話をしている場面」ならば，この発言は「自分の好きな動物はねこである」と言っているとわかるだろう。では，「小学校の発表会で上演する『大きなかぶ』の配役を決めている場面」であったらどうだろうか？そのときは，「自分が演じたい役はねこである」という意味だと理解するだろう。

このように，ことばとは，表現だけを切り取っても理解できないものである。ことばには必ず「いつ」「どこで」「誰が」「誰に」「何を」「どうして」という文脈が存在する。その文脈を理解することで，そのことばの意味がわかり，どのように返答するべきかが考えられるようになる。

一方で，文脈がわかればすべてのことばの意味が理解できる，というわけではない。ある留学生は，アルバイト先でレジ打ちを担当することになった。彼女はマニュアルを読んだが，よくわからなかったため，日本人の先輩に使い方の説明を求めた。すると，先輩はレジスターとバーコードリーダーを指さしながら「まず，これをここにシュッとしたら，これのつるつるしたところでピッてしてね。ギュッとしちゃうと上手くできないから気を付けて」と説明してくれた。この説明を，彼女は全く理解できなかった。聞けば，「シュッ」や「つるつる」，「ピッ」，「ギュッ」が何を表しているかが想像できなかったという。

「シュッ」や「ピッ」，「つるつる」，「ギュッ」は，音や生き物の鳴き声，人間の感覚や物の様子などを表す「オノマトペ」とよばれる表現技法である（高見澤，2004）。このような表現を使うことで，人間の五感（視覚・聴覚・嗅覚・味覚・触覚）で得た印象を，よりわかりやすく伝達することができる（矢口，2011）。日本語母語話者は子どもの頃からよく使う表現であり，その先輩も，わかりやすいと思って使ったのだろう。しかし，留学生の彼女は「『音が鳴るまで商品のバーコードをリーダーにかざす』と説明してくれた方がわかりやすかった」と話していた。つまり，お互いが文脈を理解できていても，表現がわからなければ伝わらない。文脈の理解と表現の理解の両方が成り立って，はじめて，そのことばが伝わったといえるのだ。

文脈のパターンはさまざまで，「これを使えば正解」といえることばはない。しかし，ことばを使うということは，相手に何か伝えたいことがあるはずである。誰かとことばを交わすときには，文脈に合わせて，必要なことを正しく，適切な表現を用いて伝えるように心がけたい。

6章 記　憶

私たちの日常生活は記憶に支えられている。自分は何者か，この人は信用できるか，ここはどこか，自分は何をしているのか，これらのことがわからなくなると，ヒトは困惑し，不安に駆られる。記憶という高度な記録システムが私たちを支えてくれるおかげで，ヒトはより人間らしく生きていける。

現代の高度な情報化社会は，高度な記録社会でもある。ヒトは自分たちの記憶システムをとても便利な機能と考えて，自分たちの外部に拡張できるツールをメモ，冊子，書籍，レコード，コンパクトディスク，ハードディスクへと発展させた。さらに他者とも共有できるようにして，コミュニケーションの質も高めた。記録の拡張と共有化によってヒトは新たなステージに立ったと言えるが，一方で情報の過多も逆に私たちを困惑させるので，必要な情報だけを選別するシステムも必要である。

ここではヒトをより人間らしくする記録の生体内システムとしての記憶について考えてみよう。

同じ内容や文でも言い方によって伝わる感じは大きく異なる。同じ「だめでしょ」でも「だめ(語尾を上げる・ポーズをとる)でしょ(語尾を下げる)」と言われると，やさしくたしなめられている感じがする。一方，続けて語尾を下げて言われると，ひどく怒られている気がする。このような声の高さや，抑揚，ポーズのとり方，話のスピードなどの言語的情報を取り去った残りの情報を準言語的情報とよぶ。準言語的情報は語感や話し手の感情を伝達している。

一方，書き言葉ではこのようなニュアンスを伝える手段が限られている。そのため，(　)書きの追加や絵文字やスタンプなどを使って，「だめでしょう(笑)」のような工夫が試みられている。

6-1 注　意

あなたの足の裏にはどんな感覚があるだろうか。意識を集中すれば何かしらの感覚を足の裏から受け取ることができるだろう。しかし，日常生活では足の裏の感覚に意識を向ける必要はないので，普段は無視していることだろう。ヒトは常に無数の感覚を得ているが，必要なものにだけ意識を向けさせる働きが**注意**(attention)である。注意の機能としては，①情報を選択する機能，②情報のある側面へ集中する機能，③情報の存在に気づく機能の3つがある。

(1) カクテルパーティ効果とフィルターモデル

騒々しいパーティ会場でも，夢中になって誰かと話しているときは周囲の雑音は気にならない。この現象を**カクテルパーティ効果**とよぶ。チェリー(Cherry, E. C., 1953)は，両耳分離聴課題と追唱課題を組み合わせてカクテルパーティ効果を実験的に検討した。両耳分離聴課題では，左右の耳に異なる単語リストを実験参加者に聞かせた。また，追唱課題として参加者に一方の耳から聞こえる刺激だけを復唱するよう指示した。すると参加者は，指示された耳に聞こえる刺激をすらすらと復唱した。しかし，課題遂行後に，もう一方の耳から聞こえた刺激について質問されるとほとんど答えることができなかった。

ブロードベント(Broadbent, D. E., 1958)も同様の実験を行い，注意を払わなかった方の刺激は遮断されたかのように排除され，こころの中で処理されないという**フィルターモデル**を提案した(図6-1)。その後の研究で，ヒトは受け入れるべき刺激を分類したり，重要な情報は深く処理したりしながら能動的に外部と関わっていることが示されている(6-3参照)。

(2) 注意の有限性

注意資源が有限であることもいくつかの実験で示唆されている。例えばウィッケンスとゴファー(Wickens, C. D. & Gopher, D., 1977)はお互いに干渉しあう2つの課題を同時に実験参加者に与える二重課題法を用いた実験を行っ

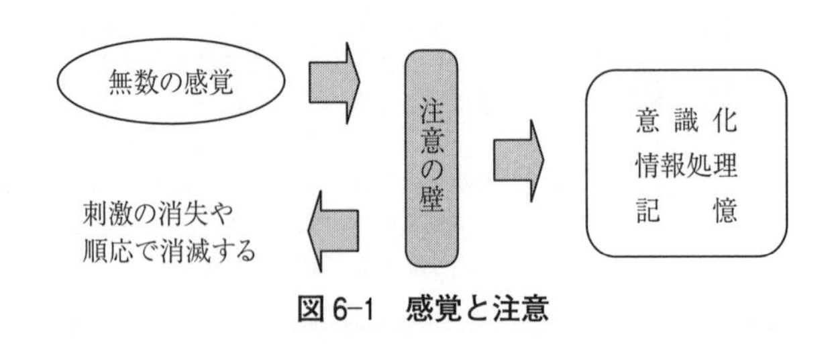

図6-1　感覚と注意

た。この実験ではジョイスティックを操作して画面上の位置を調整する課題と画面上に提示された数字をテンキーで入力する課題が同時に実験参加者に課された。さらに，実験に先立ってどちらの課題を重視すべきかパーセントを指定した。例えば，ジョイスティックを使った課題を70%とした場合は数字入力を30%として，この割合を変化させた試行を繰り返した。その結果，両課題の成績の総和はほぼ一定で，より重視すべきと指示した課題の成績は上がり，その分もう一方の課題の成績が下がっていた。この結果より，注意の資源には限りがあり，私たちは資源を必要に応じて分配しながら生活していることが示唆される。

（3）処理の自動化と注意資源の解放

有限資源としての注意を効率よく活用するために処理の自動化という現象が起こる。例えば，通学路など経路が常に一定でルーチン化している場合には，半ば自動的に移動することがある。通い慣れるまでは何かと注意資源を使っていた移動も，慣れてしまうと移動に使う注意資源を減らして他の事を考えられる。このような注意資源を消費しない無意識的な処理を自動処理とよぶ。逆に新しい事態に対処するために注意資源を消費する場合をコントロール処理とよぶ。このことを示す例の一つに**ストループ効果**(Stroop, 1935)があげられる。「あか」や「あお」といった色名をその文字が示す色とは別の色のインクで書き，実験参加者にインクの色を応えさせたとしよう。すると，私たちは文字を読むことに慣れてしまっているので，インクの色に反応しようとするとなかなか困難で時間がかかる。注意資源もかなり消費されるので他の事を考える余裕はなくなる。

同様の現象は人間関係においても起こりえる。自己と他者の関係性に不全感

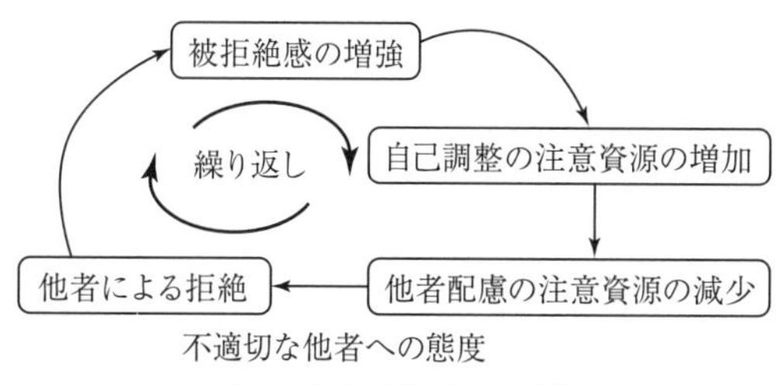

図 6-2 注意資源と人間関係

自己調整の注意資源を解放すると，他者配慮ができる可能性が上がる。

を持つことを**被拒絶感**(杉山，2005)とよぶ。被拒絶感が高い個人は対人関係に自信を持てないので，自分自身を査定して適切な方向に修正しようとする自己調整に注意資源を注ぎ込む自己没入といわれる状態になる(坂本，1997)。その結果，他者の心情を配慮する注意資源を失い，他者に対して適切な態度がとれなくなる。結果的に他者との人間関係が崩れ，さらに被拒絶感を高める傾向にある(図 6-2)。一方で，被拒絶感の低い個人は**自己没入**が低く，自己調整に注意資源を取られない。そのため他者の心情を配慮する注意資源があるので他者と良好な関係を保ちやすい。このように限られた注意資源をどのように配分するかは私たちの人間関係においても重要な課題であるといえる。

6-2　記憶のボックスモデル

楽しいパーティを企画したいとき，私たちはパーティ会場のこと，おいしい料理のこと，パーティを盛り上げるゲームや余興のこと，そして参加してくれるメンバーのことなど，同時に複数の事柄を思い出し，処理している。このような記憶の働きについて考えてみよう。

（1）記憶の過程

記憶とは情報を取り入れ，取り入れた情報を確保し，確保した情報を取り出す一連の過程である。情報を取り入れて確保することを**記銘**(memorization)，情報の確保を続けることを**保持**(retention)，取り出すことを**想起**(recall)または**再生**(reproduction)とよぶ。近年ではコンピュータで行われる情報の記録メカニズムの用語を用いて，記銘は記憶に取り込める形に変換するという意味で**符号化**(encoding)，保持は**貯蔵**(storage)，想起・再生はデータベースから必要な情報を探し出して活用するという意味で**検索**(retrieval)とよぶ(図 6-3)。記憶の表わし方としては以前の経験をことばや絵で再現する**再生**(recall)，以前経験したことを再び経験していると確認する**再認**(recognition)，以前経験したことの要素を組み合わせて再現する**再構成**(reconstruction)などがある。

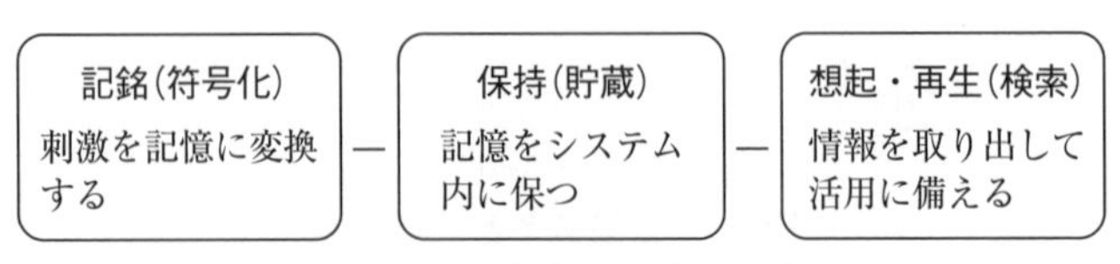

図 6-3　記憶過程のイメージ

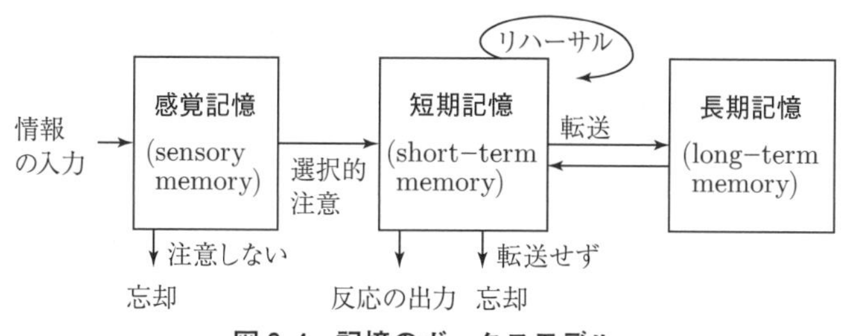

図 6-4　記憶のボックスモデル

（2）記憶のボックスモデル

アトキンソンらは記憶について図 6-4 のような 3 つのボックスからなる多重構造を仮定した(Atkinson, R. C. & Shiffrin, R. M., 1971)。目や耳などの感覚器官に瞬間的に保持される**感覚記憶**は，容量の制限はないが，私たちが注意を払わなければすぐに忘却される。保持時間は視覚情報である**アイコニックメモリ**の場合は約 1 秒，聴覚情報である**エコイックメモリ**の場合は約 5 秒である。また情報の種類はアナログである。

選択的に注意を向けることで感覚は符号化されて，**短期記憶**に移される。情報の内容によっては反応が出力される。しかし，リハーサルを繰り返さなければ，20〜30 秒程度しか保持されない。容量にも限界があり，ミラー(Miller, G. A., 1956)は概ね 7±2 チャンクであることを見いだし，マジカルナンバー 7 とよんだ。また，情報を組み合わせて意味のある 1 つの固まりにするチャンク化を行うと，処理できる情報の総量が増える。例えば 20 個の元素記号を覚える際に，「水兵リーベ僕の船ななまがりシップスクラークか」と語呂合わせを使うと 5〜6 チャンクほどになり，より多くの情報を扱える。

短期記憶で繰り返しリハーサルされた情報は，デジタル化されたまま記憶の貯蔵庫である長期記憶に転送される。長期記憶では情報はほぼ永続的に保存され，容量は無限と考えられる。保持された情報は必要に応じて検索されて短期記憶に逆送されるので，私たちは長期記憶の情報を必要に応じて活用できるようになっている。

このような記憶システムの実在性は**系列位置効果**によって示される。文脈のない単語リスト等を記銘する課題を行うと，記銘させる情報量に関係なく，最初と最後の項目の再生率が高くなり，中間部分が低くなる。最初の部分の情報はリハーサルされる回数が多いので**長期記憶**に転送されやすいと考えられ，これを**初頭効果**とよぶ。最後の部分の情報は短期記憶に保持されたまま残ってい

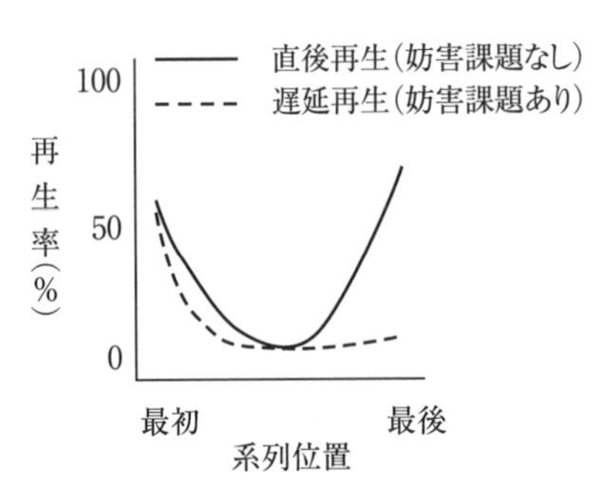

図 6-5　系列位置曲線の典型例

るので，再生率が高くなると考えられ，これを**新近効果**とよぶ。系列位置効果は記銘課題の直後に再生させると顕著に表れるが，図 6-5 にあるように記銘課題の後に計算課題などでリハーサルを妨害すると，つまり遅延再生させると，新近効果が見られなくなることが多く，短期記憶と長期記憶の存在を示唆する効果とされていた。

なお，このモデルの短期記憶に該当する働きは**前頭前野**と大脳辺縁系の海馬が担っている。**海馬**は長期記憶に貯蔵するまでの記憶の一時貯蔵庫として機能し，海馬を経由した情報は**大脳皮質**に格納されて長期記憶となる。前頭前野は後述するワーキングメモリの働きを担っている。

6-3　ボックスモデルへの批判とワーキングメモリ

ボックスモデルは記録装置としての人間の一面を非常にわかりやすく説明したが，その反面，いくつかの重要な観点が抜けているとの批判もある。

（1）ボックスモデルへの批判と処理水準モデル

ボックスモデルでは私たちが記憶すると同時に情報処理をしているという観点が抜けている。例えば，ワトキンスとペイニーショグル（Watkins, M. J. & Peynircioglu, Z. E., 1983）は哺乳類，鳥類，魚類といった 3 つのカテゴリーから 15 単語ずつ，45 単語のリストを作成し，「タヌキ，カラス，マグロ，ヒツジ，スズメ，ハマチ…」という具合に，カテゴリーをローテーションさせながら実験参加者に提示した。その後，カテゴリーごとに思い出してもらうと，全体の 45 単語に関して系列位置効果が出るのではなく，カテゴリーごとに効果が現れた。この結果は，カテゴリーごとに短期記憶が存在するという仮定をし

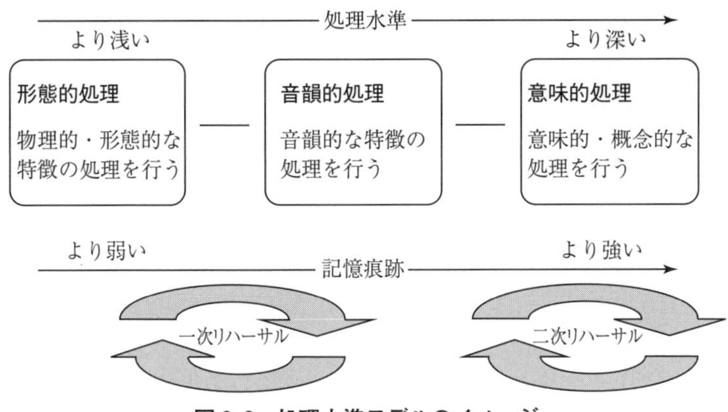

図 6-6　処理水準モデルのイメージ

なければ，ボックスモデルからはうまく説明ができない。つまりヒトは記憶すると同時に分類という情報処理を行っている。

また，ボックスモデルでは情報の処理の深さという観点が抜けている。クレイクとロックハート（Craik, F. I. M. & Lockheart, R. S., 1972）の記憶の**処理水準モデル**では，ボックスモデルのような記憶の貯蔵庫は想定せず，**記憶痕跡**を記憶とした。つまり，リハーサルを図 6-6 のように情報処理の深さ順に分けて，記憶素材の形に関する形態的処理，音声情報を認知する音韻的処理，意味内容を認知する意味的処理とし，深い水準の処理を行うと記憶痕跡が深く強くなり，保持もされやすくなるとした。つまり処理水準モデルでは，単純に形態や音韻を繰り返すだけの一次リハーサルよりも，意味的な連合やイメージ化のように項目を深く処理する二次リハーサルがより深い記憶痕跡を作る。

例えば，私たちは文章を読む時，最初の単語を覚えながら，最後まで読み，全体の文の意味を理解している。しかし，文章のあらすじは覚えているが，一

表 6-1　処理水準の実験結果（Craik & Tulving, 1975 改変）

処理の深さ	処理の種類	質問内容	反応		再認率
			はい	いいえ	
浅い ↓ 深い	形態的	その単語は大文字で書かれているか？	TABLE	table	18%
	音韻的	その単語は weight と韻をふむか？	create	market	78%
	意味的	その単語は次の文中に入るか？ 「彼は街で____に会った」	friend	cloud	93%

字一句間違わないで記憶することは難しい。クレイクとタルヴィング(Craik, F. I. M. & Tulving, E., 1975)は40個の名詞についての処理の深さを変えた課題を実験参加者に行った。参加者を3群に分けてそれぞれ形態について，音韻について，意味についての質問に「はい」か「いいえ」のどちらかで答えさせた。その後に，実験前には予告しておかなかった記憶の検査として40語を加えた80語を提示し，前に見たものかどうか答えさせた。その結果，表6-1のように意味的な処理をした場合が一番よく記憶されていた。つまり，文章のあらすじに該当する情報は意味的に深く処理されるので記憶痕跡が深く強く形成されたといえる。さらに，情報を符号化したときの前後の文脈や情報の属性が同時に符号化されて検索の手がかりになることを**符号化特定性原理**(encoding specificity principle)とよぶ。あらすじは前後の文脈との関連づけによって，文章の他の情報より容易に検索される。このような前後の文脈との関連づけや属性づけを能動的に行って，より強い記憶痕跡を作ることを**精緻化**(elavoration)とよぶ。ヒトは情報処理をしながら記憶もしているが，ボックスモデルでは，この観点が抜けている。

(2) ワーキングメモリ

情報処理を行うための記憶を**ワーキングメモリ**とよぶ。ボックスモデルでは，短期記憶に保持されている情報は音韻コードが仮定されていた。しかしながら，私たちは視覚的イメージといった情報も記憶することができる。このような批判をうけ，バドリー(Baddeley, A. D., 1990)が情報処理を重視した図6-7のワーキングメモリのモデルを考えた。**音韻ループ**(phonological loop)は音声情報を明瞭に繰り返して保持し，電話番号を頭の中で復唱するような場合に

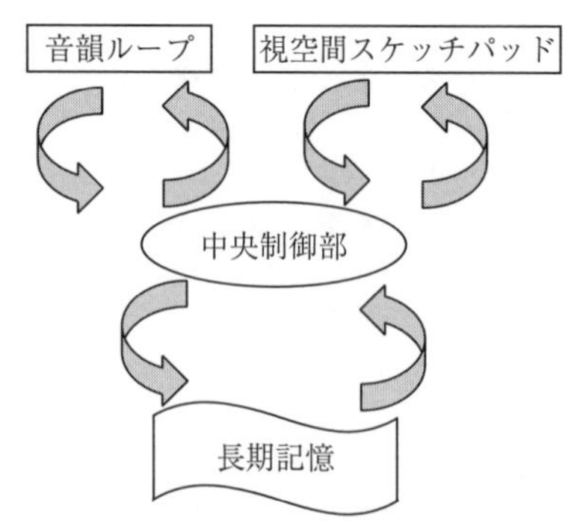

図6-7　バドリーのワーキングメモリのモデル

使われる。**視空間スケッチパッド**(visuo-spatial sketchpad)は形，色，質感などを扱う視覚システムと位置関係などを扱う空間システムを活用して画像を構築したり，目的(地)に到達するまでの認知地図を表現したりする。**中央制御部**は注意をこれらのコンポーネントのどこに向けさせるかを制御して，状況に適さない泡沫的な情報を抑制し，複数の課題が同時進行する際の調整役を果たしている。その後，バドリー(Baddeley, 2000)はさらに理論的，実験的検討を重ねて，音声，視覚，空間，さらに意味情報や音楽情報まで1つのエピソードとして統合する**エピソード的バッファー**(episodic buffer)を加えて，3つのコンポーネントからなるマルチコンポーネントモデルを提案している。

6-4　記憶情報

私たちの生活は意味情報の記憶だけでなく，パソコンのキーボードの打ち方やキーの配列，掛け算の九九，文字の書き方，箸の使い方，など認知的な作業から身体的な作業までさまざまな記憶に支えられている。また，思い込みや情報間の矛盾などで記憶は記銘されたまま正しく再生されないこともある。私たちの記憶情報にはどのような性質があるのだろうか。

(1) タルヴィングの長期記憶の分類

長期記憶はほぼ無限の容量を持つ永続的な記憶といわれ，進行中のワーキングメモリの活動の必要性に応じて検索され利用されている。タルヴィング(Tulving, E., 1972)は**エピソード記憶**(episodic memory)，**意味記憶**(semantic memory)，**手続き記憶**(procedural memory)の3つに長期記憶を分類した。エピソード記憶とは，あるとき，あるところで経験した個人的事象や出来事に関する記憶であり，自伝的記憶もこの一部である。一方，意味記憶とは文字や数

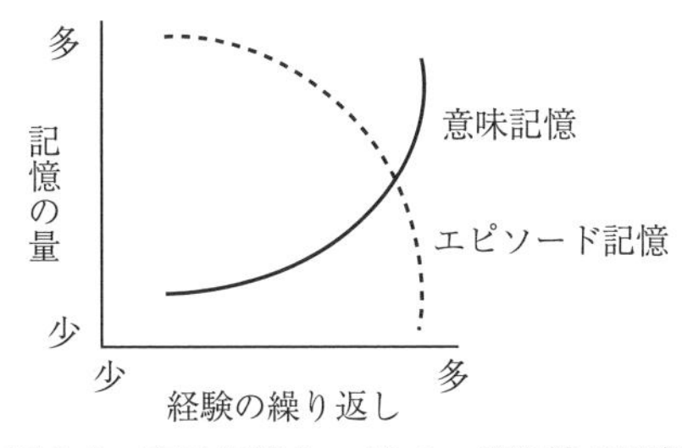

図6-8　意味記憶とエピソード記憶の関係

字，単語やその意味，化学式や数式など，経験から一般化された知識・情報に関する記憶である。エピソード記憶と意味記憶は相互に独立したものではなく，図 6–8 のように経験回数が多くなるほどエピソード記憶は減少し，意味記憶だけが残る性質がある。また，手続き記憶とは言語化ができない手続や技能に関する記憶で小脳に記憶されているといわれている。

(2) スクワイアの長期記憶の分類

スクワイア(Squire, L. R., 1987)は図 6–9 のように意味記憶とエピソード記憶を言語やイメージで表現できる記憶として**宣言的記憶**または**陳述記憶**(declarative memory)とした。なかでも意識にのぼる記憶は**顕在記憶**(explicit memory)ともよばれる。手続き記憶は古典的条件づけ，先行する記憶が後続の刺激情報の処理を促進するプライミング，非連合学習などを含めて想起する際に意識を伴わない記憶という意味で**潜在記憶**(implicit memory)とした。顕在記憶は脳の海馬を使って大脳皮質に記憶されるが，潜在意識は小脳や大脳基底核を使って記憶されると考えられており，大脳皮質を損傷して顕在記憶が失われた場合でも潜在記憶は保たれていることが多い。なお，タルヴィングは意味記憶の検索は潜在的に行われていると考えており，意味記憶にかかわる過程のすべてが顕在的なわけではない。

(3) 記憶情報の歪曲

人間は生活を維持するための情報処理システムであるが，情報を正しく記銘して正しく再生する記憶装置ではないので記憶情報の歪曲が生じる。一般に図形や文字の記憶では元の刺激どおりに再生されることはまれで，多くの場合何らかの変容が生じる。例えば単純な図形を実験参加者に記銘させて再生させ，次の実験参加者には前の実験参加者が再生した記憶を記銘させ再生させる試行を繰り返す系列的再生法とよばれる実験手続きを行うと，人数を重ねるごとに元の図形とはかけ離れたものに変容することが知られている(Bartlett, F. C., 1932)。人づてを重ねた情報はあてにならないことが多いといえるだろう。

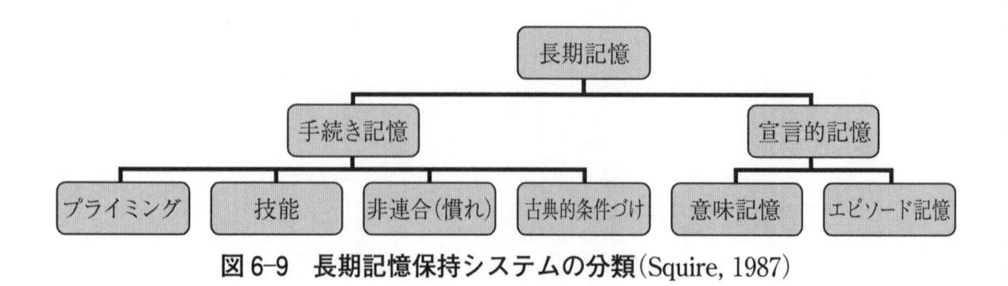

図 6–9　長期記憶保持システムの分類(Squire, 1987)

表 6-2 記憶の歪曲の種類

歪曲の種類	内　容
・調和的歪曲	現在の自分の考えや感情と調和するように変える
・変化歪曲	変化したかった方向に大きく変化したかのように変える
・後智恵歪曲	後からわかった情報に合うように過去の記憶情報を変える
・利己的歪曲	自分に都合のいいように変える
・ステレオタイプ的歪曲	世間一般の考えに合わせて変える

このほかにもシンプルであいまいな情報に対して記銘の段階で情報にラベルを与えると，ラベルの意味内容に沿って再生されるラベリングの影響も指摘されている(Carmichael, L. et al., 1932)。物語はたいがい簡略化されて想起され，また他者と一緒に思い出す共同想起場面では1人で思い出すときと内容が異なる。また，事件の目撃証言などでは，例えば2人の男性が口論から喧嘩に発展した事件の目撃者に，男性の1人は服役歴があるという情報が後から与えられると，服役歴がある男性がより暴力的であったと想起される。後から与えられた情報が想起に混合されることを**事後情報効果**という。

このようにさまざまな要因で私たちの記憶は変容した形で再生されることがある。シャクター(Schacter, D. L., 2001)は社会生活の中で起こりやすい記憶の歪曲を表6-2のような5種類に整理しているが，記憶の歪曲が社会的なトラブルを引き起こさないように注意する必要があるといえるだろう。

6-5 忘　却

引っ越し前の自宅の電話番号，中学校時代の学籍番号，小学校時代の担任の名前など，覚えていたはずのことを思い出せないことがある。記憶情報の保持量や再生量が時間の経過と共に減少することを**忘却**(forgetting)という。ここでは忘却のメカニズムについて考えてみよう。

(1) 忘却曲線とレミニッセンス

エビングハウス(Ebbinghaus, H., 1885)は無意味綴り(ろに，ては，TAK，BAKなどの実際には存在しない単語)を用いて今日でいう再学習法によって時間経過と共に保持量が減少することを図6-10のように示した。無意味綴りに関する情報は，長期記憶に存在しないので，純粋に新しい記憶を作る実験といえる。この実験は現在では海馬を媒介して新しい記憶を長期記憶に保存する記憶過程の実験と考えられている。図6-10にあるように記銘直後1時間以内に

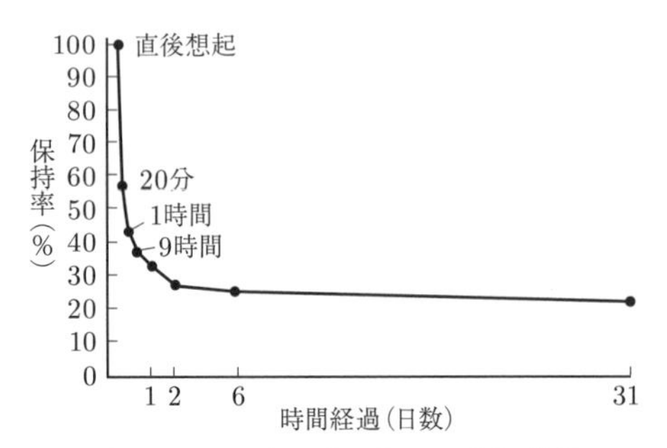

図 6-10　エビングハウスの忘却曲線

最初の 1 時間で 56%，1 日後には 74% を忘却する。以後は緩やかで 1 か月後は 79% の忘却であった。

忘却が急激に生じ，時間の経過と共に忘却の割合は緩やかに減少する。記銘後，24 時間以上保存されているものはその後，ほとんど減少しない。

逆に時間が経過したほうが，再生成績が上がることを**レミニッセンス**(reminiscene)とよぶ(Ballard, P. B., 1913)。長期記憶では記憶された情報はバラバラに存在するのではなく，一定のルールで体制化されて何らかの構造を作ると考えられている。また，体制化が進むことでより保持・検索されやすくなる。記銘直後は記憶された情報はバラバラのままだが，一定時間を経ることで記憶痕跡が体制化され，想起されやすくなる。スポーツなどの動作記憶でもレミニッセンスは起こるので，ある程度休むことで体制化が進み，パフォーマンスが向上することがある。

（2）処理水準の深さと記憶の崩壊説

エビングハウスの無意味綴りは文字通り無意味なので，意味的処理はできない。よって，処理は形態的処理と音韻的処理の浅い水準に留まり，二次リハーサルや精緻化は困難である(6-2 参照)。この処理水準の浅さによって深い記憶痕跡が形成されず，急激な忘却がもたらされたと考えられている。ただし，意味的に深く処理し，さらに精緻化した記憶痕跡であっても，長期間まったく想起されず，放置されると時間の経過につれて崩壊する。短期記憶ではリハーサルされなければ急速に，記憶痕跡が崩壊し，記憶が薄れる場合があると考えられている。

（3）検索の失敗

記憶内容は崩壊していなくても忘却が起こることがある。記憶自体は実は保存されていても，適切な検索の手がかりが使われないと想起できない。「手がかりがあればわかるのだ！」という体験を**TOT**(tip-of-the-tongue：喉まで出かかる)**現象**とよばれる。先述の符号化特定性原理によると符号化時と検索時の文脈が一致していると文脈効果が働いて検索が容易になる。

(4) 干　　渉

記憶したものを想起しようとする場合に，その記憶が記銘された前後の記憶が干渉して想起を妨害するために忘却が生じると考えるのが**干渉説**(interference theory)である。記銘後の経験が干渉的に働くことを**逆行抑制**(retroactive interference)といい，記銘前の経験が干渉的に働くことを**順行**(順向)**抑制**(proactive interference)とよぶ。ジェンキンスとダレンバック(Jenkins, J. G. & Dallenbach, K. M., 1924)は無意味綴りの学習を行い，すぐに睡眠させた群，睡眠なし群の再生数を比較した。その結果，睡眠させた群は記銘後の2時間で約4割忘れるが，その後はほとんど忘れなかった。一方，睡眠なしで覚醒していた群は記銘後2時間で約7割忘れ，その後も緩やかに忘却が進み8時間後には約9割の無意味綴りを忘れていた。覚醒していた群は記銘後も心的活動が続いており，逆行抑制が働いたために忘却が進んだと考えられている。また記憶素材が類似している場合には干渉が起こりやすい。

(5) 心因性健忘

記憶システムの性質とは別に心の情緒的な安定のために意図的，無意図的に忘却を起こすことがある。この現象は**抑圧**(repression)とよばれ，思いだすと苦しい外傷体験などの記憶を意識から排除して無意識に押し込めることで，心理的な安定を図る。ある程度意図的な抑圧を含める場合も，含めない場合もあるが，意図的な抑圧を続けると想起しにくくなるという指摘(例えばAnderson, M. C. et al., 1994)，逆に忘却しにくくなるという指摘(例えば越智・及川，2008)もあり抑圧のメカニズムは今後の研究課題であるといえる。

コラム2 文字を使ったやり取りについて考える

近年，コミュニケーション，すなわち，やり取りの重要性に注目が集まっている。これは世界的な流れであり，Council of Europe(2001)では，CEFR(外国語の学習・教授・評価のためのヨーロッパ言語共通参照枠)の下位区分として，「受容(Reception)」・「産出(Production)」と同列に「やり取り(Interaction)」を挙げている。また，日本でも，文化審議会国語分科会(2018)から「分かり合うための言語コミュニケーション」という報告が出されている。この報告の名前が「分かる」ではなく，「分かり合う」となっていることからも，やり取りについて改めて考えることが必要であるといえるだろう。

やり取りの中でも，文字を使って行うものは難しいと言われる。なぜなら，文章は，会話とは違って，音の違いによるニュアンスは伝わらず，相手の表情も見えないからだ。加えて，相手から反応が返ってくるまでに時間がかかり，相手が誤解をしていてもすぐには訂正できない。また，自分の書いた文章に間違いがあったことに気づいても，一度相手に渡してしまった文章を修正することはできない。これらも文章でやり取りするときに難しさを感じる原因であるだろう。しかし，文字を使ったコミュニケーションツールは多く，それらを使わずに人とやり取りを行うことは難しい。

では，誰かと文章でやり取りする際は，どのようなことに注意するべきだろうか。

1点目は，ツールの特徴に合わせた文章を書くことである。例えば，メールでは，件名や書き手の名前が書かれていない場合，読み手はその部分を，失礼だ，物足りないと感じる(菊池，2016)。他方，LINEでは，システム上，件名を書く場所はなく，読み手や書き手の名前は常に表示されている。つまり，特定のツールでは問題がない文章も他のツールでは読み手に失礼だと思われてしまう可能性がある。

2点目は，読み手に「何を」「どこまで」「どのように」伝えるかを工夫することである。例えば，社会人は，用件の概要を冒頭に書く，詳細をあえて除いて結論だけを書く，謝罪することで断りの意思を間接的に伝えるなどを行っている(菊池，2020)。また，顔文字や絵文字が使われている文は，使われていない場合よりも，より気さくで，親しみやすいという印象を与える一方で，真面目でないとも感じられる(竹原・栗林，2006)。したがって，顔文字や絵文字は，友人とのやり取りで使うのには適していても，フォーマルな場面では，馴れ馴れし過ぎると思われて，かえって失礼になってしまう可能性がある。

忘れてはならないのは，文字を使ったやり取りには，必ず読み手がいるということだ。独りよがりの文章にならないように，常にツールと読み手に気を配ることが重要である。

7章　言語・思考

ヒトは，生涯にわたりさまざまな場面において，情報をことばによって得ている。つまり，文章を学習しているのではなく，文章から学習している(Kintsch, 1986)。では，どうやって文字を認識し，文を読み，文章から得られる情報を自分の知識として利用しているのであろうか。

経済協力開発機構(OECD)による生徒の学習到達度調査(PISA : programme for international student assessment)では，読解力を「自らの目標を達成し，自らの知識と可能性を発達させ，効果的に社会に参加するために，書かれたテキストを理解し，利用し，熟考する能力である」と定義づけている(国立教育政策研究所，2004)。

本章ではこの立場にたって，ヒトの読むことと書くことのメカニズムを考えていく。また，ヒトが得られた知識を思考や判断にどのように利用しているかも重要な心理学の課題である。大人になるとヒトは本当に論理的に思考をするのであろうか。思考のプロセスも含めて考えてみよう。

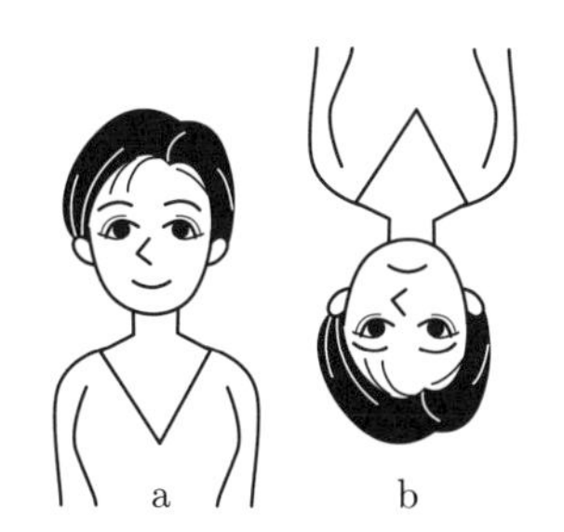

表情は円滑なコミュニケーションにとって，言葉と同様に重要な要因である。では，顔のどの部分が重要なのであろうか。

aとbのイラストを見てほしい。人物の絵として違和感はないだろう。bはaの目と口を逆さにしただけである。このまま見ると，bのヒトはむっとしていると感じるだろう。つまり，口元の方向性から表情を推測していることがわかる。一方，この本を逆さにすると，bの顔はaの顔と似てもにつかないくらいの変な顔になる。

すなわち，私たちは，目と口の周りの情報を使って顔を認知している。犯罪者が目をサングラスで覆い，口元をマスクで隠しているのは，目撃者に顔をわかりにくくするためである。

7-1　単語認知

文章とは，文字，単語，文からなる意味的なまとまりのあるテキストを指す。ヒトが文章を読んでいる際には，図 7-1 にあるように，すべてを見ているわけではない。「人間」「反応し」のような名詞，動詞，形容詞などの**内容語**を長く注視している。一方，「の」「れば」のような助詞などの**機能語**は読み飛ばされている。ヒトは文章を読む際，一瞬にして何が重要で何が重要でないのかを判断している。そして，重要な情報を担っている内容語を中心に文章を読むという複雑な認知作業を行っている。まず単語の認知から考えよう。

単語を読み上げる過程として，図 7-2 のように語彙経路と非語彙経路の 2 つを含む**二重経路カスケードモデル**が提案されている(Coltheart, M. et al., 2001)。語彙経路には意味システムなどがあり，単語の意味と発音に関する情報が備えられている。一方，非語彙経路には，単に文字の形態とその音に対す

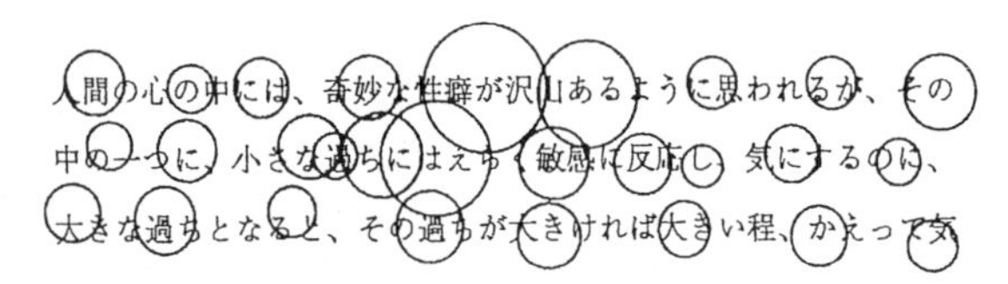

図 7-1　文章を読んでいるときの眼球運動(斎田，1993 より改変)

大きな○印は 400 msec の間，その場所に目を停留した時間を示す。
使用文章は，團伊玖磨『パイプのけむり』より。

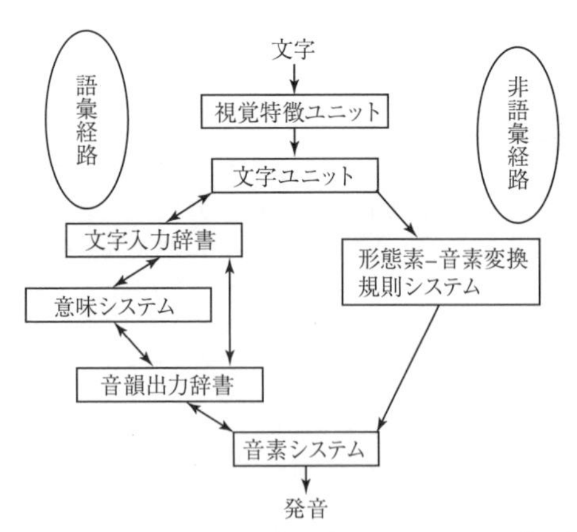

形態素－音素変換規則システムでは，文字と音がほぼ一対一対応している。

図 7-2　二重経路カスケードモデル(Coltheart et al., 2001 を改変)

表7-1　単語における文字と発音の対応関係

	一貫性	概　略	例	発　音
規則語	一貫語	個々の文字の読み方が1つしかない漢字から構成されている。	婚約	/konyaku/
	非一貫典型語	個々の文字に複数の読み方があるが，典型的な読み方で構成されている。	歌手	/kaʃu/
例外語(非規則語)	非一貫非典型語	非典型的な読み方で構成されている。	歌声	/utagoe/

る変換規則システムがあるだけである。2つの経路では，情報は別々に流れるように連続的に伝搬される。

このような過程で処理される単語は，文字と発音の対応関係によって表7-1のように規則語と例外語に分類することができる。また，規則語は読み方の一貫性からさらに2つに分けられる。二重経路カスケードモデルによると，一貫語である「婚約」は語彙経路でも非語彙経路でも/konyaku/と発音され，音素システムで一致しているため，速く単語を音読できる。一方，例外語である「歌声」は語彙経路では/utagoe/であるが，非語彙経路では/kasei/となる。そのため，音素システム部分で不一致が起こり，意味システムまで戻って確認するために時間がかかる。このように，単語の文字と音声の関係によって音読時間が変わることを単語の**規則性効果**(regularity effect)とよぶ。

また，日頃よく目にしている高頻度単語は，語彙経路の辞書が活性化されやすくなっており，そのために情報の通りがよくなり，頻度が低い単語よりも速く音読できる。これを単語の**頻度効果**(frequency effect)とよぶ。この効果についても，先の二重経路カスケードモデルによって説明ができる。

7-2　文章の理解

文章の理解は，文中の単語の意味を理解するボトムアップ式の過程だけにとどまらない。図7-3に文章理解のモデルを示した。文は，1つの主語と1つの述部に分けられて**命題**(proposition)として読み手の中に表象化される。例えば，「みかんとりんごがテーブルの上にある」という文は，「みかんがテーブルの上にある」「りんごがテーブルの上にある」という2つの命題に分けられる。その際，読み手の注意が向けられていないと文の情報は消えていってしまう。注意を向けさせるためには，文字のフォントを強調体にしたり，下線を引いたりする方法がある。また，文章そのものに「あなたがみかんをテーブルに置いた」という読み手の自己を意識させるような書き方をしてある場合は，「太郎がみかんをテーブルに置いた」という文よりも読み手の注意をひきつける。この働きは**自己化**(personalization)とよばれ，読みの過程に自己意識が影響することを示している(Fukuda, Y. & Sanford, A. J. 2008)。

読み手に取り込まれた命題はリスト化されるが，それらは単に並んでいるだけでなく，相互に関連を持つ。これを**結束性**(coherence)とよぶ。結束性は，文法的な方法や時制や態，語彙的手段により高められる。次に，重要でない命題は削除されたり，りんごとみかんは「果物がテーブルの上にある」のように統合されたりして要約ができあがる。しかし要約を作っただけでは文章を読んだとはいえない。すでに自分が持っている既有知識と結びつけ，さまざまな場面で利用可能な**状況モデル**を構成しなければならない。状況モデルの情報が既有知識となり，新たな文章を読む際に利用される。そのような過程を経て，私たちは文章からの学習ができるようになる。

では，既有知識がどのように状況モデルにトップダウン式に影響を与えているのであろうか。表 7–2 の文章を読んでほしい。文章中の単語はわざわざ辞書を引いて調べる必要はないほどの難しさである。ただし，この文章はわざと回りくどく書いてある。そのため，単語や文の意味がわかり要約できたとして

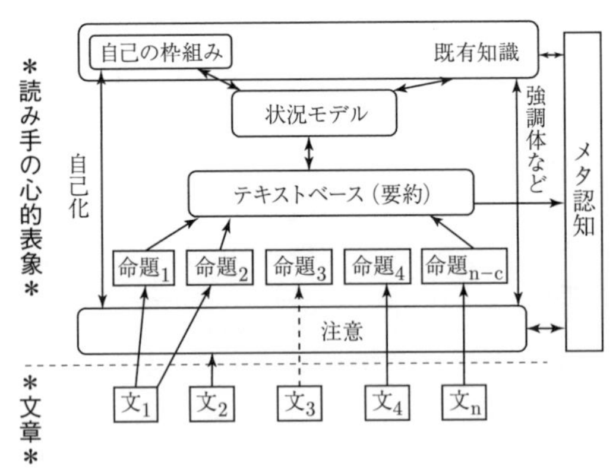

注 1）命題 n は n 個の命題があることを示す。
　　　命題 n−c は，c 個の命題が注意のフィルターによって命題リストに含まれなかったことを示す。
注 2）点線の矢印は情報の一部分のみがフィルターを通過していることを示す。

図 7–3　文章理解モデル(福田，2009 より改変)

表 7-2　何について書かれた文章か？(Bransford & Johnson, 1972：森, 1991 より)

手順は実際，まったく単純である。まず，物をいくつかの山に分ける。もちろん量が少なければ1つの山でも十分である。もし設備がないためにどこかよそへ行かなければならないのなら話は別だが，そうでなければ準備は整ったことになる。大切なことは一度にあまり多くやり過ぎないことである。つまり，一度に多くやり過ぎるよりも，むしろ少な過ぎるくらいのほうがよい。このことの重要さはすぐにわからないかもしれないが，もしこの注意を守らないとすぐにやっかいなことになるし，お金もかかることになる。最初，全手順は複雑にみえるかもしれない。しかし，すぐにそれは生活の一部となるであろう。将来この仕事の必要性がなくなることを予想するのは困難であり，けっして誰もそんな予言をしないであろう。手順が完了した後，材料はふたたびいくつかのグループに分けて整理される。それからそれらは，どこか適当な場所にしまわれる。この作業が終わったものは，もう一度使用され，ふたたびこのサイクルが繰り返されることになる。面倒なことだが，しかしこれは生活の一部なのである。

表 7-3　どこで自分の読み間違いに気がつくか？

① ある雑誌は読者のかんそうについて特集を組んだ。
② その雑誌は，出版ぎょうかいの不況の中，売り上げをのばしている。
③ ターゲットとなる読者は中高年のじょせいであった。
④ 彼女らは自分たちの肌の具合を非常に気にしているからだ。
⑤ その特集では，いくつかの美容液を試した読者モニターの肌のかんそう具合を，科学的に検証している。

も，文章を理解したという意識は生じない。しかしながら，この文章のテーマは洗濯であるとひらめいたらどうであろうか？表 7-2 を読み返してほしい。最初に読んだ時より読みやすいだろう。私たちはすでに知っている洗濯に関する既有知識を使って，表 7-2 の文章に関する状況モデルを構築するからである。この既有知識は**スキーマ**(schema)ともよばれる。

また，表 7-3 の①から⑤の文を一文ずつ読んでほしい。①の文を最初に読んだときは，「かんそう」を「感想」と理解したのではないだろうか？しかし，⑤の文を読むと，「乾燥」であることに気づくだろう。そして，①の文をもう一度読み返すのではないだろうか。この気づきを生じさせる働きを**メタ認知**(metacognition)とよぶ。メタ認知は，自分が行っている認知活動をモニターし，目的に照らして行動を修正させる働きである。メタ認知の機能も文章理解に深く関わっている。なお，「ぎょうかい」「じょせい」と平仮名で書かれている理由は，「かんそう」という単語だけを目立たせないためである。

さらに，私たちは文章で表された内容だけを理解しているわけではない(福田，2019)。国語の授業で登場人物の気持ちを問われ，回答した経験はあるだろう。書かれている内容から登場人物の気持ちを推測していないと，質問に回答できない。つまり，読み手は状況モデル内の情報を使って，登場人物の気持ちを推測できる。また，文章を読んでほっとしたり，感動したりといった自分自身の**感情**も動いている。このように，文章を読むことにより私たちは多くの感情体験を経験している。

7-3　文章の産出

ヘイズとフラワー(Hayes, J. R. & Flower, L. S., 1980)は，図7-4のような文章産出の過程を**発話思考法**(thinking aloud method)によって明らかにした。発話思考法とは，実験参加者にある課題をしてもらっている最中，頭に浮かんだことをすべて言語報告してもらう方法である。これにより，外側から観察できないヒトの内的過程を探ることができる。図7-4にあるように，課題状況について考えたり，自分の既有知識を利用したりしながら，作文過程は進行する。その作文過程の中で，構想を立てることや文章化，推敲の下位過程にわかれ，それぞれがメタ認知のもとダイナミックに進んでいく。

(1) 構想を立てる

書き手に既有知識がある場合と，そうでない場合とでは構想の段階で大きな差異が生じる。例えば，野球の試合について作文を求めると，野球をよく知っている大学生は選手のプレーの流れといった試合の進行に関する行為を書いた

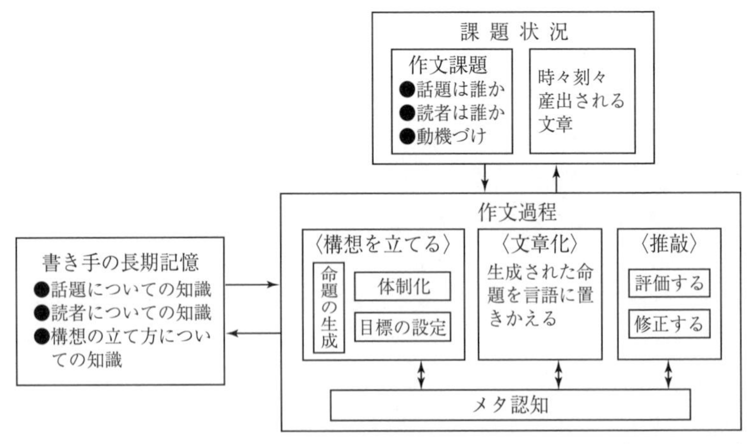

図7-4　文章産出の過程のモデル(Hayes & Flower, 1980をもとに内田，1999改変)

が，知らない学生はファンについてなど試合とは関連のないことを書いた(Voss, J. F. et al., 1980)。

また，書くことの熟達者である編集者と初心者である大学生の文章産出過程を比較した結果を表7-4に示した。初心者は，自分が知っていることをそのまま書き出してしまう。その際，読み手がどのような知識をすでに持っているのか，どのようなことを知りたいのかといった配慮がなされていない。このような書き方は**知識－表出方略**とよばれる。一方，熟達者は読み手のことに配慮し，テーマは階層化されている。これを**知識－組み換え方略**とよぶ。構想にかける時間は，熟達者の方が初心者より長い。また，構想を立てる際，熟達者は5回ほど自分の知識を組み替えることを行っていたが，初心者はほとんど行わなかった(Bereiter, C. & Scardamalia, M., 1987)。

(2) 文章化

文章を書くためにはアイデアを文字化しなければならない。実際に書きたい内容と書かれたものとの間には大きな隔たりがある。ヘイズとフラワー(Hayes & Flower, 1986)は，平均7～12語くらい書いた後に，ペンを止める現象を見いだしている。その間は，書き手は自分の頭の中にあるアイデアと表現を確認して行ったり戻ったりしている。

(3) 推敲

推敲とは書いた文章を読み返し，修正する作業である。推敲には，誤字脱字といった単語や文レベルの修正と，文章全体の構成を変更するといった上位のレベルの作業がある。上位レベルの推敲を行った大学生は約1割しかいなかっ

表7-4　熟達者と初心者の相違：京都へ旅行する際の概要を書く

知識－表出方略(初心者)	知識－組み換え方略(熟達者)
・関西にある	・地理－関西，盆地
・清水寺	・歴史－貴族文化，平安時代
・錦小路通り	・名跡－二条城，清水寺，金閣寺
・貴族文化	・文化－方言，気質

表7-5　上位レベルの推敲をするためのチェックリストの例

① アイデアがお互いに関連づけられていない	Yes	No
② 重要でない事項にスペースを割いている	Yes	No
③ 反対意見を無視している	Yes	No
④ 十分な根拠がない	Yes	No
⑤ 例が適切でない	Yes	No

た(Hayes & Flower, 1986)。このように推敲は難しい作業である。その理由は，自分が書いた文章に関して既有知識があるため，読み飛ばしが起こっているためである。よって，適切な推敲を行うためには，初めて読む人になったつもりで読まなければならない。そのためには，あらかじめ，表7–5のようなチェックリストを利用すると適切な推敲作業ができる。

7–4　問題解決

私たちは小さなレベルから雄大なレベルまでさまざまな目的を持ち，それを達成しようとしている。すなわち，私たちの日常生活は問題解決の連続といってもよい。この節では，目標づけられた思考についての研究を紹介する。一方，目標づけられていない思考には，白昼夢が含まれる。

(1) 試行錯誤

初めての状況に遭遇したとき，私たちは経験したことのある状況を思い浮かべて，それを利用し問題を解決しようとする。しかし，いつもその方法がうまくいくとは限らない。そのため，できる限りの方法を試してみて，うまくいく方法を学習していく。図7–5を見てほしい。ソーンダイクが考案した問題箱に類似した檻にネコを入れ，脱出できれば餌を与えた。ネコが試した方法を図7–5 a に示した。ネコは**試行錯誤**(trial and error)を行い，適切な方法を学ぶと

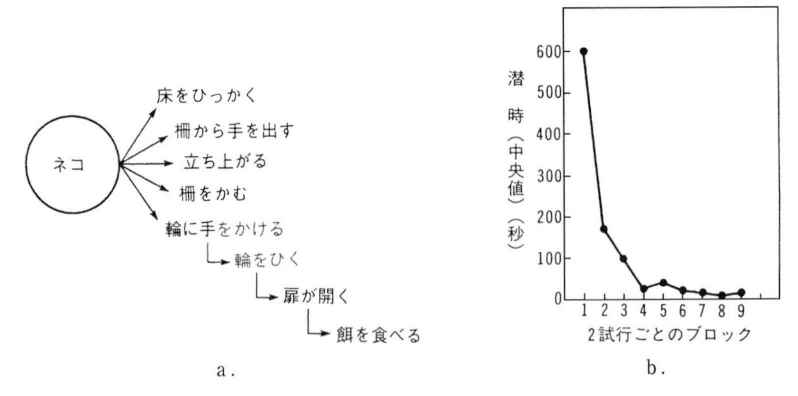

図7–5　試行錯誤の例(Imada & Imada, 1983)

a.「床をひっかく」等の不適切な行動は消えていく。一方，「輪に手をかける」に続く一連の行動は，問題解決に結びつき学習される。
b. y軸の潜時は箱に入れられてから脱出するまでの時間を表す。

SEND
+　MORE
MONEY

ルール①　1つの文字には1つの数字が入る。よって，同じ文字には同じ数字が入り，違う文字には違う数字が入る。
ルール②　使用される数字は0～9である。
ヒント：M=1

図7-6　覆面算の例

表7-6　アハ体験を実感しよう（ガードナー，1979より改変）

3つのコップに11個の10円玉を，どのコップにも奇数になるように入れなさい。これは簡単ですね。では，10個の10円玉を，同じように3つのコップに奇数になるように入れるにはどうしたらいいでしょうか？

すぐに檻から脱出していることが図7-5bからわかる。ソーンダイクは，学習とは刺激と反応の結合が徐々に強くなる過程であると考えた。その結合を強くする要因として**効果の法則**(law of effect)を提唱した。つまり，餌をもらえるといった快適な状態にいたる行動は学習され，そうでない行動は起こらなくなる。また，檻から出る行動は餌をもらうための道具であるため，この学習は道具的条件づけともよばれ，オペラント条件づけの一つである(5-4参照)。

このような試行錯誤は，どのような手順を踏んだら目標に近づけるかが不明な場合に行われる。ヒトも同様に試行錯誤を繰り返しながら，問題解決をする場合がある。図7-6の覆面算を解いてみよう。その際，頭の中だけで考えるのではなく，ノートにすべてを記してみよう。どれだけ自分の思考が行ったり来たりしているか実感できる。解答はp. 122に示す。

(2) 洞　察

また，試行錯誤のような思考過程を経ないで突然ひらめく場合もある。5-5で述べたように，チンパンジーは洞察することができる。ヒトにも，もちろん洞察といったひらめきがある。それを**アハ体験**(aha experience)とよぶ。表7-6に問題を示した。解いてみてほしい。解答はp. 122に示す。アハ体験はヒトに快感情を呼び起こす。

7-5　思考の特徴

ヒトはコンピュータのように考えるのであろうか？心理学の研究はそうではないことを示している。

（1）ヒューリスティックス

図 7–7 はハノイの塔とよばれる問題である。実際に問題を解いてほしい。その際，どのように考えて行ったのかを意識しながらやってもらいたい。解答は p. 122 に示す。

どのようにこの問題を解いただろうか。図 7–8 はハノイの塔を解くためのすべての手を表している。このようなすべての状態を考える方略は，適切に使えば常に正しい解答を得られ，**アルゴリズム**(algorithm)とよばれる。しかし，私たちはハノイの塔の問題を解くとき，すべての状態を考えたわけではないだろう。それよりも，必ずしも正解にいたるとは限らないが，経験則を用い，より簡便な方略をとる。これをヒューリスティックス(heuristics)とよぶ。例えば，ハノイの塔の問題を解くために，最終的な目標を達成するためには，まず C の棒に一番大きな円盤が下に置かれた状態を作らなくてはならないという下位目標を置く。その下位目標を達成するためには，A の棒にある小さい円盤をいったん B あるいは C の棒に移動させなくてはならない，といった具合にいくつかの下位目標を立てることで，問題を考えていく。このような問題解決の方略は**手段－目的分析**(means-ends analysis)とよばれ，ヒューリスティックスの一種である。

ヒューリスティックスは簡便な方略であるが，しばしば誤った結果を引き起こすことがある。例えば，「年間，飛行機事故で死ぬ人は交通事故で死ぬ人より多い」といった判断は誤っている。飛行機事故の場合にはマスコミで大きく取り上げられるとか，あるいは一度に出る死者が多く目立った情報となるため，そのような判断をしてしまう。

（2）構　　え

ヒトが新たな問題解決に遭遇したとき，過去の似た経験を利用して解決しようとする。その際，過去の経験がヒントになり，問題解決が促進する場合もある。しかし，過去の経験が，問題解決を妨害する場合もある。これを構え(set)という。表 7–7 の水がめ問題を 1 番から解いてほしい。1 番から解いていくと「B－A－2 C」という解法が見えてくるのではないだろうか。そして，この解法を適用して 8 番まで簡単に解けるだろう。しかし，いったん「B－A－2 C」という方法が確立されてしまうと，もっと簡単で直接的な解決方法をとることが難しくなってしまう。実は 6 から 8 番までは，例と同様に 2 つの水がめを 1 回ずつ使えば解決できる。

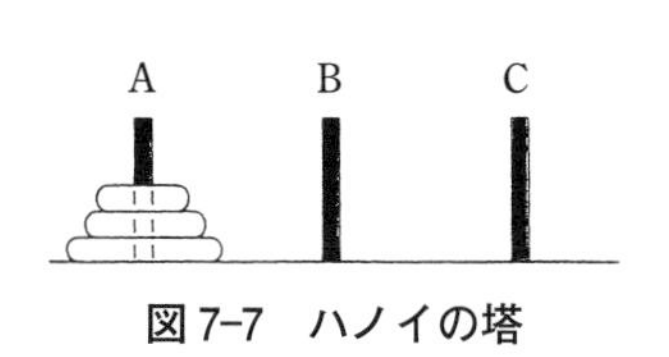

図 7-7　ハノイの塔

問題：3つの円盤を大・中・小の順番はそのままで，Cの棒に最短何手で移動できるか。
ルール①　1回に1枚の円盤しか移動できない。
ルール②　一番上にある円盤しか移動できない。
ルール③　すでに置かれている円盤よりも大きな円盤を，その上に置くことはできない。

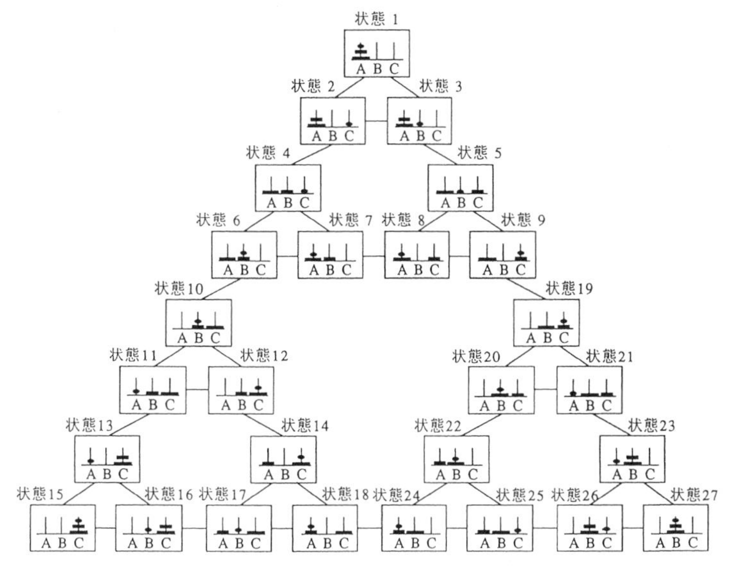

図 7-8　ハノイの塔の問題空間（Gilhooly, 1982：金城, 2006 より）

表 7-7　水がめ問題（Luchins, 1942）

番号	A	B	C	Dに入れる水量	解法
例	29	3	−	20	A−3B
1	21	127	3	100	
2	14	163	25	99	
3	18	43	10	5	
4	9	42	6	21	
5	20	59	4	31	
6	23	49	3	20	
7	18	48	4	22	
8	15	39	3	18	

問題：ABCの任意の水がめを用いてDの水がめに所定の水を入れなさい。

（3）機能的固着

また，物の本来の機能に注目してしまうと，大胆な発想とはならない。図7–9の問題を解いてみよう。解答は，p. 122に示す。この問題では，ローソクや画鋲，マッチが箱の中に入っている。箱とは何かを入れる物だという箱の本来の機能にこだわると，解答のような使い方に至るまで時間がかかる。一方，ローソクなどといっしょに空箱を提示して，同じ問題を解いてもらうと，図7–9の場合に比べて格段に速く解ける。このように道具の機能に固着して課題が解決しづらくなることを**機能的固着**(functional fixedness)とよぶ。

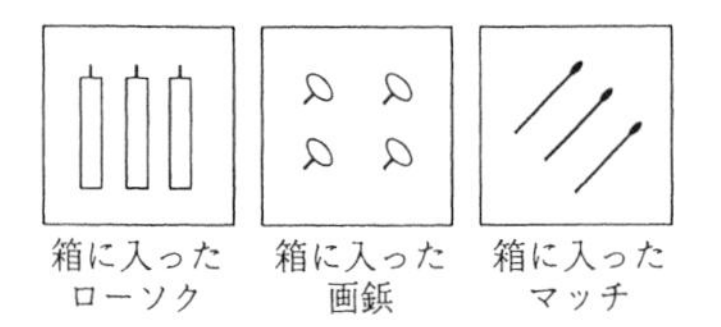

問題：ドアに3本のローソクを目の高さに並べて立てなさい。

図7–9　機能的固着の例(Duncker, 1945：金城，2006)

7–6　推　　論

推論(inference)とは，ある前提から結論を導き出す過程である。論理学の分野ではさまざまな形式や種類が記述されている。しかし，ヒトが行っている推理は論理学で記述されているようには行われていない。

（1）帰納的推理

帰納的推理(inductive reasoning)とは，個別事例から一般的な法則を導く方法である。並びの規則性を推理する系列課題や関係性を推理する類推課題も帰納的推理によって導かれる(表7–8)。ここでの結論は，真偽によって判定されるものではなく，もっともらしい答えが正答となる。解答はp. 122に示す。

また，事例Aツバメは飛ぶ，事例Bスズメは飛ぶ，…といったいくつかの事例から「鳥は飛ぶ」という一般的な**概念**を導き出す過程にも帰納的推理が使

表7–8　帰納的推理の例

系列課題	①1　2　3　5　8　13　？	？に入るのは，何の数字か？
	②リス　ネコ　ウマ　？	？に入るのは，イヌかゾウか？
類推課題	③　☆と★	では，○と？
	④お父さんとお母さん	では，お兄さんと？

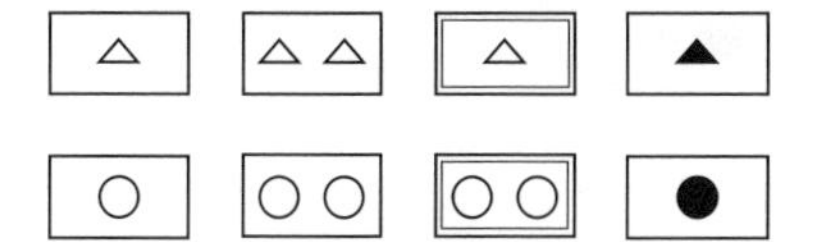

図 7-10　概念形成実験の刺激材料の例
(Bruner et al., 1956 より改変)

問題：もしあるカードの表面に母音が書いてあるならば，そのカードの裏面には偶数が書いてあるという規則が成り立っているかどうかを確かめるためには，裏返して調べる必要のあるカードはどれでしょうか？

図 7-11　四枚カード問題(Wason, 1968)

われる。しかし，概念のタイプによってうまく獲得できる場合と時間がかかる場合がある。ブルーナーら(Bruner, J. S. et al., 1956)は，図 7-10 のようなカードを実験参加者に 1 枚ずつ見せ，そのカードが正しいか否かをたずねた。実験者は，あらかじめ「三角が書いてあるカードが正解」と決めておき，参加者の答えに対してフィードバックを与える。この状況は参加者にとって不自然ではあるが，フィードバックにより，参加者は案外と容易に正しく判断できるようになる。適切に判断ができるということは，参加者がこの状況での概念を正しく獲得したことを示す。この実験の結果「黒で丸い」といったかつ(and)で結ばれた連言概念,「白かまたは三角」といったまたは(or)で結ばれた選言概念,「縁取りの線の数と図形の数が同じ」といった複数の属性間の関係で規定された関係概念の順で，概念形成が難しいことが明らかになった。

(2) 演繹的推理

演繹的推理(deductive reasoning)とは，1 つ以上の前提から論理的な規則にしたがって，真偽が決まる結論を出す方法である。表 7-9 に三段論法の例を示した。定言的三段論法には前提に条件が入っていない。一方，仮言的三段論法では，前提が「p ならば q である」といった条件文になっている。大前提の前件 p が小前提で肯定される肯定式と，後件 q が否定される否定式がある。

さて，図 7-11 のような問題を考えてほしい。この問題の場合，E だけや E と 4 をひっくり返すと答える人が多い。しかし，正解は E と 7 のカードで一般的な正答率は約 1 割である。

この四枚カード問題として知られる問題は，表 7-9 に示した仮言的三段論法の例である。肯定式の推理は簡単である。「もしあるカードの表面に母音が書いてあるならば，そのカードの裏面には偶数が書いてある」は下線を調べればよい。つまり，E のカードをひっくり返す。一方，四枚カード問題の難しさは

表 7-9　三段論法の例

	定言的三段論法	仮言的三段論法：肯定式	仮言的三段論法：否定式
大前提	人間は必ず死ぬ。	天気が雨ならば，遠足は中止である。	天気が雨ならば，遠足は中止である。
小前提	プラトンは人間である。	天気は雨である。	遠足は中止ではない。
結　論	プラトンは必ず死ぬ。	遠足は中止である。	天気は晴れである。

否定式の推論にある。否定式では，大前提「もしあるカードの表面に母音が書いてあるならば，そのカードの裏面には偶数が書いてある」の下線が否定になるため，「そのカードの裏面には偶数が書いていない」ことを調べなくてはならない。つまり，7のカードの裏が母音でないことを確認しなければならない。四枚カード問題の規則では，偶数の裏は母音であるとはいっていない。しかし，多くの人は4のカードを選んでしまう。これは，ヒトが反証ではなく，仮説を支持する証拠だけを見つけようとするためである(Wason, P. C., 1960)。これを**確証バイアス**(confirmation bias)とよぶ。

7-7　推論や意思決定のバイアス

前述のように，ヒトの推論は論理学で記述されているようにはいかない。ここでは，ヒトの思考に影響をしているバイアスの例をさらに示す。

(1) 推論における実用論的推理スキーマ

四枚カードと全く同じ構造の飲酒問題を図 7-12 に示した。4人の人が何かしらのドリンクを飲んでいる場面を想像してほしい。各人の前には図 7-12 に示すようなカードが置かれている。1つの面には年齢が，もう1つの面には飲んでいる物が書かれている。問題文を読んで，回答してほしい。四枚カード問題の正答率は約1割であったが，この飲酒問題の正答率は約8割にのぼった(Griggs, R. A. & Cox, J. R., 1982)。これは許可や義務に関する抽象的ルールである**実用論的推理スキーマ**(pragmatic reasoning schemas)を使用して正答率があがったと考えられる(Cheng, P. W. & Holyoak, K. J., 1985)。例えば，ヒトは電車に乗るためには切符を購入しなければならないといった許可や義務場面に日常的に遭遇し，実用論的スキーマを学習する。飲酒問題ではこのスキーマを利用することができるので正答率があがる。

この例は，ヒトの思考が内容と独立して形式的に行われるのではなく，領域

問題：もしある人が飲んでいるのがビールであれば，その人は20歳以上でなければならないという規則が守られているかどうかを確かめるためには，ひっくり返して調べる必要のあるカードはどれでしょうか？

ビール	コーラ	22歳	16歳

図7-12　飲酒問題（Griggs & Cox, 1982より改変）

に依存して行われることを示している。飲酒問題を解答してから四枚カード問題を解いても，正答率はあがらず，転移は生じない。つまり，単なる抽象度の違いだけではなく，領域の差異が思考過程に影響している。

（2）意思決定におけるフレーミング効果

意思決定（decision making）とは，複数の選択肢の中から1つ，あるいはいくつかを選ぶ過程である。**効用理論**（utillity theory）は意思決定過程を次のように説明する。例えば，新しくスマートフォンを買う際，カタログを集めて会社や色，値段，操作性などの選択肢の属性を比較する。イの値段は高い，ロは安いという具合にそれぞれの効用値が決まる。そして，イの効用値は，U（イ）＝u1（会社：D社）＋u2（色：白）＋u3（値段：12,000円）＋u4（その他の属性）といった加法形の関数となり，意思決定が行われる。

しかし，効用理論だけでは意思決定すべてを説明できない。表7-10aの場合，あなたはどちらの対策を選ぶだろうか。では，表7-10bの場合では，どうであろうか？

表7-10aの場合は，約7割の人が対策Aを選択し，一方，表7-10bの場合，約8割の人が対策②を選んだ（Tversky, A. & Kahneman, D., 1981）。しかし，対策Aと対策①，対策Bと対策②は，表現が異なっているだけである。

表7-10　アジア病問題（Tversky & Kahneman, 1981）

アメリカ政府はアジアから広まった奇病対策を検討している。アメリカでは600人の人々の犠牲が見込まれている。この病気を治すために2つの対策が提案された。これらの対策の正確な科学的推定値は以下の通りである。あなたなら，どちらの対策を採用するか？
a）対策A：もしこの対策を採用すれば200人の人が助かる。 対策B：もしこの対策を採用すれば600人の人が助かる確率は3分の1で，誰も助からない確率は3分の2である。
b）対策①：もしこの対策を採用すれば400人の人が死ぬ。 対策②：もしこの対策を採用すれば誰も死なない確率は3分の1で，600人が死亡する確率は3分の2である。

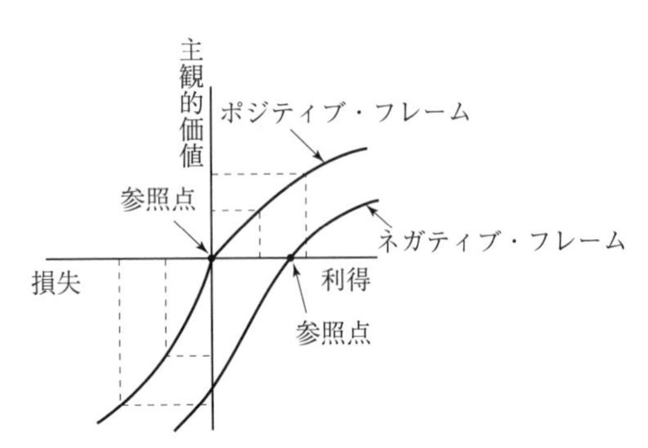

図 7-13　プロスペクト理論(Tversky & Kahneman, 1981 を改変)

表 7-10 a の場合では,「助かる」という表現によって 400 人が犠牲になる状況が参照点として暗示されている。その参照点から, どれだけの人々を助けるかという利得の問題, つまりポジティブなフレームの問題となっているため, 人々はリスクを回避する決定, つまり, 確実さを求める。一方, 表 7-10 b では,「死ぬ」という表現によって, 誰も死なない状況を参照点として暗示している。その参照点から, どれだけ犠牲が出るかという損失の問題, つまりネガティブなフレームの問題となっているため, リスク志向的な決定をする。図 7-13 に**プロスペクト理論**のモデル図を示す。参照点がポジティブフレームとネガティブフレームで異なっていることに注意してほしい。また, 曲線が S 字型になっていることに注目してほしい。利得が増えたとしても主観的な価値の増加は次第に頭打ちになっていく。損失の苦痛も次第に鈍化するが, 利得の場合よりもその変化はゆっくりである。ヒトは損の場合と得の場合に状況をわけて意思決定を行っている。

表 7-11　創造的思考：ケクレの例(村田, 1987)

ケクレはベンゼン(C_6H_6)の構造式を見いだすのに苦心していた。当時は(A)のような式が提案されていたが, C の結合手が余ったりしてきわめて不満足なものであった。ある夜, ケクレは原稿を書きながら暖炉に向かって居眠りをはじめたとき, ふと眼の前に原子が踊りはじめ, 蛇のようにのたうちまわりもつれあっているのをみた。そして 1 匹は自分の尻尾をくわえた。この蛇のイメージによって, 彼はベンゼンが, これまで考えられてきたように, 炭素原子が連鎖上に並ぶものではなく, (B)のように, 環状に並んでいるという考えに導かれたのである。	C−H ‖ C−H | ?−C−H | ?−C−H ‖ ?−C−H (A)	H | H−C⁄C⁀C−H H−C⁀C⁄C−H | H (B)

7-8　創造的思考

創造的思考(creative thinking)とは，思考の特別な種類ではなく，創造的仕事に従事している際の思考のあり方や特徴を指す(小橋，1996)。その特徴的な過程として4つの段階がある。準備期には，意識的な思考の期間があり，資料の収集や解決すべき問題点が明確にされていく。**孵化期**では，意識的には問題を考えていないが，無意識的に思考は進んでいる。啓示期には，問題に対する解決が突然ひらめき，7-4で説明したアハ体験が訪れる(表7-11)。検証期には，啓示された内容が現実的か否か，検証できるか否かといった観点から思考する。

また，創造的思考は学習したり，支援したりすることにより伸ばすことができる。例えば，企業でも一般的に行われている**ブレーンストーミング**(brain-

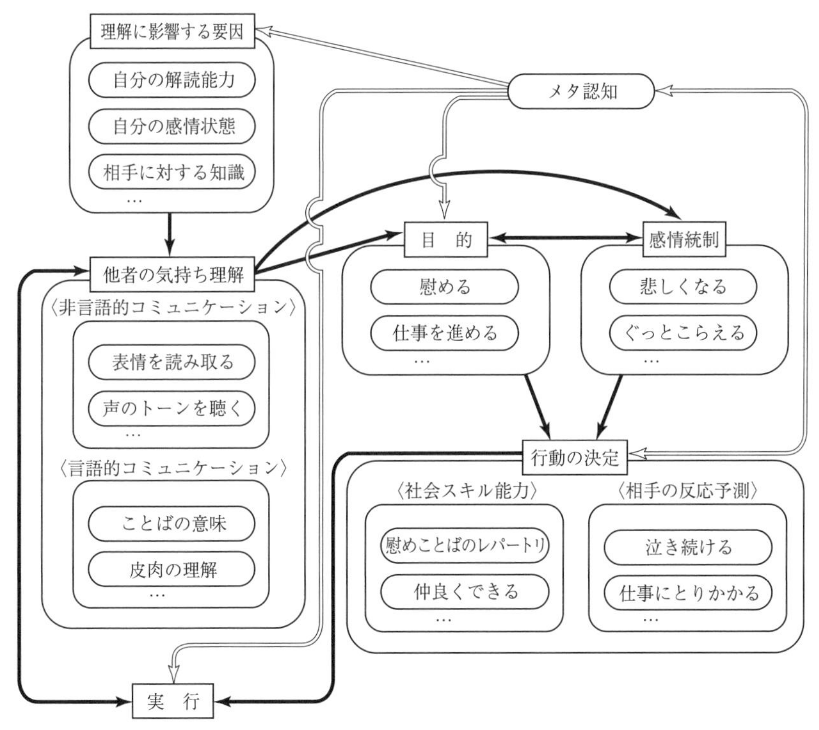

図7-14　対人コミュニケーションに関するKJ法の応用例

storming)は，独創的なアイデアを生みだすための発想法あり，通常，何人かのグループ討議の形で行われる(オズボーン，1958)。そこでの原則は，①批判を排除する，②自由奔放な発想を歓迎する，③できるだけ多くのアイデアを出す，④アイデア同士を結びつけ，さらに良いアイデアを生成する，⑤問題を的確に定義することの5つである(小橋，1996)。

一方，**KJ 法**は大量かつ多様な質的データを総合的に把握する方法である(川喜田，1967)。ブレーンストーミングでは討議終了後に，アイデアをリストアップし検証をする。一方，KJ 法では個々のアイデアは羅列的に並べられるのではない。得られた情報を圧縮してカードに書き，類似しているカードを集め，階層化し配置する。情報を構造化することにより，新しい発想が得られる。対人コミュニケーションについて KJ 法を応用した例を図 7-14 に示す。例えば，仕事仲間が目の前で泣いている場面を想定してほしい。慰めたり，あるいは無視して仕事を進めたりする場合があるだろう。このように，特定の場面の対人コミュニケーション過程で起っていることを集め，構造化していく方法が KJ 法である。個々のアイデアが他のアイデアとさまざまな形で関連づけられていることがわかる。

[解　答]

図 7-6　9567 + 1085 = 10652

図 7-7　最短は 7 手

図 7-9

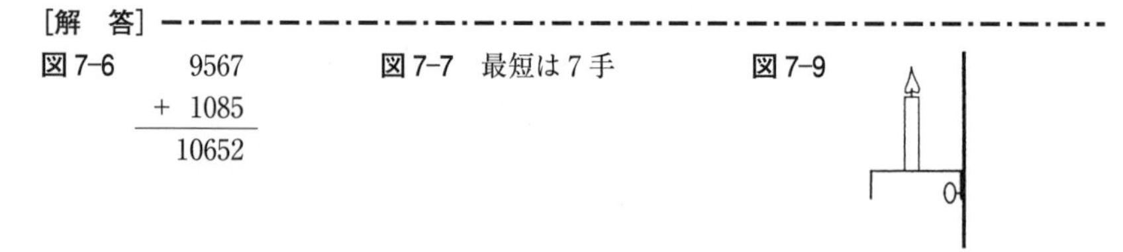

表 7-6　A のコップに十円玉を 5 個入れる。B のコップに 3 個，C のコップに 2 個の十円玉をそれぞれ入れる。C のコップの上に B のコップを重ねる。すると，A は 5 個，B は 3 個，C は 5 個(B のコップの 3 個も C に入っている！)となる。もちろん，A に 1 個，B に 7 個，C に 2 個の組合せでも可能である。

表 7-8　① 21　② ゾウ　③ ●　④ お姉さん

8章　動機づけ

ヒトの行動には，必ず何らかの必然性があり，心理学はその必然性のメカニズムを探るという目的を持っている。例えば学習心理学は行動が変容する法則を探ることを目的にしている。一方で動機づけの心理学はヒトが何によって，そしてどのように行動に駆り立てられるのか探る心理学である。いわば学習心理学を行動の水路づけを扱う心理学とするならば動機づけの心理学はその水路を進む原動力を扱う心理学ということができるだろう。

行動の原動力はあらゆる生物が生存と生殖のために備えているが，ヒトの場合はより複雑な社会環境で生活するために，動機づけの発生システムもより高次に複雑化している。動機づけの心理学を通して，ヒトのさまざまな側面が見えてくることだろう。

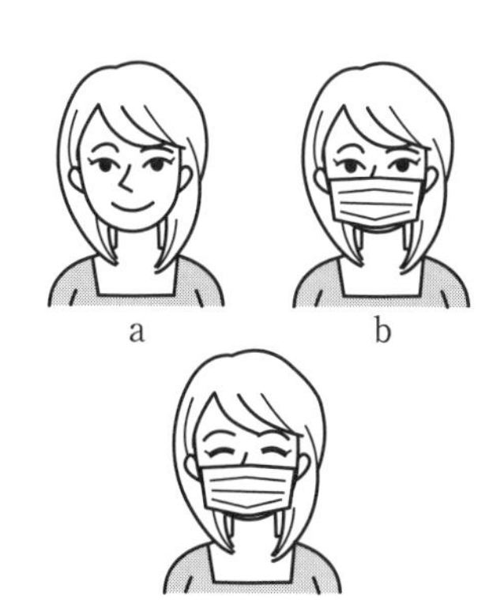

顔の認知には，目元と口元の情報が役立っていることを前章の扉で紹介した。COVID-19 感染症蔓延防止のために，人と接する時，マスクをつけていることが多いだろう。つまり，重要である口元の情報が相手に伝わりづらい状況に，私たちは適応しなくてはならない。

a の笑顔の顔にマスクをつけたのが，b である。どちらが笑っているだろうか？明らかに a である。b のマスク顔では笑顔というポジティブな感情は相手に伝わらない。では，どうすればいいか？一つは言葉を足すことである。他には c の顔のように思いっきり，笑っていることを目元で表現することである。大げさな表情が，マスクをしている際には必要である。そして，相手に自分の目を見せること，つまりアイコンタクトが重要である。

8-1 動機づけ

動機づけはヒトの行動の発生だけでなく，持続や達成にも関わっている。また，一度は動機づけられた行動でも，急にやる気を失ったり，逆に急にやる気になったりもする。ヒトのこころではどのようなメカニズムで動機づけが発生したり，しなかったりするのだろうか。

（1）動機づけのメカニズム

行動の背景にある意識的・無意識的な心理的要因を**動機**(motive)といい，**動機づけ**(motivation)とは動機を喚起する一連の過程をいう。個体内の行動を起こさせる要因と個体外の行動を誘発する要因が引き合うことで動機づけはより強くなる。個体を動機づける要因の中でも，特に生理的な側面を**動因**(drive)という。空腹や渇きなど，生体に行動を起こさせる内部的要因のことを指す。これは，生理的要因などの基本的欲求に基づいており，個体の生命維持に関する飢えや渇き，排泄，睡眠，苦痛回避がある。また，性や生殖など種の繁栄および生物としての基本的な生理的満足にも結びついている。

一方，社会的な**欲求**(need)は社会生活を通して獲得され，優越や達成，承認，自己顕示，支配，攻撃，親和，模倣，獲得等の欲求がある。生育環境や現在の社会や文化によって異なり，文化差や個人差がある。これは精神的，情緒的満足と結びついている。

動因や欲求に基づいた行動を誘発する外部的要因または外部刺激のことを**誘因**(incentive)または**目標**(goal)とよぶ。例えば生理的な動因に対しては食物や飲み物などが該当し，社会的な欲求に対しては競争の場や働く機会，金銭など

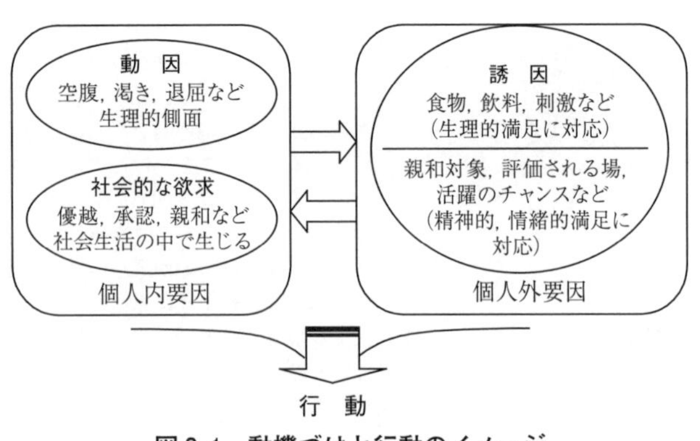

図 8-1 動機づけと行動のイメージ

の経済的誘因などが該当する。図 8-1 にあるように個人内要因と個人外要因が結合することで，ヒトは行動に動機づけられ，誘因の魅力が高いと高い動機づけが引き起こされる。

そして，動機づけられた行動は早く，強く，積極的かつ一貫的で長続きする。一方で動機づけられていない行動は始発が遅く，弱く，消極的で，長続きしない，または散発的である。

（2）動機づけの動因低減説

ホメオスタシス(homeostasis)とは生体が環境への適応や生命維持のために営む動的な平衡状態を指している。例えば，生体内部の水分欠乏は水分摂取行動を起こさせ，恐怖反応は恐怖の低減へとヒトを動機づけて，生体は平衡状態の回復を図る。ハル(Hull, C. L., 1943)は，生理的不均衡の回復または均衡の維持を目指す動因が，ヒトを行動にかりたてる動機づけの**動因低減説**(drive-reduction theory)を提案した。この原理は広告活動に応用されることがある。例えば，消費者の不安をあおり商品の購買やサービスの利用によって不安の低減ができる，とアピールする広告法が用いられる。

（3）動機づけの期待－価値説

一方で，動機づけは状況や個人の状態によって変化する。アトキンソン(Atkinson, J. W., 1957)は，動機づけの強さは活動により一定の結果が得られるという期待の強さとその結果がその個人に対して持つ価値の大きさとによって決定される，と考えて次の定式を表した。

動機づけの強さ＝f(動機の強さ×期待の強さ×誘因の価値)

この式は**期待－価値説**(expectancy value theory)とよばれており，ここでいう動機はある種の満足を得るために努力する個人の傾向である。また期待は主観的な成功，つまり，目標達成の確率であり，誘因の価値はその主観的な魅力によって表される。このように動機づけの強さは達成の困難度の評価など個人のそのときの条件や個人的要因に影響を受ける。

また，動機と期待の強さに関わる要因として，**原因帰属**(causal attribution)があげられる。ワイナー(Weiner, B., 1974)は課題達成度の高い人と低い人の違いは成功・失敗の原因帰属に違いがあるとした。目標達成の正否は能力や努力といった内的要因と，課題の困難度や運といった外的要因に帰属できる。課題達成の動機づけが高い人は成功を自己の能力や努力に帰属し，失敗は自己の努力不足に帰属させる傾向にある。つまり，努力すれば何とかなるという期待を持っていると，より強く動機づけられて行動が起こりやすい(10-6 参照)。

8-2　高次動機づけ

ヒトには単なる生理的な動因の低減や経験による学習だけでは説明できない動機づけも存在する。これらの動機づけはヒトの自主性や創造性，さらにはヒトの自由意志や人間性に関わる動機づけであり，ヒトをヒトらしくしているといえるだろう。

(1) 内発的動機づけ

動因低減説によるとヒトは自己に不都合が生じない限り行動しない。一方で，ヒトには本来活動的で環境との相互交渉を積極的に行いながら自らの存在意義を追求していく側面もある。デシ(Deci, E. L., 1971)はパズル課題を実験参加者に与え，課題を解くごとに現金報酬を与える群と，報酬を与えない群に分けた。報酬によって動機づけを高めることを外発的動機づけとよぶ。一方，現金といった報酬をもらえなくとも，その課題自体を楽しんで行う場合を内発的に動機づけられた行動とよぶ。その結果，報酬を与えない群は休憩時間も自発的にパズルに取り組んでいたことが示された。このように，報酬によって内発的動機づけが弱められる場合がある。報酬をもらった群は，それによって個人の興味関心や行動の過程自体を楽しむこと，または自尊心の高揚が妨げられたと考えられている。このことから教育場面や労働環境における報酬の使い方については配慮が必要であることが示唆されている。

(2) 自己実現と欲求段階説

マズロー(Maslow, A. H., 1962)は行動主義の心理学者であったが，現実の人々に興味を持ち著名な人物が健康で完全に人間らしくなれた背景について独自の研究を展開した。そして，人間性の最高価値として，自らの潜在能力を存分に発揮し，ヒトとしてなれるものはどんなものにもなるという**自己実現**(self-actualization)を提唱した。ヒトは生まれながらに自己実現の欲求を持っており，自己実現が行われたときに自分なるものを達成した至高体験がある。この体験は単なる一目標の達成感ではなく，自分自身がフルに活かされた，自分の能力が十分に発揮された，という実感が伴う体験である。

ただし，ヒトの欲求は5段階のヒエラルキーをなしており，より低次にある欲求が満たされてはじめて，上位の欲求が動機づけられると考えられている。そのため，自己実現に動機づけられるには，より下位にあるすべての欲求がある程度満たされていなければならない。

ヒエラルキーの最下層では空腹など不快感を避けようとする生理的欲求の充

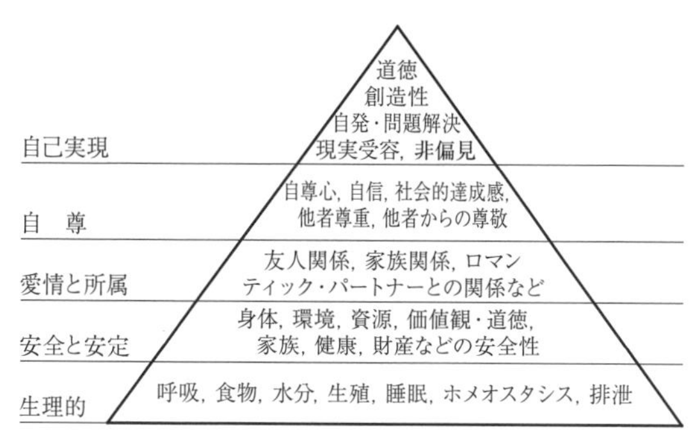

図 8-2　マズローの欲求階層説を下に原初的欲求を置きピラミッド型に表したイメージ

足に動機づけられる(図 8-2)。これが満たされると安全と安定に動機づけられる。その次には集団への所属や他者からの愛情の欲求が生じ，他者からの承認や自尊心の欲求が生じるとされる。自己実現の欲求はより下位の欲求がすべて満たされて，それぞれの欠乏感が消失したときに現れる。マズローによると，この欲求と動機づけを達成できる人は人口のおよそ 1％ 程度とされている。

（3）ロジャースの自己実現化とユングの自己実現・個性化

クライエント中心療法で有名なロジャース(Rogers, C. R.)は心理療法には心理的な苦悩のケアだけでなく，自己実現を支援する役割も持っていると考えていた。自己実現に向かう過程そのものに人間性の価値を見いだそうとし，**自己実現化**(self-actualizing)を唱えた(久能他，1997)。またユング(Jung, C. G.)は社会的にもある程度成功し，自尊心も満たされている悩みのない人たちの独特の悩みと動機づけに注目した。その一つに自分自身の影(シャドー)を統合するというテーマがある。影とは，生きていない自分である。例えば，結婚の機会はあったが，独身のまま職業人として業績をあげた女性にとって，結婚して，子育てをしている女性はこの人にとっての影となる。このような生きてこなかった人生を自分自身の人生としてどのように位置づけるか，という課題に動機づけられることをユングは個性化の過程とし，自分自身の人生として統合できた時に一つの自己実現が達成することを示唆した(例えば Hyde, M. & McGuinness, M., 2004)。自己実現にはさまざまな考え方があり，対人支援の心理学では個人に合った自己実現の探索を重視している。

8-3　欲求不満・防衛機制

「食べたい，でも太りたくない」，「休みたい，でも成績を上げたい」，このような状況で困ってしまうことはないだろうか。何らかの目標行動が妨げられ，欲求が満たされない心理的苦悶を**欲求不満**(frustration)という。欲求不満に陥ると，ヒトは強い緊張状態に陥り，不快な感情を経験する。そして，取り乱す，泣き喚くといった異常な情緒反応が見られたり，攻撃的になったり，引きこもるなどの不適応行動が見られる場合もある(9-6参照)。しかし，うまく対処できることもある。この違いはどこからくるのだろうか。

(1) 葛　藤

ヒトが欲求不満に陥りやすい代表的な状況は葛藤場面である。**葛藤**(conflict)とは2つ以上の欲求や課題が干渉し合って身動きが取れない状態である。葛藤はレヴィン(Lewin, K.)が分けた3つのタイプに新たに1つを加え，図8-3のように葛藤を課題や欲求がポジティブかネガティブかの誘意性に注目して4つに分けられる(Miller, N. E., 1944)。①**接近－接近型**とは就職希望している2つの企業(共に誘意性は＋)から同時に内定をもらってどちらかを選択するような場合である。②**回避－回避型**は仕事はきついが自己評価を下げるのも嫌で(共に誘意性は－)，どちらかの－を避けられない状況である。③**接近－回避型**は病気を避けられる(＋)が予防接種が嫌で(－)，＋と－がセットになっている状況である。④**二重接近－回避型**は勤務先近くに住むと楽だが家賃が高い，勤務先から離れると遠いが家賃が安い，というようにどの選択にもプラス

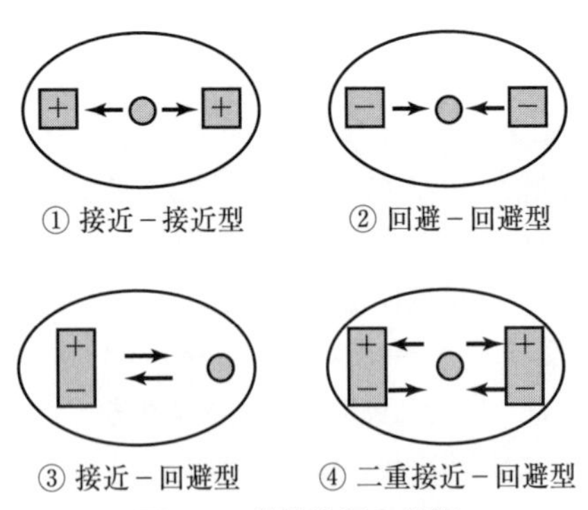

図8-3　葛藤状況の分類

大きい楕円は生活空間，小円はヒト，矢印は行動の方向，＋－は誘意性の質を表す。

とマイナスが入り交じって，決断しかねる状況をあらわしている。

（2）欲求不満反応

ローゼンツバイク(Rosenzweig, S., 1976)によると欲求不満状況での注意の向き方には，障害の存在に注目する障害優位と防衛機制を用いて自我を葛藤から守る自我防衛，問題の解決に**固執**する欲求固執の3つがある。また，攻撃性の向き方には，自分以外に原因や責任を転嫁して批判する外罰的，自分自身に原因や責任を帰属し自己批判する内罰的，不可避なものであったと考えて誰も非難しない無罰的の3つの方向性がある。欲求不満状況での注意と攻撃性の向け方は一種の性格特性と考えられるので，ローゼンツバイクは**PF スタディ**という投影法による心理検査も作成している(12–3 参照)。

また欲求不満状況での異常行動についてマイヤー(Maier, N. R. F., 1949)はネズミを用いた弁別学習で明らかにした。まず，ネズミに特定の刺激が提示された状況で特定の反応をすると報酬が得られる弁別学習をさせる。次に，これまでの学習が意味を成さなくなる解決不可能状況を与えたところ，突拍子もない跳躍など問題解決としては意味のない行動を繰り返す現象を見出した。なかでも過去に成功した反応に固執する傾向があり，一種の神経症的な行動と考えられ，**異常行動固着**とよばれている。

ヒトの場合もレヴィンら(1939)が子どもに対して実験的に欲求不満状況を作ったところ，遊びの構造化が低下し，行動は単純化され，より未熟な合目的的でない行動になることを見いだした。このような行動は退行的行動とよば

表 8–1　防衛機制の例

防衛機制	解　説	防衛機制	解　説
置き換え 昇　華	外的に制限される願望を他の何かで代償する。社会的に評価されることで代償した場合に昇華という。	反動形成	承認することのできない衝動が意識に現れたときに，反対の衝動に転化すること。嫌いな人を褒めるなど。
退　行	未発達な段階に逆戻りすることで，緊張状態の少ない心理状態に戻ろうとすること。	同一化	自己を脅かす，または圧倒する他者(例えば父親)を自己と同一視して，恐怖や劣等感から逃れる。
合理化	満たされなかった願望の価値を理屈で低下させる。入学できなかった大学は，行ってもつまらなかったと言うなど。	投　影	自分の不安や罪の感情を自分以外のものに転嫁すること。
		抑　圧	衝動やその観念的表象，願望を拒否し意識に現れないようにする。非常につらい体験を忘れるなど。

れ，指しゃぶり，泣き叫び，夜尿など，発達のより以前の段階に戻ったかのように見えることが多い。

(3) 防衛機制

強い欲求不満状況ではヒトは心理的な安定を失うことがある。そこで，ヒトは安定を取り戻すために注意や現実認識を調整することがある。この働きをフロイト(Freud, S., 1920)とアンナ・フロイト(Freud, A., 1937)の父娘は防衛機制とよび体系化した(表 8-1)。テイラーとブラウン(Taylor, S. E. & Brown, J. D., 1988)によると健全に暮らしているヒトは実際よりも自分を多少ポジティブに認知する傾向があり，適度な防衛機制はヒトの心理的な負担を軽減する。しかし，過度に多用すると現実認識が歪みすぎて不都合が増える。

8-4 ストレス

現代社会で時に過剰とも思える**ストレッサー**を避けて生活することは困難で，ヒトはそのマネジメントを心がける必要性に迫られている。一方で，ストレッサーはヒトを動機づける役割も果たしている。

(1) オプティマル・ストレス

ストレスとは，個人に課せられる外的なストレッサーによって心身の緊張状態であるストレス反応が引き起こされる過程である(3-4 参照)。過剰な場合は心身を疲弊させるが，少なすぎるとヒトの意欲を削ぎ，感覚を鈍化させ，倦怠感を生じさせる。適度なストレスはヒトが正常に機能するためにはむしろ必要であり，最適なレベルのストレスを**オプティマル・ストレス**という。現代社会はさまざまな刺激が氾濫しているが，ストレスのレベルが最適な範囲を超えて，過剰な負担としての環境からの要請がヒトをストレス反応に導く。

(2) 生活上の出来事とストレス

どのような環境からの要請がヒトのストレスになりえるのだろうか。ホームズとレイ(Holmes, T. H. & Rahe, R. H., 1967)は生活様式の変化に再適応するまでの労力が心身の健康状態に影響を及ぼすと考えて生活上の重大な出来事(ライフイベント：life event)のストレス度を暫定的にリスト化した(表 8-2)。このリストでは配偶者の死を 100 として相対的なストレス度を表しているが，例えば，結婚のように社会的には祝福されるライフイベントでも生活様式の変化はストレスになりえることを示している。

表 8-2 社会的再適応尺度の一部(Holmes & Rahe, 1967)

日常生活の出来事	相対的ストレス度	日常生活の出来事	相対的ストレス度	日常生活の出来事	相対的ストレス度
配偶者の死	100点	失　職	47点	親友の死	37点
離　婚	73点	退　職	45点	転　職	36点
夫婦別居	65点	夫(妻)への忍従	45点	1万ドル以上の借金	31点
近親者の死	63点	家族の健康の変化	44点	子どもの家庭離れ	29点
障害・疾患	53点	妊　娠	40点	上司とのトラブル	23点
結　婚	50点	仕事の変化	39点	転　居	20点

(3) ストレスと情動，動機づけ

過度な環境からの要請はどのような過程を経てストレス反応に至るのだろうか。またその過程で情動や動機づけはどのように関わっているのだろうか。ラザルスとフォルクマン(Lazarus, R. S. & Folkman, S., 1984)はこの過程について包括的なモデルを提案した。図 8-4 のようにヒトは環境からの要請に直面すると，その要請がまず害をもたらす脅威かどうかを評価する(一次評価)。例えば卒業を控えた大学生が卒業必修科目の試験を受けるとき，この試験は脅威と認知されるだろう。ここでまず不安や苛立ちなどネガティブな情動が喚起される(①→②)。次にその要請のコントロール可能性を二次的に評価し，十分コントロールできると感じればネガティブな情動は緩和され，どうにもできないと認知すれば環境からの要請が過度のストレッサーとなり，ネガティブな情動はさらに増強する(②)。例えば必修科目の試験がとても難しく感じられるときなどが該当する。このような認知的評価を経て喚起された情動反応は，それを低減するようにヒトを動機づけ，何か良い手立てをヒトに取らせる(③)。それは

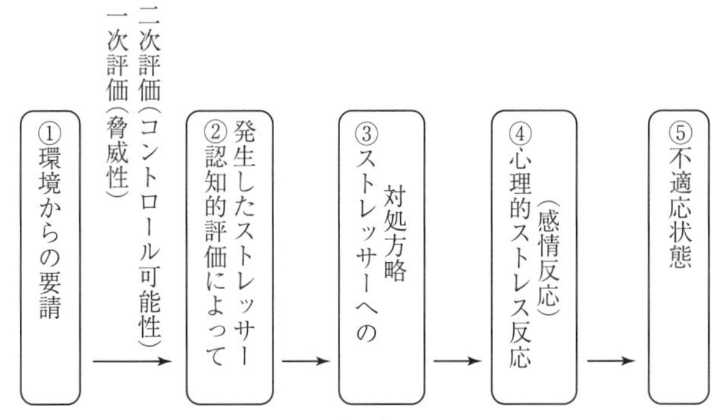

図 8-4 ストレス過程モデル(Lazarus & Folkman, 1984)

表 8-3　ストレス対処方略の分類

分類	＜問題解決＞	＜認知的再評価＞
対処法の例	・問題点を明確にした ・その問題についてさらに深く調べた ・さまざまな解決方法を試したなど	・直面している問題について良い点を挙げてみた ・直面している問題について，第三者の見方を取り入れたなど
分類	＜ソーシャル・サポートの模索＞	＜逃避・気晴らし＞
対処法の例	・知人，同僚に話した ・上司に相談した ・家族の協力を求めた ・その件に関して専門家に意見を聴いたなど	・しばらく，問題から遠ざかっていた ・旅行に出かけた ・「重要なことではない」と自分に言いきかせた ・趣味に没頭したなど

対処方略(stress coping)とよばれる。対処方略が有効であれば情動反応は軽減するが，有効性が不十分だと自律神経系の亢進など身体的反応や，不安，抑うつ，怒りなどの気分不調などの心理的反応を引き起こす(④)。気分不調が長引くと気分一致効果の影響で考える内容や物事の解釈が否定的に偏より，特に生活の方向性が定まっていない若年層では不適応状態になりやすい(⑤)。しかし，図 8-4 のように②または③でこの過程を止めることができればストレス反応は軽減できる。

(4) ストレス対処方略の分類

ストレスへの対処方略は表 8-3 のように分類されているが，この他にもストレス過程のモデルを知ることでメタ認知を働かせること，自己暗示によって緊張の軽減や疲労の回復を図る自律訓練，呼吸法などのリラクゼーションも有効であるといわれている。対処方略はストレッサーの質や重大さの違い，個人の性格の違い，社会的な状況の違いなどで有効性が変わるので，その都度何がよいのか検討することが重要である。**カウンセリング**で適切な対処方略を考えることが有効な場合も多い。

8-5 情　　動

パスカル(Pascal, B.)は「人間は考える葦である」と言った。確かにヒトは相対的に大きな脳の卓越した思考力が特徴である。しかし，ヒトは感情の動物ともいわれ，感情への配慮が尊ばれる。感情の中でも**情動**(emotion)は，ヒトを強烈に揺さぶり，行動へと駆り立てる衝動性を伴うものをさす(12-5 参照)。

（1）情動の分類

シュロスバーグ(Schlosberg, H., 1954)は次元的な情動の分類を試みた。72枚のさまざまな表情の写真を実験参加者に分類させて，快－不快，注意－拒否，そして弛緩－緊張の賦活水準を加えて3次元で表情の情動が分類できることを示した。またプルチック(Pultchik, R., 1960)は情動を生存のための環境への順応行動とし，8つの一次的情動の対極性，つまり喜び－悲しみ，受容－嫌悪，驚き－期待，恐れ－怒りと類似性，強度の3次元で捉えた。図8-5は最も強度が高いとされる情動を対極性および類似性の順に並べたものである。

（2）情動の機能

情動には動機づけ機能があり，さらに合理的に考えた判断よりも，ことばで説明できない情動的な判断と行動が結果的に合理的な場合がある(Mellers et al., 1999)。例えば火災などの非常時には恐怖という情動が逃避や攻撃，接近など特定の行動を瞬時に決定し，事態にあった行動を動機づける。非常時にはゆっくり考える余裕はなく，瞬時の判断や行動が生死を分けることもある。このように，情動はより早く有利な意思決定を促す役割を果たしている。

また，情動には社会的な情報伝達機能がある。幼児でも見られる**社会的参照**(11-10参照)の現象は，情動は効果的でシンプルな情報伝達のツールとして使われていることを示す。成人の場合も説得的なコミュニケーションにおいて，被説得者の情動を喚起するような情報伝達は被説得者の態度を変容させる効果が大きいことが指摘されている。

（3）情動の発生

a. 生理説と認知説

泣くから悲しいのか，悲しいから泣くのか？ジェームズ(James, W.)とランゲ(Lange, C. G.)は身体的，生理的変化が知覚されて情動反応が起こる，すな

図8-5　プルチックの情動分類

対面する情動は対極性をもち，隣接する情動は類似している。

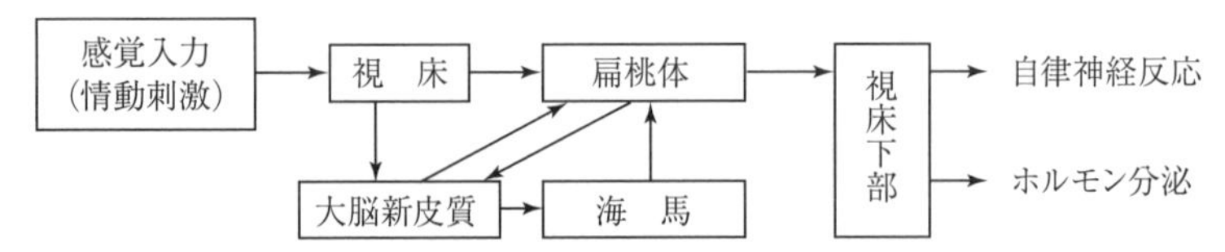

図 8-6　扁桃体を中心とした情動の脳内神経回路（湯浅，2006 をもとに作成）

わち泣くから悲しいという**末梢起源説**，または**ジェームズ・ランゲ説**を提唱した。一方，キャノン（Cannon, W. B.）とバード（Bard, P.）は視床・視床下部を除去すると情動反応が消えることに注目し，悲しいから泣くという**中枢起源説**，または**キャノン・バード説**を提唱した。また，シャクターとシンガー（Schachter, S. & Singer, J., 1962）は名称や効用を隠した薬物を実験参加者に投与した。彼らは薬のため動悸がしている参加者を憤慨している人々と同室にさせると怒りを，陽気に楽しんでいる人々と同室にさせると喜びを経験することを示した。このように生理的反応が先行する場合は，体験する情動は認知によって制御される一面も持っている（例えば Coon, D. & Mitterer, J. O., 2008）。

b.　生理－神経心理学と認知心理学

感情・情動の発生は，脳内では**扁桃体**を中心としたシステムが関わっている。扁桃体は非常に敏感で，図 8-6 のように視床を介した経路では**大脳新皮質**，つまり思考を介在せずにほぼ自動的に反応する。特に対人場面で敏感に反応し，ヒトを感情的にさせる。一方で，激しい情動によって混乱に陥らないように，扁桃体を巧みに制御する仕組みが脳内に作られている。例えば，他者の怒り表情への反応は扁桃体の周辺部の働きで無意図的に抑制されている（大平ら，2010）。

一方で，認知心理学では認知が情動を生む過程が研究されている（高橋ら，2010）。ここでいう認知とは状況の解釈や記憶の想起，推論や連想などを指し，大脳新皮質という人間の脳で特異的に発達している部分が関与しているとされ，図 8-6 の大脳新皮質を介して扁桃体に至る経路に該当している。この経路ではほぼ必ず長期記憶（6-2 参照）との照合が行われ，経験を活かした情動判断が行われる。情動にはこのように外的な刺激に対応する側面と，認知という内的な過程に対応する側面がある。

9章　社会の中のこころ

もしも，たった一人だけの世界に住んでいたとしたら，本章で取り上げる内容はまったく意味を持たない。なぜなら，本章で取り上げるのは集団状況や対人関係など，ヒトとヒトが影響をおよぼし合うときの心理だからである。つまり一人の世界には，集団もなく，リーダーも居らず，助けたり攻撃したりする相手もいない。

逆の見方もできる。二人だけであったとしても，そこにヒトが複数いるなら，本章で取り上げるような心理過程は常に生じる。すぐそばにヒトがいなくても，新聞やテレビのようなメディアを通じてヒトからの影響を受けることもあるし，一人で部屋の中で誰かのことを想うことだってある。つまり，社会の中に属している限り，その影響から自由でいることはできない。アリストテレスが言ったように，たしかにヒトは社会的動物なのである。そこで本章では，社会的動物としての人間についてみていくことにする。

表情以外にも円滑なコミュニケーションのためには必要な要素がある。例えば，相づちを打つことは，相手の話を聞いていることやそれを承認していることを知らせる機能がある。

姿勢には，体の向きや首の角度，手と身体の空間的関係，足の組み方も含まれる。足を組んでいる場合にはリラックスしていることを示す。また，姿勢によって，相手がどれだけ自分とのコミュニケーションに興味・関心を持っているかが分かる。前屈みで話を聞いてくれると親身になっていると感じるし，反り返っていれば自分の話に関心がないと感じられる。

9-1　社会的影響

ヒトにとって，他者の存在ほど強い刺激はない。そのため，他者存在はヒトの感情や認知や行動に大きな影響を与える。例えば，同じ部屋に何もしない他者がいるだけで，作業のはかどり方が異なる。このように，他者がいることによって容易で習熟した作業の効率が上がることを**社会的促進**(social facilitation)とよぶ。一方，困難で新奇な作業は効率が下がることが知られており，この現象は**社会的抑制**(social inhibition)とよばれる。これ以外にも，他者が存在することによってヒトの意識や行動は強い影響を受ける。そう考えると，他者が複数人いる集団状況ではどれだけの影響力があるのだろうか。本項では，集団の個人に対する影響についての代表的な研究を紹介する。

(1) 社会的規範

集団の定義，つまりどのような条件を満たしていれば，ヒトの集まりを集団とよんでよいのかというのは案外むずかしい問題である。しかしながら，共通の目標をもつヒトの集まり，似たような志向をもつヒトの集まりを集団とよぶことに異論は少ないだろう。そう考えると，次のような疑問が生じる。同じ目標・同じ志向をもつヒトが集まることで集団ができるのだろうか。それとも，集団になることによってメンバーの間に共通の目標や志向が形づくられるのだろうか。

メンバー間の共通の目標や志向を**社会的規範**(social norm)とよぶ。シェリフ(Sherif, M., 1935)による社会心理学の古典的研究は，社会的規範がどのように形成されるかについて，実験的に明らかにした。実験では，参加者に対して視知覚に関する実験を行うと説明する。次いで，参加者は離れた壁に映しだされる1つの光点のほかに何も見えない暗い部屋に連れていかれる。参加者に与えられた課題は，光点が動く幅が何インチなのかを100回にわたって判断するというものであった。このとき，光点は実際には動いていないが，自動運動という錯覚の一種によって動いているように見える(4-3参照)。したがって，参加者が報告する光点の動く幅はまったくの主観的評価であり，報告される光点の動き幅が変化するとすれば，それは心理的要因によることになる。実験は二段階からなっており，はじめのうちは1人で光点の動きを判断し，途中からは他の参加者1人または2人と同じ部屋でお互いの判断結果を聞いて判断した。その結果，1人で判断していた際には大きな個人差が存在したものが，複数名で互いの判断を聞きながら判断する状況では回を追うにしたがって同じ判断に収束していった(図 9-1)。この実験は，ヒトが集まることによって，当人たちが意識するかどうかにかかわらず，徐々に規範が共有されていくことを示したものといえる。

(2) 同　調

シェリフの実験は，自動運動のように正解のないこと，あるいは自分の判断に自信のないことについては他者の判断の影響が大きいことを示した。それでは，正解のあること，自分の判断に自信のあることの場合はどうなるのだろう。この点について実験を行ったのがアッシュ(Asch, S., 1951)である。アッシュの実験とシェリフの実験には共通点がある。どちらの実験でも，参加者は視知覚についての実験であると告げられ，他の参加者とともに見えているものについて判断を述べる。その一方で，大きな相違点もある。シェリフの実験課題では正解はなかったが，アッシュの実験課題には正解があった。また，シェリフの実験で同室になる他の参加者は本当の実験参加者であったが，アッシュの実験で同室の他の実験参加者はどう振る舞うか実験者によってあらかじめ指示されている実験協力者，いわゆるサクラであった。

参加者ははじめに基準となる線分を見せられる(図 9-2 の標準カード)。次いで比較のための 3 本の線分のうち，標準カードと同じ長さの線分がどれかを言うよう求められた(図 9-2 の比較カード)。1 人でこの判断を行う際は，当然 B の線分を選び，正解率は 100% に近くなる。ところがアッシュの実験では，正解率は 6 割程度であった。実は，同室の 6 人のうち，参加者が判断を行うのは 5 番目であり，自分より前の 4 人は実験者の指示でそろって同じ間違いを答える。参加者はその後に判断をしなければならなかったからである。個人の意見

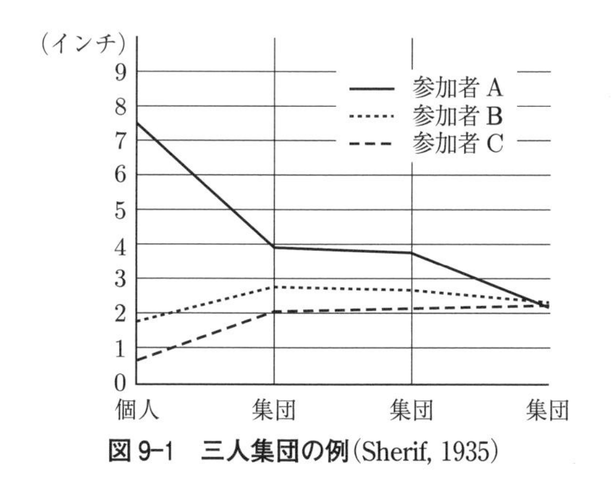

図 9-1　三人集団の例(Sherif, 1935)

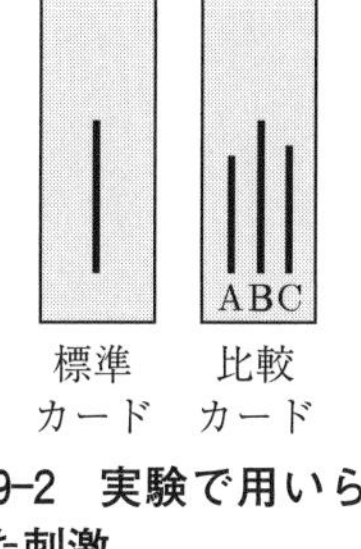

図 9-2　実験で用いられた刺激
(Asch, 1951)

と集団規範が対立したとき，集団規範に意見や行動をあわせることを**同調**(conformity)という。

他の集団メンバーが一致して同じ意見を述べるとき，同調率は高まる。他のメンバーの意見が正しく感じられ(情報的影響)，集団から逸脱しないよう自分独自の意見の発言が抑制される(規範的影響)からである。一方，自分以外の集団メンバーの中に，1人でも別の意見を言う者がいる場合には，同調率は低くなる。多数派と異なる意見をもつ**少数派の影響**(minority influence)に着目した研究もある。モスコビッチら(Moscovici, S. et al., 1969)は，少数派が一貫して異なる意見を主張することによって，多数派の意見が変わることを実験によって示している。

(3) 権威への服従

(2)で取り上げた同調は，他者の行動によって示される暗黙の集団規範によって個人の行動が規定される現象であった。しかし同調と異なり，他者からの明らかな強制や命令によって行動変化が迫られることもある。これを**服従**(obedience)といい，同調と同じく注目すべき社会的影響過程の一つである。

服従についてのショッキングな実験を行ったのはミルグラム(Milgram, S., 1963)である。

はじめに，実験参加者はこの実験が学習における罰の効果を明らかにするために行われるという偽りの説明を受けた。実験には2人の参加者がおり，1人は本当の参加者であり，もう1人は実験協力者，つまりサクラであった。2人の参加者は教師役か学習者役のいずれかの役に割り当てられた。割り当ては表面上ランダムに行われているようであったが，実際にはいつも本当の参加者は教師役，サクラは学習者役に割り当てられるようになっていた。学習者役は，単語のペアを記憶し，ペアの一方の単語を提示されたら，それと対になる単語を言うよう求められる。教師役は，学習者役が正しい単語を答えられなかった場合に電気ショックを与えるよう求められた。その際，学習者役が間違えるたびに電気ショックの電圧が強められることになっていた。電気ショックは実際には与えられないが，実験のリアリティを確保するための数々の工夫が凝らされており，参加者のほとんどが説明が偽りであることに気づかなかった。

実験は次のように進行した。学習者役は単語を覚えるための時間が与えられたのち，電気ショックを与えるための椅子にしばりつけられた。教師役の参加者はワンウェイ・ミラーで仕切られた別室におり(図9-3)，課題を出題するとともに電気ショックの操作(図9-4)をするよう指示された。教師役が課題を出し始めると，学習者役は課題を次々と間違える。したがって，教師役はそのたびに少しずつ電圧を強めながら，電気ショックを与え続けなければならなかった。サクラである学習者役は，電圧の上昇に応じてリアリティのある反応をすることになっていた。例えば150ボルトでは「実験者！もうたくさんだ！ここから出してくれ・・・心臓の調子がおかしくなってきた。私はこれ以上続けるのを拒否する！」と叫び，180ボルトでは絶叫し痛みのためがっくりとうなだれ，300ボルトの時には学習者役はいっさい反応しない。教師役の参加者が電圧を上げることに抵抗を示した場合，実験者は「これは実験です」「続けて下さい」と淡々とあらかじめ決められている指示をだした。

さて，このような実験で，いったいどれくらいの人が最も高い450ボルトまで電圧を上げるだろうか。驚くことに，大半の人(65%)が実験者の指示に従い，電圧を最高レベルまで上げた。今日では，①権威には従うべしとする社会的規範があること，②要求が徐々に上がっていくため拒否しにくく，気づかないうちに危険なレベルまで上げてしまうこと，③自分は実験者の単なる代理人に過ぎないという意識に陥ってしまうことが服従を促進したと考えられている。

なお，この実験は，多方面からたいへんな注目を浴びたが，同時に実験参加

図 9-3　ミルグラムの実験状況(Milgram, 1974：齊藤，2008)

15ボルト	75ボルト	135ボルト	195ボルト	255ボルト	315ボルト	375ボルト	435ボルト	450ボルト
かすかなショック	中程度のショック	強いショック	非常に強いショック	はげしいショック	きわめてはげしいショック	危険すごいショック	××	×××

図 9-4　電圧量に伴なう電気ショックの様子を表した説明文(Milgram, 1974：齊藤，2008)

者の心理的負担が大きすぎるとして強い批判を受けたこともおぼえておきたい(2-2 参照)。

9-2 集団過程

大学のクラス・ゼミ・サークル，会社の部・課・係など，私たちは大小さまざまな集団に属して生活している。多くの集団は共通の目標を持ち，その目標を遂行するために，会議や打ち合わせをしたり，役割を分担して業務や活動を行う。それでは，生産的な集団活動を行うためにはどのようなことに留意する必要があるだろうか。

(1) 集団意思決定

会議や打ち合わせなど集団で意思決定をする場面は少なくないが，その際に集団メンバーの平均的意見に落ち着くのではなく，平均より極端な意見になることを**集団極化**(group polarization)とよぶ。集団極化には，集団内でリスクの高い意見が優勢だった場合に，よりリスクの高い結論になる**リスキー・シフト**(risky shift)と，慎重な意見が優勢だった場合に，より慎重な結論になる**コーシャス・シフト**(cautious shift)がある。集団による決定が明らかな失敗を招く場合もある。ジャニス(Janis, I. L., 1982)は集団意思決定による深刻な失敗事例を分析し，その際に生じる誤った意思決定スタイルを**集団思考**(groupthink)とよんだ。集団思考は，①まとまりの良さ，②外部の意見に対して閉鎖的，③強力なリーダー，などの条件があてはまる集団で生じやすく，可能な選択肢のすべてを公平かつ精緻に分析せずに決定を下すことから生じるものと考えられている。

会議や打ち合わせで商品企画など新しいアイデアを生み出そうとする機会もあるが，個人でアイデアを考えるよりも効率的に良い成果を生み出すことは難しい。趣旨を説明し目標を共有することや，一人ひとりの役割分担を決めたりすることに労力が割かれたり(プロセス・ロス)，動機づけが高くないメンバーが手を抜いてしまったりするからである。ラタネら(Latané, B. et al., 1979)は，1人，2人，4人，6人それぞれの条件で，「できるだけ大声を出す」「できるだけ大きな音で手を叩く」ことをさせた場合に，人数が多くなるほど1人当たりの音が小さくなることを実験的に示し，このような現象を**社会的手抜き**(social loafing)とよんだ。

（2）リーダーシップ・スタイル

企業にしてもスポーツチームにしても，集団とよばれるものの多くにリーダーがいる。ただし，ひとくちにリーダーといっても，みなが同じように集団をリードするわけではなく，さまざまなスタイルが存在すると考えられる。このような点から，リーダーシップ・スタイルを課題志向型リーダーと社会情緒的リーダーの二種に大別して理論化したのはベールズ(Bales, R. F., 1950)である。課題志向的リーダーとは，主として集団目標の達成に関心を持っており，目標達成のために必要な作業・業務を遂行させることに力を注ぐ。知的能力が高く，指示的で，効率的である一方，他のメンバーとは必要以上に親しくしないという特徴もある。社会情緒的リーダーとは，メンバー間の関係に関心を持ち，メンバー同士が親密でしっかりと結びつくように集団を運営しようとする。親しげで，共感性に富んでおり，メンバー間の葛藤処理に長けている。ベールズの理論では，これら2種のリーダーシップ・スタイルを一人のリーダーが兼ね備えることはない。しかし近年になって，課題志向性と社会情緒性が一人のリーダーの中に共存可能であり，しかもそのようなリーダーシップ・スタイルが集団の生産性を最も高め，集団内の人間関係も良好であることが多くの研究によって示されている。

リーダシップ・スタイルの影響を実証的に検討した研究もある。例えば，リピットとホワイト(Lipitt, R. & White, R., 1943)は，3つの異なったリーダーシップ・スタイルが，小学生の課外クラブの活動にどう影響するか研究を行った(表9–1)。実験者によってトレーニングされた専制的，民主的，放任的のそれぞれのリーダーがクラブの指導を行ったところ，クラブの生産性においてもメンバーからの人気という点においても，民主的リーダーが最も良好な結果を

表9–1　課外クラブを指導した三種類のリーダー(Lipitt & White, 1943 をもとに作成)

専制的リーダー	民主的リーダー	放任的リーダー
・集団の方針，作業分担，作業手順のすべてをリーダーが決定し，命令する。 ・自分が作業に参加することはない。 ・メンバーの作業をほめたり叱ったりするときには，常に主観的な基準である。	・集団の方針，作業分担，作業手順などすべてリーダーを含む集団の話し合いで決定される。 ・リーダーは指示的にならないよう，いくつかの選択肢を示しながら助言を行う。 ・できるだけ客観的な基準でメンバーをほめたり叱ったりする。	・集団の方針，作業分担，作業手順などすべては集団ににゆだねられ，リーダーは話し合いにあまり参加しない。 ・リーダーは，尋ねられれば答えるが，自分から集団に積極的に関わらない。 ・メンバーをほめも叱りもしない。

示した。しかも，民主的リーダーを一時的に不在にしても生産性は低下しなかった。その一方で，専制的リーダーと放任的リーダーは，それぞれが集団の中に作り出す雰囲気は異なるものの，集団の生産性は低いものであった。

9-3 集団と社会

友人集団や小さなサークルなど小さな集団もある一方で，国家・民族など極めて大きな集団もある。国家や民族などの場合，集団間の対立やそれに伴う偏見や差別が生じる場合もある。

(1) ステレオタイプと偏見

「日本人は勤勉である」「男性は腕力が強い」「体育会系の学生は勇気のある行動をとるだろう」のように，人種や性別，特定集団といった社会的カテゴリーと特定の特徴や期待を結び付ける認知を**ステレオタイプ**(stereotype)という。相手の行動を理解したり予測したりするためにステレオタイプと言う認知が生じると考えられるが，特定の社会的カテゴリーに対する否定的評価である**偏見**(prejudice)や，行動にあらわされるものである**差別**(discrimination)を生む可能性もある。多様な人々の包摂が重視される現代社会においては，このような単純化された認知は集団間の理解を阻害したり，集団間の対立を生じさせる可能性もある。

(2) 集団間関係

自分が所属している集団を**内集団**(ingroup)，所属していない集団を**外集団**(outgroup)という。ヒトは内集団の利益になるような行動，**内集団ひいき**(in-group favoritism)を取る傾向がある。内集団ひいきは，例えばくじ引きのようなとるにたらない理由によって分けられた一時的な集団であっても生じる。この現象を説明するため，タジフェル(Tajifel, H., 1978)は**社会的アイデンティティ理論**(social identity theory)を提唱している。自分がどのような特徴を持つ人間であるかについての感覚をアイデンティティとよぶが(10-3 参照)，タジフェルによれば，アイデンティティには，「わたしはスポーツが好き」「わたしは英語が苦手」のような個人の特徴に関する側面(個人的アイデンティティ)と，「私は○○ FC のファンである」「わたしは日本人である」など所属集団と関連付けられた社会的アイデンティティの 2 側面があり，自分が置かれた社会状況などによって 2 つの側面のいずれがどれくらい顕在化するかが影響される。例えば，サッカーチームの応援をしているときにはそのチームのファンという社会的アイデンティティが顕在化し，そのチームが日本代表チームであれば，日本人という社会的アイデンティティが顕在化するといったように変化する。そして，社会的アイデンティティが顕在化した状態になると，社会的アイデンティティが内集団に有利になるような行動をとるという。つまり内集団ひいきの背景には，自分の評価を高くしておきたいという心理が働いており，そのために一時的な集団であっても内集団ひいきが生じると考えられる。

9-4　態　度

今の内閣を支持するか。死刑制度廃止に賛成か反対か。少々高額でも環境に配慮した製品の方が好ましいか。応援しているスポーツチームはあるか。好きな音楽は何か。これらの問いへの答えはすべて**態度**(attitude)とよばれる心理学的な概念と関係している。態度とは，さまざまな社会的行動の背景にある心理状態を指すことばで，ある対象についてその人が持っている評価や感情，行動意図などの信念の集合体と定義される。本項では，態度に関するさまざまな理論と研究について紹介する。

(1) 態度の形成

ある対象への態度はどのようにして形成されるのだろうか。現在までに，次に述べるような説が提出されている。

a. 単純接触

ザイアンス(Zajonc, R. B., 1968)は，対象に接触する機会が多ければ多いほど，その対象への好意が増すことを**単純接触**(mere exposure)の効果とよび，この現象を実験的に示した。実験は外国語学習の名目で行われ，はじめに参加者は2秒ずつスクリーンに映し出されるさまざまな見知らぬ文字列を見せられた。ある文字列は25回，ある文字列は2回というように，文字列によって提示回数が異なっていた。次いで，提示された文字列は形容詞であると説明され，それぞれの文字列がポジティブな意味を持つ形容詞なのか，それともネガティブな意味を持つ形容詞なのか評価するよう求められた。まったく知らない文字列について，いわば当てずっぽうで評価するわけである。その結果，提示回数の多い文字列ほどポジティブな意味であると評価される明確な傾向が認められた。この結果は文字列だけでなく，顔写真でも生じ，見る回数が増えるほど好意度は増す傾向があった(図9-5)。また，日常生活においても，鏡で自分の顔をよく見るため，自分の顔を左右逆にプリントした顔写真を本当の顔写真

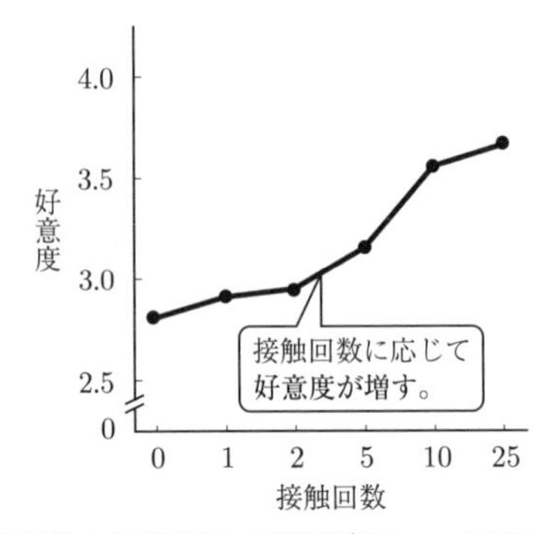

図 9-5　接触回数と好意度との関連(Zajonc, 1968：齊藤，2008)

よりも好むことが知られている(Mita, Derma, & Knight, 1977)。

b.　条件づけ

態度は学習の結果であると考えることもできる。例えば，ある対象が提示され，続いてポジティブな情報が与えられることによって，その対象への態度がポジティブなものになる。スターツとスターツ(Staats, C. K. & Staats, A. W., 1950)は，国の名前とポジティブあるいはネガティブな情報を対提示し，古典的条件づけによって態度が形成されることを明らかにしている。また，ある対象を選択した際に報酬あるいは罰となる出来事が繰り返し生じれば，オペラント条件づけによる態度形成も生じるであろう。

c.　自己知覚

ベム(Bem, D. J., 1965)の**自己知覚理論**によれば，ヒトは自らの行動を観察し，その行動の原因を内的あるいは外的に帰属することによって，自分の態度を推論する(10-6 参照)。例えば，ある商品を連続して買った場合，私たちは自分がその商品に対して肯定的な態度を持っていると推論する。このとき，商品を買った「真の」原因がただの偶然だったとしても，行動の原因が内的に帰属されてしまえば，商品への肯定的態度が形成されることになる。ただし，この説明を読んだ読者の中にはこのようなプロセスの存在に疑問を持つ人も多いかもしれない。自己知覚のプロセスは外からは一切観察することはできないし，自動的に行われるため本人が意識することもできない。しかしチェイケンとボールドウィン(Chaiken, S. & Baldwin, M. W., 1981)のように，このプロセスの検証に成功した研究もある。チェイケンらの研究では，もともとの態度があいまいな参加者において自己知覚による態度変化が生じることが示されている。具体的には，「今までにリサイクルをしたことがあるか」のように肯定しやすい質問をされた実験参加者は質問の後の態度が環境配慮的になり，「いつもリサイクルをしているか」のように否定されやすい質問をされた参加者は態度が否定的に変化した。実験前は，同じような態度を持っていたにもかかわらず，質問によって行動を意識させられると，その行動の方向に態度が変化したのである。

(2) 態度変容

いったん形成された態度も不変ではなく，さまざまな要因によって変化しうる。例えば環境保護活動に否定的な態度を持つ人が，新聞記事やTV番組の影響で，あるいは大学の講義や友人による説得によって環境保護活動に対して肯定的な態度を持つようになることもあるだろう。このような**態度変容**(attitude change)はどのようにして起きるのだろうか。

a. 認知的不協和理論

私たちはしばしば内心で思っていることと，実際の行動とが乖離してしまうことがある。身体に悪いと思っていながら酒や煙草がやめられなかったり，勉強した方がいいとわかっていてもついつい遊んでしまったりすることがある。後者の状況では，勉強した方がいいという認知と遊んでいるという認知が対立関係にある。フェスティンガー(Festinger, L., 1957)はこのように認知要素どうしが両立しない関係を**認知的不協和**(cognitive dissonance)とよび，人は不協和のもたらす不快感を低減するよう動機づけられると主張した。ただし不協和を解消して不快を低減するやり方は一様ではない。先の例でいえば実際に勉強をすることで遊んでいるという認知を勉強しているという認知にかえることもできる。また，勉強すべきという認知を勉強をしたってしょうがないと思いこむことで不協和を解消することも可能なのである。さらにいえば，遊んでいるという認知を「遊んでいるようだが実はこれが後々役立つということもある。つまり，本当の意味での勉強をしているのだ」と，いささかアクロバティックな認知的対処をすることもできる。

フェスティンガーとカールスミス(Festinger, L. & Carlsmith, J. M., 1959)は巧妙な実験手続きで，認知的不協和によって態度変容が生じることを示した。この実験では，はじめに参加者は極めて退屈な単純作業を長時間させられる。その後実験者から次のような説明と協力依頼がある。

「この研究は，先行知識が作業に対してどのような影響を与えるのか検討するためのものである。あなた(参加者)は統制群に入っているので先行知識は与

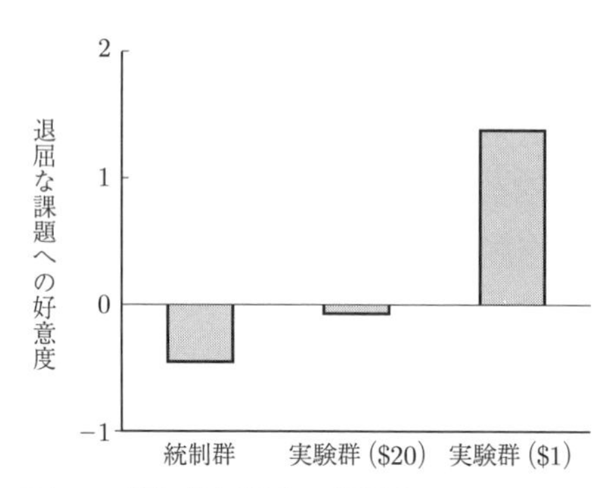

図 9-6　態度変容への認知的不協和の効果（Festinger & Carlsmith, 1959）

えられなかった。しかし他の群では前の参加者から『作業はとても面白いものだった』と聞かされることになっている。実は次の参加者に対して作業が面白かったと伝えるはずの実験助手が来られなくなってしまった。よかったらあなたがその役をやってもらえないだろうか。」

つまり，誰がやっても退屈でつまらないとしか感じられない作業について，依頼に応じた参加者は自分の態度に反し，面白いという意見を表明することになる。このときに謝礼として参加者に渡される金額を操作し，ある者へは 20 ドルという多額の謝礼が渡され，他の者へは 1 ドルというわずかの謝礼しか渡さなかった。参加者が次の参加者に対して面白い作業だったとウソを述べた後に，本当のところ作業は楽しかったかどうか評定した。その結果，実験協力依頼は受けずに単に作業を評価する統制群と 20 ドル受け取った参加者に比べ，1 ドルだけ受け取って態度に反する意見を言った人は作業を好ましいものと感じていた（図 9-6）。実験群の参加者たちでは，面白くない作業だったという認知と「面白い」と言ったという認知に不協和が生じている。そして 20 ドル条件では自分の行為をお金をもらったためと正当化することが容易であるのに対し，1 ドル条件の参加者は報酬がわずかであるためにそれが難しい。1 ドル条件の参加者は不協和を解消するために，この作業は本当は面白いと自分の認知を変えるしかなかったと解釈される。

b. 説得と精緻化見込みモデル

外からの働きかけによって態度が変容することがある。友だちのすすめで新しい化粧品を使う，家族のすすめで禁煙したなどという場合である。このように態度変容を目的とする他者からの働きかけを**説得**（persuasion）という。ただし，説得による態度変化が生じても，すぐもとの態度に戻ってしまう場合もあれば，いったん生じた態度変化がずっと持続する場合もある。このことに関して，ペティとカシオッポ(Petty, R. E. & Cacioppo, J. T., 1986)は**精緻化見込みモデル**とよばれる考え方を提出している。

ペティらによれば，説得のためのメッセージを聞いて判断する際，合理的な判断をする中心的ルートと，直観的な判断をする周辺的ルートがある。説得される側がメッセージを合理的に判断するための動機づけが高く，時間や処理能力が十分にある場合は中心的ルートによる判断が行われる。その結果，態度変容が生じれば，実際の行動にあらわれる強固な態度が形成される。一方，動機づけが低かったり時間や処理能力がなかったりする場合，周辺的ルートによって処理され，いったん態度変化が生じてもその結果は不安定なものとなる。

9-5　向社会的行動

他者の利益になるような行動を**向社会的行動**(prosocial behavior)とよぶ。向社会的行動には援助や慈善，協力，犠牲などがある。以下では，代表的な向社会的行動であり，研究成果も蓄積されている**援助行動**(helping behavior)に焦点をしぼり，詳しく見てゆくことにする(11-11 参照)。

(1) なぜ援助するのか

援助行動は他者の利益になるような行動であるが，行為者自身の利益に直接結びつくものではない。それなのにどうして援助行動をとるのだろうか。

進化論的に考えれば，遺伝子を共有している個体，つまり家族を援助することは，自らの遺伝子が後世に受け継がれる確率を高めることにつながると解釈できる。また，他者を援助することによって他者からの受容度を高め，結果的に生存確率を高めることに役立っている可能性もある(10-2 参照)。

規範の観点からの説明も考えられる。つまり，援助することが一種の社会規範になっており，この規範から逸脱すると何らかの制裁を受けるため，ヒトは援助へと動機づけられる。さらに，一見すると援助者自身の利益にはつながらない，つまり見返りなしに他者に援助することもある。このような行為は他者も含めた援助規範をより強固にし，その結果，いつか自分も他者に援助してもらえる可能性が高まる，という考え方もある。

(2) 援助が行われないとき

現実社会では，目の前に困っている人がいても誰も援助しないという事態は決して珍しくない。繁華街で人が倒れていても誰も助け起こさない，混雑している電車内で誰も高齢者に席を譲らないといったことは，もはや日常的な出来事と言っていいだろう。それでは，どういったときに援助が行われにくいのだろうか。

ユニークな一連の実験を通して，援助行動がなぜ抑制されてしまうのかについて明らかにしたのは，ラタネとダーリー(Latané, B. & Darley, J. M., 1970)である。ここでは，彼らの一連の実験のうちの一つを紹介する。

実験参加者は市場調査への協力依頼を受けた大学生であった。はじめに調査の説明を受け，回答の途中，女性調査員は少し作業があるといいアコーディオンカーテンで仕切られた隣の部屋に移動した。しばらくして，調査員のいる部屋の方から大きな物音と女性の悲鳴，続いてうめき声が聞こえてきた。ただし物音や悲鳴などは録音された偽の物音である。実験の目的は，このような状況下で参加者が隣の部屋にいる調査員を助けるかどうかを調べることであった。実験は誰と一緒に部屋にいるかによっていくつかの条件に分かれていた。すなわち，①1人きり，②事態に無関心を装うサクラと2人，③初対面の他の参加者と2人，④友人と2人の4条件である。実験の結果，1人きりの時には7割の参加者が援助のため行動したが，初対面の2人では4割，無関心なサクラと一緒の時には1割未満しか援助が行われなかった。この結果は，1人の時に比

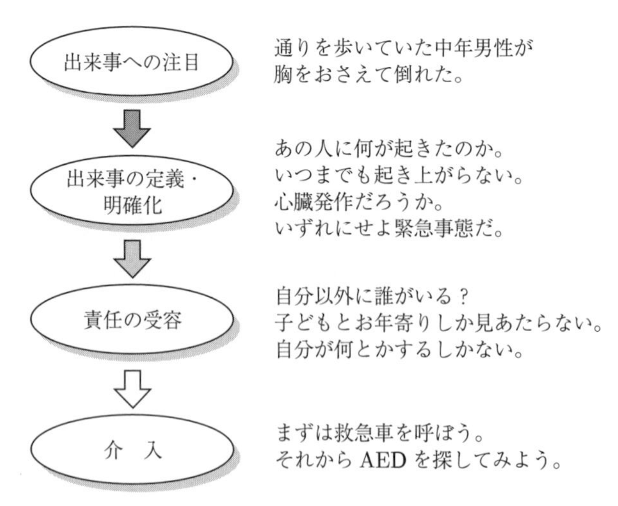

図 9-7　援助行動が生じるまで(Darley & Latané, 1968 を参考に作成)

べ，他者がいることによって援助行動が抑制されること，つまり**傍観者効果**(bystander effect)の存在を示している。一方，友人と2人のときの援助率は1人のときと同程度であった。しかし，1人あたりの援助率としてみれば援助が抑制されている。傍観者効果は，その場に存在するヒトのあいだで責任が分散されてしまうことや他者からの否定的評価を避けようとすることによって生じるとされている。したがって，誰かが助けを求めていたとしても，緊急事態かどうか不明確であり，多くの人がその事態に注目している状況では，傍観者効果が生じるため援助が抑制されると考えられる。なお，ラタネらは，さまざまな実験を行った上で，図9-7に示すような援助行動のモデルを提出している。

9-6　攻　撃

他者に対して言語的あるいは身体的に危害を加える意図によってなされる行動を**攻撃**(aggression)という。攻撃はヒトにとってきわめて普遍的な行動であるが，一般にいえばネガティブな意味合いを持つ。それなのに，ヒトはどうして攻撃をするのだろうか。本項では，攻撃の原因に関する諸説を紹介する。

(1) 生 得 説

a. 精神分析学による説明

フロイト(Freud, S., 1930)によれば，ヒトは生存を志向する生の本能とともに，死を志向する**死の本能**(タナトス)を持つという。タナトスによって，ヒトには本来的に自己破壊の衝動が存在する。しかし，タナトスは生の本能と対立し，自己破壊衝動は他者への攻撃へと転じる。これがフロイト流の攻撃の起源ということになる。ただしきわめて興味深いこの説は，科学的には実証されていないことに留意する必要がある。

b. 進化論による説明

ヒトが攻撃をするのは，攻撃が個体の生存や環境への適応に有益であるため，進化の過程で残されてきたという説明がある。たしかに，野生動物における攻撃は，なわばりを維持したり子どもを保護したりするために役立つ。ヒトにおいても，他者の攻撃から自分や家族を守ったり，仕事上のライバルを論破したりすることで自分の地位の確保・向上をはかることができる。しかし，ヒトの場合，自分を守る意図がない攻撃，例えば児童虐待などの問題はこの説では説明できないという問題点もある。

(2) 経 験 説

a. 学習理論

攻撃の理由は，学習理論の立場からも説明することができる。例えば，ある子どもが他の子どもをたたくことによって遊具を独占的に使うことができたとすれば，たたくという攻撃行動におもちゃの使用という報酬が随伴することになり，オペラント条件づけが成立するかもしれない(5–4 参照)。また，バンデューラ(Bandura, A., 1977)が提唱した**社会的学習理論**も，攻撃の生起を説明する有力な理論である(5–5 参照)。社会的学習理論によれば，自分が攻撃行動をとりそれが強化されるという直接経験がなくとも，攻撃に対して報酬を受けている人を観察するだけで，攻撃行動は強化される。またアンダーソンとブッシュマン(Anderson, C. A. & Bushman, D. J., 2001)はテレビゲームに関する多くの研究を整理し，もともとの攻撃傾向にかかわらず，暴力的なテレビゲームをした子どもは，実際にも攻撃的になりやすいと結論づけている。

b. 道具的機能説

格闘技では，競技に勝つために，対戦相手の身体に攻撃を加える必要がある。また，自分の意見を通すために，相手を言語的に攻撃することもある。このように，ある目的を達成する道具として攻撃を用いることもある。

(3) 状況要因説

急いでいるのに交通機関が止まることがある。そういうときにイライラして攻撃的な気分になるのを経験した人も多いのではないだろうか。急いで目的地に到達するというような，目標を妨げられた際に生じる内的な不快状態を**欲求不満**(frustration)とよぶ。ダラードら(Dollard, J. et al., 1939)は攻撃性の高まりをこのような欲求不満によると考え，**欲求不満－攻撃仮説**をとなえた。欲求不満による不快感は，攻撃行動をとることによって低減すると考えられ，これをカタルシス効果とよぶ。つまり，攻撃はカタルシス効果を得るために行われる行動ということになる。その際，攻撃の対象は必ずしも欲求不満を引き起こした原因とは限らない。例えば，原因が自然災害で攻撃のしようがないときもあれば，攻撃すれば逆に報復されることが明白な場合もある。そのような場合，攻撃の対象は欲求不満と無関係な第三者になることもある。仕事でうまくいかないことがあり，家に帰って家族にあたる，などという場合である。

なお，バーコヴィッツ(Berkowitz, L., 1989)は欲求不満だけでなく，身体的苦痛など不快な出来事全般が攻撃を誘発し，加えてその状況で攻撃の認知的手がかりがある場合に，攻撃はさらに生じやすくなるという説を唱えている。

10章　自分のこころ・他人のこころ

自分がどういう人間かを理解するのは案外難しいことである。例えば，自分の後ろ姿ひとつとってみても，おそらく自分よりも他人の方がよく知っている。外見でさえそうである。こころの理解はさらに難しいと考えてもいい。

自分自身のことですらそうなのだから，他人のことならなおさら理解できない。しかし，わからないで済ませることはできない。自分が何者かわからなくていい，他人の気持ちはわからなくていいと切って捨てた瞬間，自分がどうしたいのかわからず，目の前にいる人にどう語りかけたらいいのかもわからなくなる。

だからヒトは自分のこころを理解したいし，他人のこころも理解したい。人間のこういった側面について，心理学では長い間研究が蓄積されてきた。本章では，自己探求と他者理解を志向する人間について，心理学的にみていくことにする。

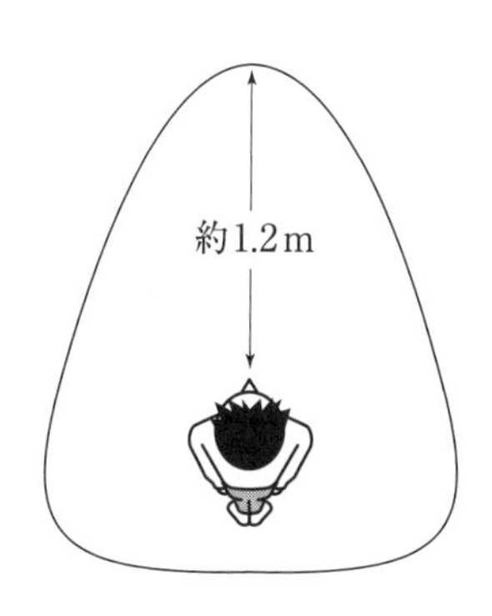

話し言葉によるコミュニケーションでは，相手と共有する空間の持ち方が重要となる。まず，一人の時の空間を考えてみよう。

動物，例えばイヌには物理的な縄張りがあり，散歩毎にマーキングをして自分の縄張りを確認している。一方，ヒトには目に見えない縄張りが身体の周りにあり，個人空間とよばれる。それは前に広く後ろに狭く，持ち運び自由であり，そこに許可無く侵入されるとネガティブな気分になる。

お化け屋敷に入った時を想像してみよう。いきなり，何かが自分の近くに出現すると，私たちは驚き，子どもは泣き出したりすることがある。これは，自分の個人空間に許可無く何かが入って来たときの人間に起こる反応である。

10－1 自己意識の発達

状況に応じて適切な行動を取ったり，不適切な行動を抑制したりすることは，人間にとって社会の中で生活していくために不可欠の能力といえる。そのためには，自分が他者からどう見られているかモニターし，行動の適切性を判断しなければならない。これは，客体としての自分を意識すること，すなわち**自己意識**(self-consciousness)が発達することによって初めて可能になる。

(1) 自己意識の芽生え：1歳

乳児が自分のまわりの世界を知る手段は，触覚，特に口周りの感覚や自分の体を積極的に動かして触ることである。ピアジェ(Piaget, J.)は，この言語を獲得する前の0歳から2歳くらいまでの期間を**感覚運動期**とよんだ(11-3参照)。乳児は，例えば積み木をなめたりすることによって，これは，つるつるしていて，堅くて，角があり，口の中に入らないぐらいの大きさであることを認知する。

また，乳児は周りにある物だけでなく自分の体もよく触る。積み木をなめた時と自分の足をなめた時では異なった感覚が生じる。つまり，積み木をなめている時にはなかったなめられているという感覚が，自分の足をなめた時だけ生じるのである。この瞬間こそ，自分と周りの物体を区別する第一歩である。このような経験から自分の足は積み木と異なり，自分に属している体の一部であることを発見していく。身体的な自己の発見から自己意識は始まる(柏木，1996)。そして，自分自身や環境を精査することにより，自己はさらに分化していく。

自己意識があるか否かを調べるために，ギャラップ(Gallup, G. G. Jr., 1970)は鏡に慣れたチンパンジーに麻酔をかけ，顔の一部を赤く染めた上で，鏡を見せるという実験をしている。麻酔から覚めたチンパンジーは鏡を見て自分の赤く染まった部分に触れる。後の実験で，これと同じことができるのはサルの中でもチンパンジーとオランウータンだけであることがわかっている。他のサル，例えばゴリラは鏡に映った像を自分だと認識できなかった。人間についてはどうだろうか。ルイスとブルックス＝ガン(Lewis, M. & Brooks-Gunn, J., 1979)は，さまざまな月齢の乳児の鼻に染料をぬり，鏡を見せるという実験を行っている。その結果，鏡を見て鼻に手を触れるようになるのは満1歳を過ぎてからであった。生まれてすぐの乳児は自己意識を持っておらず，自己意識が芽生えるのは1歳過ぎなのである。

（2）第一次反抗期：2歳～4, 5歳

2歳頃から，幼児は親の言うことに反抗するようになる。これを**第一次反抗期**(first period of negativism)とよぶ。これは，幼児が自他の区別がついたことのあらわれと考えられる。それまで親の言うことを素直に聞いていたものが，自分と親とは異なる存在であり，言うことをきかないという選択が可能であることに気づく時期といえる。しかし，このような反抗も4, 5歳になると自然と収まってくる。その理由は，なぜ養育者が「道路で飛び出したりしてはいけない」と言うのか，その意図を理解できるようになるためである(10-5参照)。

また，3，4歳頃から目の前にいる相手にあわせて感情をコントロールするようになる(11-10参照)。このことも，自分の行動が他者からどのように見えるか理解できるようになったことのあらわれといえる。

（3）自己理解の発達：5歳～

自己意識が発達するにつれ，自分がどのような人間であるかのイメージ，つまり自己概念も徐々に形成されてゆく。佐久間・遠藤・無藤(2000)は，5歳児，小学校2年生，4年生に対して，①自己評価：好きな面・嫌いな面，長所・短所，②自己定義：自分をどんな子だと考えるか，③自己への関心：どんな子になりたいか，についての質問をして結果を整理している(表10-1)。その結果，5歳児では「いい子」「おりこう」といった親からの評価を反映した自己概念だけが目立つのに対し，学年が上がるにつれて「おもしろい」「元気」「やさしい」「真面目」など他者とのコミュニケーションや学校生活での評

表10-1　年齢による自己概念をあらわす言葉の違い(佐久間他，2000を改変)

	外向性	協調性	勤勉性	全般的評価
5歳児		やさしい－3		いい子－5(6) ふつうの子 おりこう－(2)
2年生	おもしろい 元気－5 明るい	やさしい－18(28) わがまま－2(3) 威張り気味 正直	好き嫌いがない－2	いい子－8(10) ふつうの子 悪い子 頭がいい
4年生	おしゃべり－2 お調子者 元気－4(5) 明るい－2(4)	やさしい－9(11) 親切－2(3) わがまま－4(5) 素直－2	好き嫌いがない 規則正しく 真面目 不真面目	いい子 ふつうの子－5(7) 頭がいい－2 変わっている

注）特性語の後につけた数字は言及人数および言及回数(括弧内)を示す。

価が自己概念にあらわれるようになる。

10-2　自尊感情・自己効力感

ヒトは自分自身がどのような存在であることを願うのだろう。役に立つ，皆に感動を与えられるなど，個人によってさまざまなものをあげるだろうが，それらの多くには共通点が存在する。自分が価値ある存在でありたい，という思いである。心理学では自分が価値ある存在か否かについての主観的感覚・評価を**自尊感情**(self-esteem)という。このことばを用いるなら，ヒトは自尊感情を高くしておこうという志向を持つ，といえる。

(1) 自尊感情の起源

なぜヒトは自尊感情を高くしておきたいのだろうか。この点に関してリアリーら(Leary, M. et al., 1995)は進化論的な見地から**ソシオメーター理論**(sociometer theory)とよばれる以下のような仮説モデルを提出している。

原始時代からヒトは他者と共同して集団を形成し，食糧を確保したり外敵から身を守ったりしてきた。そのため，集団に所属できなくなる事態に陥れば，即刻生存の危機が生じることになる。原始時代に限らず，古代・中世であれ現代であれ，群れ・ムラ・集団に属して生活している方が生きのびやすいことに変わりはない。そのため，生存の危機を招かないためには，他者に拒否されていないか，他者に受容されているかを常に気にしていなければならない。その際，自分が他者に受容されているか拒否されているかの程度に敏感に反応する計器のようなものがあれば便利であろう。したがって，他者の受容－拒否に敏感に反応する心的な計器を持つことのできた個体は生存確率が高まり，結果的にそのような心的計器を発達させたヒトからなる社会が形成されるに至った。そしてその社会的な計器，ソシオメーターこそ，心理学者が自尊感情とよんでいるものである。

この理論を検証するため，リアリーら(1995)は一連の研究を行っている。ある研究では，カンニングや留年，献血などさまざまな社会行動を想像し，その行動をとったときに，①どの程度人から受容あるいは拒否されるか，②自尊感情はどうなるかを予測してもらい，これらの関連を調べている。その結果，受容－拒否に伴って自尊感情が上昇－下降していた。また，実際に集団作業をする実験も実施しており，メンバーから拒否的な評価をされ，集団から外されると自尊感情が低下することも明らかにした。

（2）自尊感情と適応

多くの研究が，自尊感情が高いほど精神的に健康であり，自尊感情が低い場合に不適応的であることを示している。例えば自尊感情が高いほど，主観的幸福感が高く，不安や抑うつ感情は低い。ソシオメーター理論によれば，自尊感情が低い場合に抑うつ感情が生じたり，不安が生じたりすることによって，現状を改善するよう注意が喚起される。逆に言えば，自尊感情の値が低いときにネガティブ感情が生じるようでなければ，ヒトはその状態を改善して他者に受容されるよう動機づけられないのである。

また，ウッドら（Wood, J. V. et al., 2003）は，自尊感情の高い人と低い人では，感情のコントロール方法が異なることを明らかにしている。良い成績を取った，ヒトに感謝されたといった一般にポジティブな出来事を経験すると快感情が生じ，ネガティブな出来事を経験すると不快感情が生じる。その際，自尊感情が低い人は高い人に比べて快感情を抑制し，不快感情を増幅させるような内的方略をとる。例えば，自尊感情の低い人はポジティブな出来事があってもわざと別のことを考えたり，平静でいようと心がけたりする一方で，ネガティブな出来事があるとそれを何度も繰り返し考えるようなやり方をとる。

（3）自己効力感

他者や課題など自分の周囲の事柄に対して有効な働きかけができる，それらの事柄を自分がコントロールできるという信念を**自己効力感**（self-efficacy）という（Bandura, A., 1997）。自己効力感は，現在直面している課題やストレス事態に対して，その人がどう立ち向かっていくかに影響する心理的特性と考えられている。例えば，ほとんど同じ資質を持つ2人の陸上選手の間で，短距離走に関する自己効力感のレベルが大きく異なっていたとしよう。自己効力感の高い選手は次の大会に向けて努力を惜しまず，自己効力感の低い選手はその逆になると予想できる。そしてその結果，実際の成果までもが異なるものになる可能性もある。

自己効力感はその人の経験に基づいて形成されるものとされている。そのため，同じ資質の2人の陸上選手が異なった効力感を持つとは考えにくいかもしれない。しかし，同じ成績を取っても周囲がそれを高く評価することもあれば，まだ不十分と評価することもある。周囲の評価の仕方によっては，同じ能力でも効力感が大きく異なることもありえる。この点から，健全な自己効力感の獲得には，他者による適度な肯定的フィードバックが重要であるといえる。

10-3　アイデンティティ

児童期になると，自分の特徴として，背が高いなど外面的なことから，やさしいとか親切であるといった内面的なことをあげることが多くなる。そして，青年期に入ると，自分のとらえ方に関して大きな変化が起こる。

身体的にも知的にも十分に大人である一方で，社会的には自立していない。それが青年期である。能力はあっても認められていない，どう認めてもらえばいいかわからない時期といってもいい。このような時期に「自分は何者なのか」「自分はこれからどうなるのか」といった自分への問いかけが多くなるのは当然かもしれない。極端な言い方をすれば，社会の中に自分を位置づけるまで，青年はまだ何者でもない。そのため，自己の模索を通して，青年は自分をどう社会に位置づければいいか探求しているのである。

（1）アイデンティティの確立と拡散

エリクソン(Erikson, E. H., 1959)は，人生を八つの時期に分け，それぞれの時期で克服すべき異なった心理社会的危機があるという，発達段階論を提唱している(表10-2)。この説によれば，青年期に直面する危機は**アイデンティティ**(**自我同一性**)を確立できるか否かということである。アイデンティティとは，一言でいえば，自分は何者であるかについての明確な実感である。ただし，アイデンティティは複雑で多面的な概念であり，次に挙げる四側面を持つ。すなわち，①いつの自分も，どこにいる自分も同じ自分であるという一貫

表10-2　エリクソンによる漸成発達理論(Erikson, 1959)

	Ⅰ	Ⅱ	Ⅲ	Ⅳ	Ⅴ	Ⅵ	Ⅶ	Ⅷ
	乳児期	幼児前期	幼児後期	学童期	青年期	成人前期	成人後期	老年期
心理・社会的危機所産	信頼：不信	自律性：恥，疑惑	自主性：罪悪感	勤勉性：劣等感	同一性：同一性拡散	親密性：孤立	世代性：停滞性	統合性：絶望
人格的活力(徳)	望み	意志	目的感	有能感	忠誠心	愛　情	世話(せわ)	知　恵
重要な対人関係の範囲	母及び母性的人間	両親的人間	核家族的人間	近隣，学校内の人間	仲間グループ，グループ対グループ，リーダーシップのモデル	友情における相手意識，異性，競争・協力の相手	分業と持ち前を生かす家族	“人類”，“私のようなもの”(自分らしさ)

性の感覚，②自分の意志で行動しているという主体性の感覚，③自分は他の誰とも違う唯一の存在であるという独自性の感覚，④自分が社会の中でどのような役割を担っているか・担っていくかについての感覚である。

しかし現実には，青年期になってすぐにアイデンティティが確立するわけではなく，また，青年期にアイデンティティの感覚が得られないことも多い。自分の将来について見通しがたてられない。自分が他者からどう見られているか不安になる。社会的に否定されている考え方や人・集団を信奉してしまう。これらはアイデンティティの確立に一時的に失敗した場合，すなわちアイデンティティ拡散状態の一例であると考えられている。

（2）モラトリアムと青年期

単に年齢を重ねればアイデンティティが確立するわけではない。それは，前出のアイデンティティ拡散状態の青年の存在が，決してまれでないことから考えても明らかであろう。

すでに述べたように，青年は身体的および知的キャパシティの点では十分に大人である。しかし彼らがすぐに社会の一員として，一人前の大人として遇されることはない。現代社会で社会人として一定の役割を担うためには，知的キャパシティがピークに達してからでないと身につけにくい事柄も多いのである。例えば心理学はそのような知識の一つであろう。こういった事情から，身体的に大人になった青年には，そこから一定の修行期間が必要である。これがエリクソン(1959)のいう**モラトリアム**(moratorium)，つまり社会人になるための猶予期間であり，現代ではちょうど大学生くらいの時期にあたる。

モラトリアムは自分を社会の中にどう位置づけるか探索するための期間でもある。したがって，青年は知識や技術を身につけながら，さまざまな役割を経験する。大学生であれば，クラスやゼミ，サークル，アルバイト，ボランティア，インターンシップなどの場面で多様な役割を果たし，自分がこれから何をして今後の人生を送っていくのかについて考える機会となる。

ただし，エリクソンがモラトリアムの概念を提唱した頃と現在は，青年と職業の関わり方が大きく変化していることも留意すべきだろう。かつての青年は，一生の仕事を，限られた職業の選択肢の中から，できるだけ早く決定することが求められていた。それに比べると，現代の流動的な労働市場の中で，きわめて多様な職業の中から，経済的プレッシャーの低い状況下で自分を社会の中に位置づけるのは，かなり困難な課題といえよう。また，社会の変動が大きいため，親世代・大人世代が青年にとって適当なロールモデル，つまり社会人としての自分の目標となるようなモデルとなりにくいこともある。このことは，就学期間の長期化や離職・転職率の増加とも関連している可能性があり，単に青年期の課題であるだけでなく，社会全体が取り組んでいくべき課題でもある。

10-4　成人期・老年期のアイデンティティ

青年期以降60代半ば頃までを成人期とよぶ。多くの人が家族・家庭を作り，次世代の育成の役割を担うと同時に，社会人としても中心的な役割を期待される。この時期は10-3で紹介したエリクソン(1959)の発達段階で言えばⅥ(成人前期：20代〜30代半ば頃)，Ⅶ(成人後期：30代半ば〜50代頃)にあたる。現代はエリクソン当時よりも，成人期の終わりが延びている。

そしてこの時期に続くのが老年期(60代半ば頃〜)であり，いままでの人生の総まとめをしながらいよいよ人生の終焉を迎えることになる。

(1) 成人後期の危機とアイデンティティの再体制化

成人後期は，家庭でも社会でももっとも責任の重い役割を果たす時期である。このことを考えれば，この時期は安定した心理状態にあることが期待され

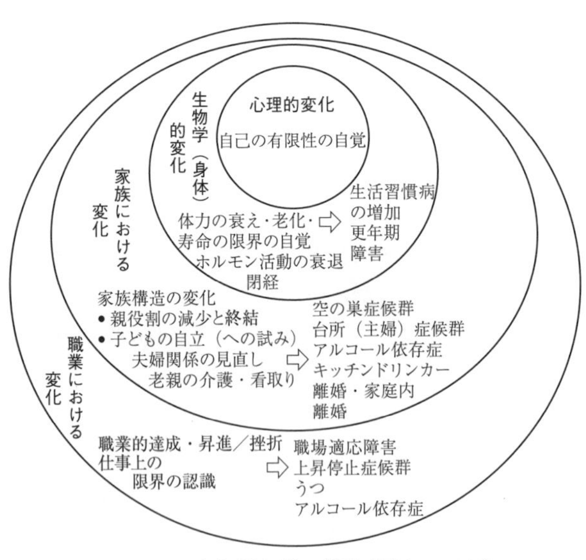

図10-1　中年期危機の構造(岡本，2002)

る。しかし実際には，身体的衰えの自覚，結婚生活上の問題，子育て上の諸問題，仕事上の重責，経済変動に伴う雇用や収入の不安定さなど，この時期に強いストレスが生じることも多い。また，人生の折り返し点を過ぎたという意識が芽生えることから，自分の人生の目標を達成していないという焦りが生じやすい時期でもある。さらに，精神的健康の観点から見てもこの時期は決して平穏ではなく，うつ病やアルコール依存症，自殺等のリスクも高い。

岡本(2002)は，この時期の心理的危機を図10–1のように整理している。アイデンティティの観点からいえば，青年期に形成された「自分とは何か」という自己像がそのままの形で生涯にわたり維持されるとは考えにくい。自己の一貫性や連続性の感覚を維持しながらも，家族や友人，仕事等との関わり方の変化に伴って，自己像は断続的に修正されてゆくと考える方が合理的である。そして，成人後期には特に大がかりな修正，すなわちアイデンティティの再体制化が生じる可能性が高い。なぜなら，既に述べたようにこの時期には自己の衰えの自覚をきっかけとして，人生の残り時間が少ないという意識，つまり自己の有限性の意識が生じる。そのため，いままでの自分の生き方の問い直しが迫られるからである(表10–3)。アイデンティティの再体制化が試みられた結果，納得できるアイデンティティが得られれば，自己を肯定することができ，心理的な安定性も増大する。

しかしその一方で，アイデンティティの再体制化に失敗する場合も考えられ

表10–3　アイデンティティ再体制化のプロセス(岡本，1997)

段階	内　容
Ⅰ	身体感覚の変化の認識にともなう危機期 〔・体力の衰え，体調の変化への気づき ・バイタリティの衰えの認識〕 ↓
Ⅱ	自分の再吟味と再方向づけへの模索期 〔・自分の半生への問い直し ・将来への再方向づけの試み〕 ↓
Ⅲ	軌道修正・軌道転換期 〔・将来へむけての生活，価値観などの修正 ・自分と対象との関係の変化〕 ↓
Ⅳ	アイデンティティ再確立期 〔・自己安定感・肯定感の増大〕

る。その場合，自尊感情の低下や抑うつ症状などが生じ，精神的健康が損なわれると考えられる。

（2）老年期と死の受容

岡本(1997)によれば，成人後期に入り人生の折り返し点を越えると，人生というものを，生まれてからの年月ではなく，これから生きる年数として考えるようになる。誕生を起点とした時間展望から，死を起点(終点)とした時間展望へと逆転するのである。このことからも容易にイメージされるように，人生後半のテーマは「死」とその受容である。

エリクソン(1959)は，老年期の心理社会的危機を「統合性 vs. 絶望」としている(表10–2)。統合性とは，それまでの自分の人生を受容し，次の世代へと自分の希望を託しつつ，これから間違いなく訪れるであろう死を受容できる心理状態のことである。絶望と対立して位置づけられていることからわかるように，希望とともに死を迎える状態といってもいい。

しかし，死という人生の終焉を希望とともに迎えるとはどういうことだろうか。おそらく，自分の死後も何らかの形で自分の生きたあかしが未来へと繋がっていくという意識が希望として認識されるのではないだろうか。そうだとするなら，自分の生を未来へとつなげてくれるもの，例えば家族・友人，墓標，事業といったものの存在が重要になると考えられる。

10–5　ヒトのこころの理解

章扉(p.151)で述べたように，自己理解が困難である以上に他者理解は難しい。しかし他人のこころが理解できなければ，コミュニケーションはうまくいかない。通常のコミュニケーションでは，この状況では相手は腹を立てるのではないか，この表情は喜んでいるのではないかなど，状況や非言語的情報を手がかりにして相手のこころを推測しながら自分の行動を決めているからである。本項では，人がいかに他者のこころを理解するかについて，とくに他者理解の発達に焦点をあててみていくことにする。

（1）他者のこころの理解

他者にも自分と同様にこころがあり，他者の行動はそのヒトの目的や意図，知識，信念，思考，疑念，好みといったこころによって支配され，決定されているという認識を**心の理論**(theory of mind)とよぶ(Premack, D. & Woodruff, G., 1978)。他者のこころを理解しているかどうか，つまり心の理論の発達程

表 10-4　一次的誤信念課題の例（ヴィマーとパーナー，1983 をもとに改変）

由紀が一人でリビングにいる。
由紀「おいしいお菓子があるから，しまっておこう。」
由紀はお菓子をテーブルの上にある赤い箱に入れてふたをしたのち，部屋を出る。
由紀が出ていった部屋に妹の英子が入ってくる。赤い箱を開けて中をのぞきこむ。
英子「おいしそうなお菓子ね。」
英子はお菓子を取り出しソファーの下の見えないところに入れて，部屋から出る。
しばらくして由紀が部屋に入ってくる。
由紀「さっきのお菓子を食べようかな。」

表 10-5　二次的誤信念課題の例

由美と信二は公園で遊んでいた。その公園には移動式アイスクリーム屋さん（自動車でアイスクリームを売る）がいた。由美はアイスクリームを買おうと思ったが，お財布を忘れたことに気がついた。アイスクリーム屋さんは「家に帰ってお財布を取りにいったらどうだい？午後はずっとここにいるから」と由美に言った。それに納得をして，由美は家に帰った。

信二は公園に残っていたが，アイスクリーム屋さんが移動しようとするのを見て驚き，声をかけた。すると，「公園で売れなかったので教会の前に行くんだ。あそこなら，人がいそうだからね」とアイスクリーム屋さんは答え，車で行ってしまった。

アイスクリーム屋さんは，教会に行く途中にある由美の家に立ち寄り，「これから教会の方に移動するからね」と由美に声をかけた。信二は，由美がアイスクリーム屋さんと話したことは知らない。

その後，信二は由美の家に遊びに行く。すると，由美の母親が「由美はアイスクリーム屋さんのところに行ったわよ」と答える。

度を調べるために，ヴィマーとパーナー（Wimmer, H. & Perner, J., 1983）は**一次的誤信念課題**を作り，人形劇に仕立てて 3，4 歳の子どもに見せた（表 10-4）。この人形劇を見せた後で，「由紀はどこからお菓子を取り出そうとする？」と尋ねてみると，3 歳の幼児はソファーの下から取り出すと答える。この年齢の幼児には，由紀の視点に立つことができないのである。同じ質問を 4 歳児にすると「赤い箱」と答えることから，他者の視点を理解する能力はその頃に獲得されると考えられる。

また，9 歳頃になると表 10-5 のような**二次的誤信念課題**ができるようになる（Perner, J. & Wimmer, H., 1985）。この状況で「信二は，由美がアイスクリームを買うためにどこに行ったと思うだろう？」と尋ねたとき，「公園」と答えられれば正解である。この場合，「由美はアイスクリーム屋さんが公園にいると（誤って）思っていると信二は（誤って）思っている，と（自分は）思う」という入れ子構造になった他者関係を理解する必要があり，9 歳頃にこれが可能に

表 10-6 「私は A 子と仲良くない。さあ，どうしよう⁉」という時の状況理解と対処

	私の信念(状況理解)	私の対処行動
一次的誤信念課題達成前	私はA子のことが嫌いだ。	何もしない。A子を攻撃する。
一次的誤信念課題達成程度	A子は私のことを嫌いだ。	私はA子に気に入られようとする。関心をひこうとする
二次的誤信念課題達成程度	A子は私がA子のことを嫌っていると思っている。	私は誤解を解こうとする。

なるのである。二次的な信念の理解ができるようになれば，二次だけでなく三次，四次，…とより複雑な関係もわかり，より深く豊かな人間関係を築くことができる(子安，2000)。例えば，入れ子構造を理解することによって，表 10-6 のように相手に対するアプローチが異なってくる(福田，2006)。

(2) 他者の行動の原因の推測

10-6 の帰属過程で述べるように，ヒトは環境に対して有効な働きかけをするため，自分の周囲で生じた出来事について常にその原因を推測しており，これを原因帰属という。ヒトのこころを理解する際にも原因帰属が重要な役割を果たすと考えられる。例えば，友だちに親切にしてもらったことから「自分に好意を持っているのではないか」とか「やさしい性格だ」と推測することは，その友だちのこころを理解していることであると同時に，原因帰属をしていることでもある。このように考えると，原因帰属能力の発達にともなって，他者理解も発達すると考えることができる。実際，幼児から児童・青年へと年齢が上がるにつれて，他者の行動の原因を意図や感情，性格など内的に帰属する傾向が強まることが知られており，このことは年齢とともに他者の行動をその他者の立場から理解可能となっていくことを示す。

10-6 帰属過程

多くのヒトは自分で意識する，しないにかかわらず，頻繁に自分の周囲で生じた出来事の原因を推測している。表 10-7 の例 1 では学生は「風で倒れた」「A 君が蹴った」と原因を推測している。このように，出来事の原因を推測することを**原因帰属**(causal attribution)という(8-1 参照)。さらに，「イライラしていて蹴ってしまったのかな。あいつ短気なんだな」というように，イライラへの原因帰属から，短気であるというその人物のパーソナリティ推測が生じる

表 10-7　どのように帰属するのか？

例 1．授業中に教室の後ろの方で大きな音がして，A君の足もとにゴミ箱が倒れていた。それを見たある学生は「風でゴミ箱が倒れたのかな」と思う。一方，別の学生は「イライラしていて蹴ってしまったのかな。あいつ短気なんだな」と考える。
例 2．繁華街を歩いていたら，頭から血を流している青年がヨロヨロと歩いているのを見かけた。あなたは「交通事故かな」と思ってぎくっとし，携帯電話を取り出そうとする。しかし，隣にいる友だちは「暴漢に殴られたのかな」と思って逃げだそうとしている。

ことも多い。このようなパーソナリティ推測を特に**特性帰属**(trait attribution)という。

ところで，なぜ帰属というこころの働きがあるのだろうか。ハイダー(Heider, F., 1958)によると，ヒトは自分を取り巻く環境を制御したいという基本的な欲求を持っている。そのため人間は，自分の周囲で起きるさまざまな出来事について常に原因帰属をする。推測した原因にあわせて適切な行動をとることによって，環境の制御と環境への適応を試みるためである。表 10-7 の例 2 では，原因帰属によって適切な行動の選び方が変化している。交通事故だと思った人は助けを呼ぼうとし，暴漢のせいだと思った人は自分が被害に遭わないように逃げようとしたのである。

（1）帰属の理論

ケリー(Kelley, H. H., 1967)によれば，ヒトは共変原理に基づいて原因帰属をするという。共変原理とは，ある出来事の原因は，その出来事が起きたときには存在し，その出来事が起きないときには存在しないという法則性を指す。ゴミ箱が倒れているときには教室にA君がいて，一方，ゴミ箱が倒れていないときA君はいなかったとすればゴミ箱が倒れている原因はA君だと考えられやすい。

ただし現実の状況はもう少し複雑である。A君とともにB君もいたとすれば，原因はB君かもしれない。A君がいたのにゴミ箱が倒れていないこともあるかもしれない。さらに別の教室ではA君がいてもゴミ箱は倒れていないかもしれない。したがって実際には，こういった要素を同時に考慮しながらヒトは原因帰属を行っていると考えられる。

（2）内的帰属と外的帰属

あるヒトの行動について原因帰属するやり方にはいくつかの種類があると考えられる。最も基本的な区分は，**内的帰属**と**外的帰属**である。内的帰属は，行動の原因をそのヒトの感情や意図といった内的状態やパーソナリティ，能力や態度，努力などの内的な要素に帰属することである。先に述べた表 10–7 の例 1 でいえば，イライラして蹴ったという帰属の仕方がこれにあたる。一方，外的帰属は行動の原因を行為者の外部，例えば他者からの命令，運や偶然などに帰属することをいう。表 10–7 の例 1 でいえば，風でゴミ箱が倒れたのかなという帰属の仕方がこれにあたる。

（3）帰属バイアス

一般に，出来事の原因は内的に帰属されやすい。これを**根本的帰属エラー**という。ジョーンズとハリス(Jones, E. E. & Harris, V. A., 1967)はこのバイアスの存在を確かめるため，次のような実験を行っている。実験参加者はキューバのカストロ議長について肯定的あるいは否定的に書かれたエッセイを読まされる。その後で，エッセイの筆者がカストロ議長に対してどのような態度を持っているかについて推測するように求められた。その結果，エッセイの筆者が実験者に強制されてエッセイを書いたと知らされていても，カストロ議長に対し肯定的なエッセイを書いた筆者は実際にも肯定的な態度を持っていると参加者は判断し，否定的なエッセイではその逆であると判断した。つまり，参加者は原因が筆者の外部にあるという明白な情報が提示されて，筆者の内的な部分に帰属しやすい傾向が認められた。

上で述べたように，ヒトは出来事の原因を内的に帰属しやすい。しかし，ジョーンズとニスベット(Jones, E. E. & Nisbett, R. E., 1972)によるその後の研究によれば，観察者の視点から見る他者の行動はたしかに内的に帰属されやすい。一方，行為者の視点に立つ自分の行動は，他者の行動に比べ外的に帰属されやすい。例えば，雪道で転ぶ他人を見たときには，不注意な人だと帰属する。一方，自分が転んだ場合には，行政が除雪をきちんと行っていないと憤慨する。この傾向を**行為者－観察者バイアス**という。

10–7　対人魅力

私たちの社会はヒトとヒトのつながりによって構成されている。中には憎しみによる負のつながりもあるかもしれないが，多くは感情の濃淡こそあれ，互いの好意によって結びつき，社会全体が形作られているといっていいだろう。

それでは，ヒトはどうしてヒトにひきつけられ，好意を持つのだろうか。対人魅力とよばれる研究領域では，このような疑問に答えるべく数多くの研究が行われてきた。以下では，**対人魅力**(interpersonal attraction)に関わる主な要因について紹介する。

(1) 身体的魅力

はじめての人と会うとき，どんな人なのだろうと不安に感じることも多い。どんな人柄なのか，どんなことが得意なのか，外見はどうなのか。人柄や能力については，かなり親しくなっても十分に理解できないことも多い。一方，外見，つまり身体的魅力については初対面のときからかなりの程度正しく評価できる。したがって，人間関係が作られる初期の段階で，身体的魅力の影響は強くなると考えられる。ウォルスターら(Walster, E. et al., 1966)の実験は，関係初期における身体的魅力の影響の強さを示している。この実験では，大学生700名あまりが参加するダンスパーティを大学内で開催した。パーティ参加者のパーソナリティや学業成績，身体的魅力などについては，パーティの前にあらかじめ測定されていた。ダンスの当日，主催者，つまり実験者が参加者をランダムに組み合わせてカップルにし，パーティ終了後にカップルの相手への好意度やデートの意向を尋ねた。その結果，相手から好意を持たれるかどうかはパーソナリティや成績とは関係がなく，身体的魅力のみが相手の好意度に関係していた。すなわち，ダンスパーティのような短期間の接触に限定して考えれば，外見が魅力的な人ほど好意を持たれやすいのである。

(2) 近 接 性

身体的魅力以外に，よく顔を合わせるほど友人や恋人になりやすいことが知られている。例えばフェスティンガーら(Festinger, L. et al., 1950)は大学院生の寮での友人関係について調査を行い，互いに行き来しやすい部屋に住んでいるほど親密になることを明らかにしている(図10-2)。このような近接性の効果は，**単純接触効果**(9-4参照)によっても説明できる。物理的に近接しているほど接触頻度が高く，そのために好意度が高くなるというわけである。ハットフィールドとウォルスター(Hatfield, E. & Walster, G. W., 1978)によれば，恋人を見つけるための最良の方法はできるだけ人前に出て人と交わることであるという。それは近接性が対人魅力の強力な規定因であることに加えて，身体的

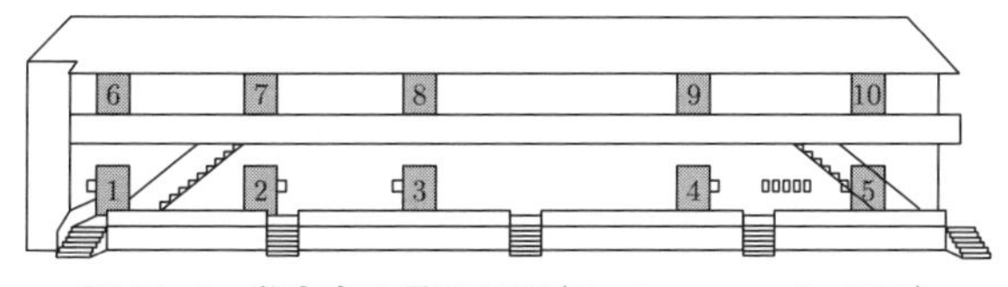

図10-2　学生寮の見取り図(Festinger et al., 1950)

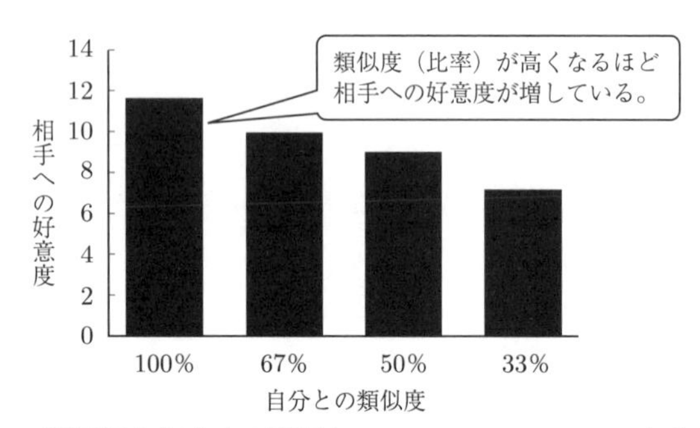

図 10-3　類似性と好意度の関係(Byrne & Nelson, 1965：齊藤，2008)
数値は 14 点満点の好意度の平均値

魅力や類似性に比べて近接性は本人によって最も容易に制御可能な要因だからである。

(3) 類 似 性

知り合って少したつと，コミュニケーション量も増え，さまざまな意見を交換することになる。このような段階になると，お互いがどのような考えを持っているのか，特に態度が似通っているかどうかという点が重要になってくる。バーンとネルソン(Byrne, D. & Nelson, D., 1965)は，態度の類似性と対人魅力について「見知らぬ他者」実験とよばれる方法を用いて検証を試みている。この実験の参加者はまだ見ぬ別の参加者の態度測定結果を見て，その参加者に対する好意度を答えるよう求められた。ただし，実験参加者自身の態度もあらかじめ測定されており，実験のねらいは，見知らぬ相手が自分と似た態度を持っているほど好ましいと感じるのかどうかを確かめることであった。結果は，少なくとも態度しか手がかりがないという状況では，自分と似た態度を持つほどその相手を好ましく感じるというものであった(図 10-3)。

11章　こころの発達

ヒトの発達は，身長が伸びるや体重が増えるといった量的な変化だけではない。逆上がりができない状態からできるようになるとか，うまく話せるようになるといった質的な変化も含む。また，できないことができるようになったという変化だけでもない。年をとり，青信号の時間をぎりぎり使ってやっと交差点を渡ることができたという変化も発達である。つまり，ヒトの発達とは，質的・量的な変化であり，ポジティブな変化やネガティブな変化をすべて含んでいる。

最近の発達心理学では，胎児期から老年期まですべてのヒトが研究の対象であり，生涯発達を視野に入れている。本章でもその立場に立って，人生のすべての発達を概観する。みなさんには，今まで来た道を振り返り，そしてこれから行く道を頭に思い描きながらこの章を読んでほしい。なお，自己意識の発達については10章に紹介されているので，それもあわせて考えてほしい。

前章の扉で紹介した個人空間には性差や個人差がある。例えば，女性は異性に対して広く，同性に対しては狭い傾向がある。一方，男性は異性に対して狭く，同性に対しては広く個人空間を取る傾向がある。会話の時に相手が後退さる場合には，近づきすぎていないか，相手との距離を確かめてみよう。円滑なコミュニケーションのために，相手との身体的な距離に配慮することも必要である。

また，個人空間は同じ人でも状況によって伸びたり縮んだりする。気持ちが落ち込んでいるときには個人空間は広がる。一方，通勤・通学のラッシュアワーの時には，自分の個人空間を小さくして，他者との接触を我慢している。

11-1　遺伝で決まるのか？それとも環境で決まるのか？

ヒトの発達は氏か育ちか？という疑問は何世紀にもわたり議論され，**遺伝－環境論争**(nature-nurture debate)とよばれる。それぞれの根拠を概観する。

(1) 遺 伝 論

私たちが一般的に漠然と抱く遺伝に関する考えは素朴遺伝観とよばれる。その内容には，親から子どもに形質が伝達するという伝達観，生まれつきなので一生変わらないという固定観，環境はこころの発達に関係がないという非可変観が含まれている。

これらの考えを実証的に示した古典的な研究として，ゴルトン(Golton, F.)は19世紀の後半に『天才と遺伝』という本を著した。彼は，ダーウィン家などの家系図を示し，優れた才能は遺伝するとした(図11-1)。その後，**家系研究法**は遺伝論を支える実証的研究の方法となった。しかし，家系研究法によって，遺伝の影響だけを取り出すことはできない。なぜなら，同じ家系に属している人々は同じような環境下に過ごしている。理想的には，環境の要因を全く同じに統制して，遺伝的に異なっている人々を比較しなければならない。あるいは，その逆のことを行わなければ，遺伝のみがヒトの発達に影響を与えるとはいえない。

家系研究法の短所を補う方法として，一卵性と二卵性双生児の類似度相関分析をして，遺伝の影響を検討する行動遺伝学がある。行動遺伝学では，親から子どもに伝わるのは**遺伝子型**(genotype)であり，行動として表われる**表現型**(phenotype)ではないことと，遺伝子は両親の半分ずつが遺伝され子どもの世代では新たな遺伝子が構成される点を強調している(安藤，2000)。図11-2に遺伝子の**相加的遺伝効果**を示すモデルを示した。説明を簡単にするため，知能の高さを決める遺伝子が10個あるとし，高いか○低いか●の二値をとるとす

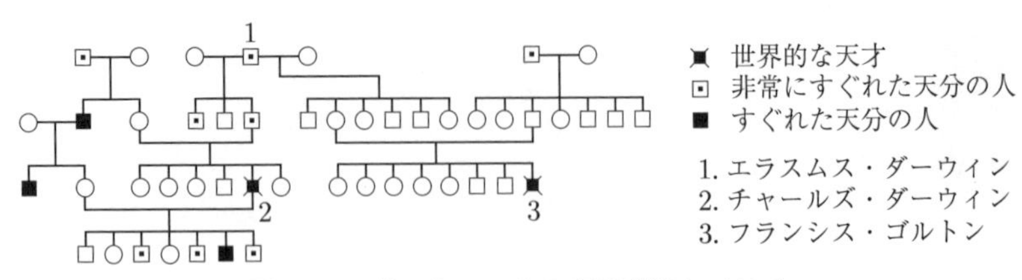

図11-1　ダーウィン家の家系(村田，1987)

る。父親は○を10個中5つ持ち，母親は7つ持っていたとする。両親からそれぞれの遺伝子はランダムに伝わるため，兄弟の中のAには低い●が，Cには高い○が多く伝わっている。このように，家族間でも持っている遺伝子型は異なる。

一卵性双生児は，1つの受精卵が分裂して二個体になるので，遺伝的には同じである。一方，二卵性双生児は，2つの受精卵から発生するので，遺伝的類似性は兄弟姉妹と同じ程度である。ブシャード（Bouchard, T. J., 1998）による

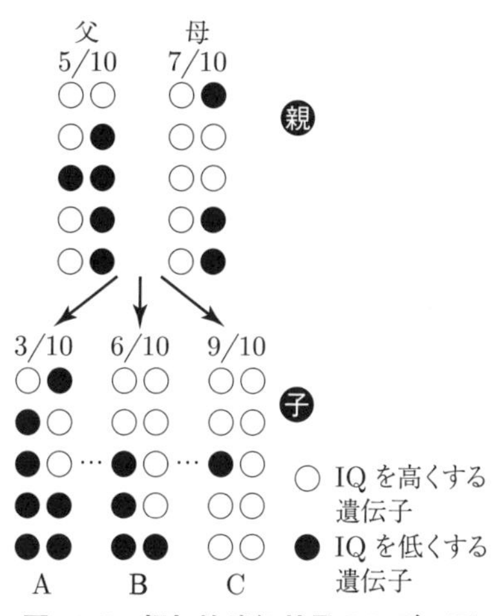

図 11-2　相加的遺伝効果のモデル図
（安藤，2000より改変）

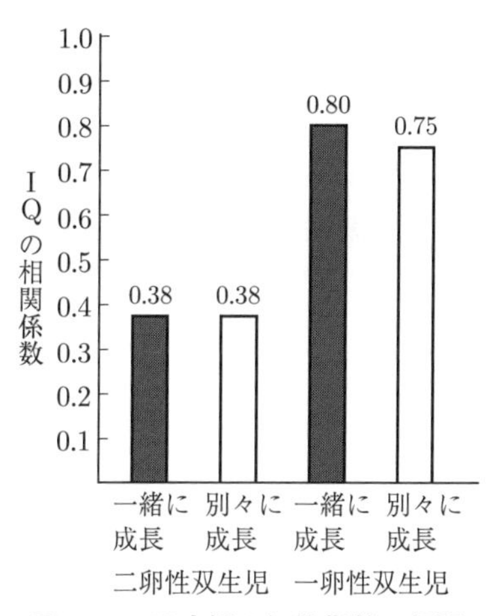

図 11-3　双生児の知能指数の相関
（Bouchard, 1998：ピネル，2005より）

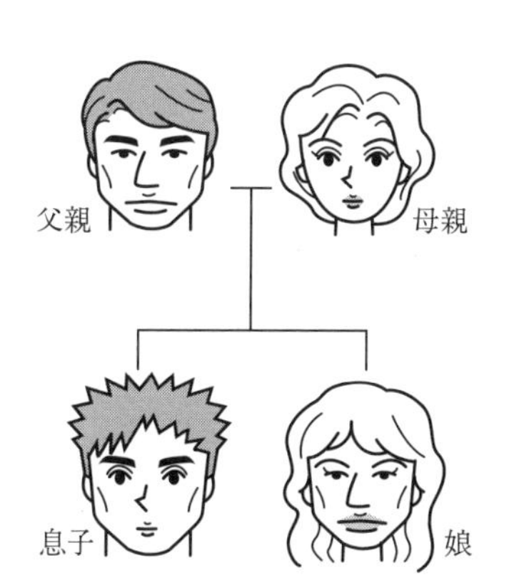

父親は男らしい顔立ちをし，母親も美人である。彼らの子どもたちは，それぞれの顔のパーツを受け継いでいるが，息子は男らしい顔，娘は美人とはいえない。このように顔立ちの美しさという全体的な評価は非加算的に遺伝する。

図 11-4　非相加的遺伝効果の例（安藤，2000より改変）

双生児の知能指数に関する研究結果を図 11-3 に示した。一卵性双生児は，一緒に暮らしても別々でも知能検査の相関係数は高い。一方，二卵性双生児は一緒に成長しても別々に成長してもあまり高くなかった。つまり，知能指数に影響する要因として環境よりも遺伝の方が強いことを示している。しかし，一卵性双生児の知能得点は完全には一致していないという点に注意されたい。すなわち，遺伝的要因のみで知能指数は説明できない。

また，遺伝しない遺伝もあることが知られている(Lykken, D. T. et al., 1992)。例えば，顔のパーツの一つひとつは親から譲り受けているが，顔立ちの美しさという全体的な評価は異なっている(図 11-4)。これを**非相加的遺伝効果**とよぶ。この遺伝効果の特徴は，一卵性双生児では類似しているが，二卵性双生児ではあまり似ていない点である。他にも神経質，外向性といった性格の特性に関する表現型も非相加的遺伝と考えられている。

(2) 環 境 論

ヒトのこころの発達に環境の要因が重要だとする考え方は，行動主義の父ワトソンのことば「…私に 12 人の健康な立派な子どもを預けてみれば，私独自の世界で彼らを育てて，どの子であっても私が思ったとおりの専門家―医者，弁護士，芸術家，社長そして物乞いや泥棒にまでさえ―何にでも育てあげてみせよう。…(Watson, J. B., 1930, pp.103-104.)」によく表されている。

環境論の実証的な研究として，**社会的隔離児**(social deprivation child)の事例が挙げられる。対人交渉といった社会的刺激や，本やテレビ等からの文化的

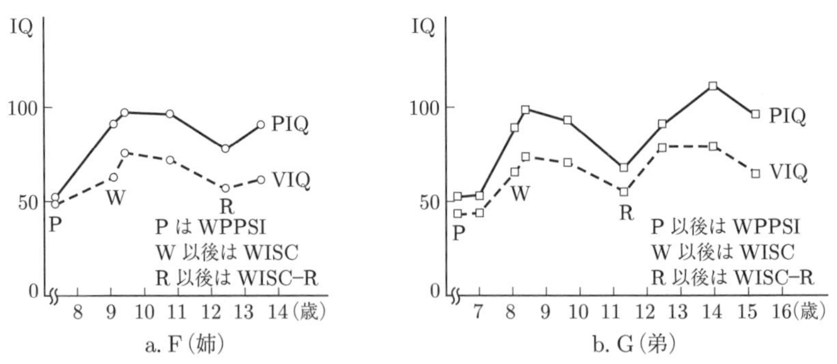

図 11-5 社会的隔離児の WISC 系検査結果の回復経過(藤永他，1987)

注：PIQ(Performance IQ)は動作性知能，VIQ(Verbal IQ)は言語性知能を示す。F と G の救出直後の回復結果を注目してもらいたい。F は順調に伸びるが G は停滞している。

刺激が極端に少ない環境で育った子どもを社会的隔離児とよぶ。例えば，FとGの姉弟は親の養育を受けられず，放置された状態にあった。Fは6歳，Gは5歳であったが，2人とも救出時にはことばを話せず，歩行もほとんどできず，身体的には1歳半くらいにしか見えなかった。この姉弟に対して，栄養条件の改善や愛着の形成(11-8参照)，ことばかけの充足，遊びを中心とした他者との交流，学習指導などの治療が行われた(藤永他，1987)。その結果，知能は図11-5のように回復した。FもGも動作性知能(PIQ)に関しては救出後2，3年で平均値に近くなるが，言語性知能(VIQ)に関しては，14，15歳になっても共に低い。しかしながら，支援が必要なほどでなく，両者とも希望の職について社会に適応している。

このような事例研究によって，ヒトの発達における環境要因が非常に重要であることが示されているが，唯一環境のみが発達に寄与しているとは言い切れない。なぜならば，図11-5よりGの知能回復はFよりも遅いことがわかる。この結果は，FとGの遺伝的要因である性の相違が何らかの影響を与えていると考えられる。

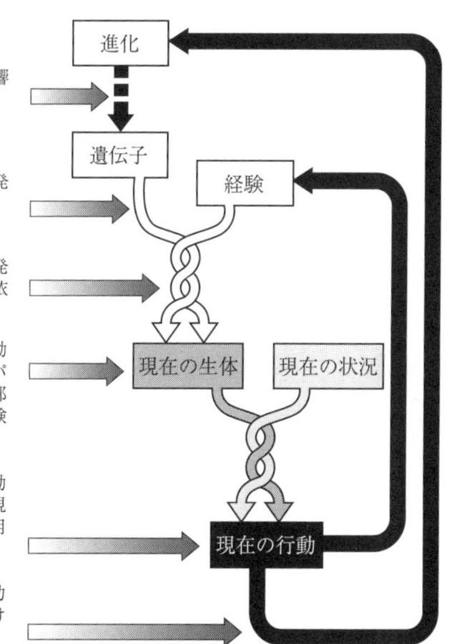

図11-6　遺伝的要因と環境的要因の相互作用(ピネル，2005)

(3) 遺伝−環境論争を超えて

このようにヒトのこころの発達に関して遺伝か環境かという二分論で考えることには決着がつかない。例えば，好奇心が高い遺伝的素因を持っている人はそうでない人よりも新奇対象に興味をもち，接近するであろう。その経験により，また新たな対象に遭遇したときに接近する傾向が高くなる。ピネル(Pinel, J. P. J., 2005)はヒトの行動は経験と遺伝が複合的に共同しあっていることを図11-6のように示した。現在では，遺伝も環境もヒトのこころの発達に影響を与えているという考え方が優勢である。

11-2　知覚の発達

赤ん坊は何を見て何を聞いているのだろうか。赤ん坊は何もできないというイメージは，もはや心理学の分野では払拭されている。

(1) 視覚の発達

新生児の視力は0.02，2か月ほど経っても0.05と極度の近視状態にある。それが大人並みの視力になるのは4，5歳である。また，目の構造を模したカメラを思い浮かべてほしい。フィルムにあたる網膜には，対象は上下左右逆さまに映る(図11-7)。つまり，新生児は上下左右逆さまでぼんやりとした世界を見ていることになる。そのような赤ん坊の視覚の発達には，見ることと触ることの協応の経験が重要である。ネコを図11-8のような環境で育てると，自分で動くネコaは能動的な知覚体験ができる。一方，自分では動かないネコbは受動的にしか知覚できない。そのため，ネコbには視神経や脳に器質的な障害はないが，成長すると物にぶつかるなど機能障害が起こる。ヒトの視覚の発達についても同様である。乳児は日常生活の中でさまざまな探索行動を行い，それによって見るというソフトウェアは完成されていく。

奥行き知覚は，**視覚的断崖**(visual cliff)の装置によって調べられる(図11-9)。台に乳児を乗せ深い側から母親が子どもを呼ぶ。6か月くらいの乳児はいくら呼ばれても深い側には行かない。つまり，早い段階から奥行きを知覚できると考えられる。

(2) 聴覚の発達

乳児は，緊張するとおしゃぶりを吸う回数が増え，だんだん馴れてくるとその回数は減る。つまり，**馴化**(じゅんか)(habituation)が起こる。この馴化の現象を使った研究では，子どもは羊水にいる胎児の頃から母親の声のリズムやイントネー

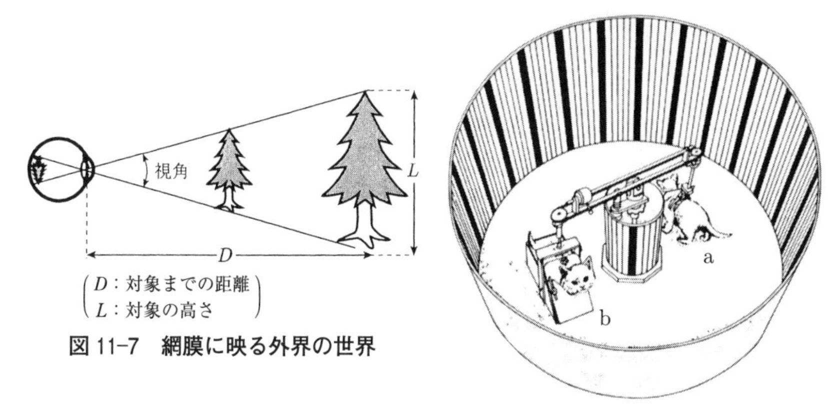

図 11-7　網膜に映る外界の世界

図 11-8　視覚と触覚の協応の重要性
（Held & Hein, 1963：片山, 1997 より）

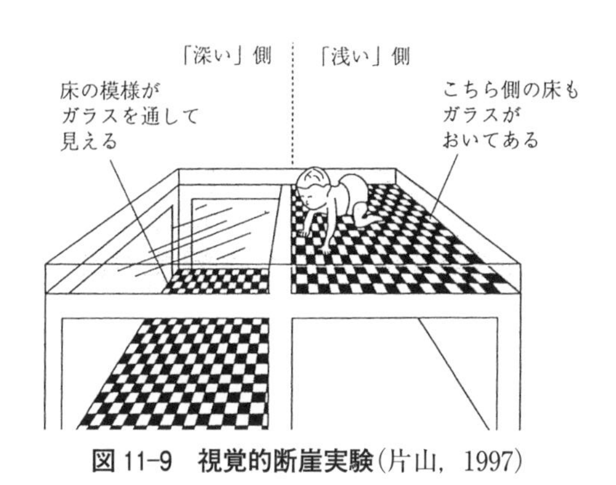

図 11-9　視覚的断崖実験（片山，1997）

ションを聞き記憶していることがわかった（正高，1993）。具体的には，まず乳児に女性Aの声を聞かせる。だんだんとAの声に馴れるので，乳児のおしゃぶりを吸う回数が減る。その時に，女性Bの声を聞かせる。しかし，吸う回数は変わらない。つまり，乳児はAとBの声を区別していない。一方，女性Bの代わりに乳児の母親の声を聞かせると，おしゃぶりを吸う回数は一気に増える。つまり，乳児はAと自分の母親の声を区別している。また，乳児は母親の声に対して注意を払い，好むことも知られている。このことは2つの意味を持っている。一つは，子どもは生まれた時から母親に注意を向けているので，母親が話す母国語を獲得するのに有利な状況にある。もう一つは，主な養

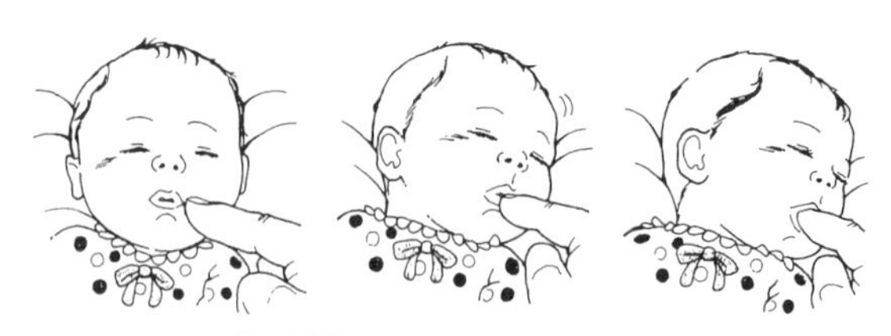

図 11-10　ルーティング反射(Kagan & Havemann, 1980：村田，1987 より)

育者である母親の声にうまく応答することにより，母親からの言語的・非言語的な刺激，つまり養育行動を引き出すことができる。

(3) その他の感覚

乳児の口元を指で触れると，触れた側に頭を向けその指を吸おうとするルーティング反射が起こる(図 11-10)。このことより，乳児の触覚は成熟度が高いことがわかる。また，嗅覚も成熟しており，自分の母親の乳房のにおいを移したガーゼを他の女性のものと区別できる(マクファレン，1982)。さらに，味覚も成熟しており，乳児は甘さや酸っぱさ，苦さを区別し，甘い味を好む。

11-3　認知発達：ピアジェの考え方

ピアジェ(Piaget, J.)はヒトがどのように外界と交渉をし，その結果，どのように思考しているかについての理論を 4 つの段階に体系化した。彼は認知発達を，質の異なる**シェマ**(shema)が一定の順番に段階的に発達していくと考えた。シェマとは認知する際に用いられる組織化された知識であり，理解の枠組みとなる。自分が持っているシェマで，今経験していることを理解できない場合，私たちは不均衡な状態になり不快さを体験する。均衡状態を取り戻すために，**調整**(accommodation)や**同化**(assimilation)といった環境との相互作用を行う。調整とは，環境に対応するために自分のシェマを変えることである。例えば，目新しいことをしている人を見てそれを模倣する例は，同化よりも調整が優勢な行動である。一方，同化とはすでに持っているシェマによって情報を取り入れて環境に対応することである。例えば，泥団子をおはぎと見立てて遊ぶ例は，調整よりも同化が優勢な行動である。

(1) 感覚運動期

赤ん坊は，10-1 にあるように，まず自分の体とそれ以外のものがあることに気づく。そして約 2 年間，身体的シェマを使って，子どもは見たり聞いたりといった感覚や，動き回ることによる触感覚によって外界を学習している。この頃の子どもにおもちゃを見せ，それを布で隠してしまうと，そのおもちゃ自体が無くなってしまったかのように行動する。8か月を過ぎた頃から，さっきまであった物は，たとえ見えなくなってもそこにあることがわかる。この状態を**対象の永続性**(object permanence)を獲得したとよぶ。

(2) 前操作期

前操作期になると表象が出現し，それによって象徴機能が成立する。**表象**とは，外界の情報を主体が取り込んで，心理学的過程を経て抽出された情報を指す(4-6参照)。一方，**象徴機能**とは，ある物や事象を別の物や事象によって表すことである。前述の泥団子をおはぎに見立てるのは象徴機能の例である。しかし，次の具体的操作期にできるようになる行為の表象である**操作**はまだ使えない。例えば，幼児はおはじきの数を手で1つずつ数えることができる。しかし，具体的操作期にならないと暗算はできない。暗算は，数えるという行為が心的に表象化されて初めて使えるようになる。

前操作期の前半である**前概念的思考期**では，おままごとをして母親の真似をするようになる。2歳を過ぎると，以前に見た母親の行動を記憶して真似をする延滞模倣ができるようになるためである。

4，5歳になると**直観的思考期**に入る。この時期では5つくらいまで数えることができる。また，図11-11aの①の場合，「aとbのどちらのコップにジュースはたくさん入っている？」と聞かれると，同じであると正しく判断できる。しかし，aのジュースを目の前でcのコップに移しかえて②の状態にして，「bとcのどちらのコップにジュースはたくさん入っている？」と聞かれると，正しく判断できない。高さが高くなったからcの方がたくさんあるとか，あるいは狭くなったからbの方がたくさんあると答える。同様に図11-11bのおはじ

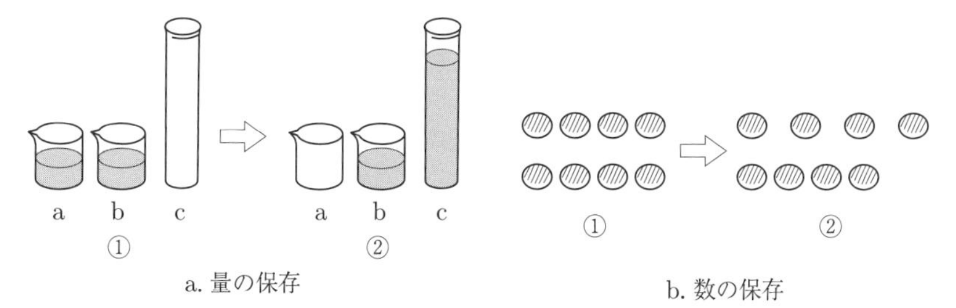

図11-11　保存課題(八田，2007を改変)

きの数も①の状態では上列と下列の数は同じと判断できる。しかし，②の状態に変化させると，上列の方が下列よりも多いと判断してしまう。これらの結果は，知覚的な見かけが変化しても数や量は変わらないという**保存性**(conservation)が，この時期の子どもにはなく，見かけにひきずられて，直観的に思考することを示している。

また，この段階の子どもの心性は，他者の基準や視点に立つことができず，自分の基準や視点しか取れない**自己中心性**(egocentrism)を示す。例えば，子どもは，人形からどのように3つの山が見えるかを問われると，自分がいる側から見えた形を正解とする(図 11-12)。この自己中心性は自分と自分以外の世界を完全に分化していないことを指している。なお，ピアジェは後年，わがままという意味を誤って想起させやすい自己中心性という用語を**中心性**(centrism)に変更した。また，主観と客観が分化していないことから，子どもの思考は表 11-1 のような傾向を示す。

(3) 具体的操作期

7歳頃になると，目の前にある物だけでなく，頭の中にある表象を利用し

図 11-12　三つ山問題(八田，2007)

表 11-1　前操作期の子どもの思考の傾向

	概　　略	例
アニミズム	物理的な物や事象に心理的な特性を見いだす	石をけると，「石さんが痛がっている」と言う
実在論(実念論)	心理的な出来事を，物理的に実在するとみなす	夢で見たケーキを食べようと冷蔵庫を開ける
人工論	物理的な物や事象が，人によって作られていると考える	お出かけの日に雨が降っている際，日が出るように父親に頼む

て，論理的な思考ができるようになる。逆の変化を頭の中だけでできる**可逆性**を獲得し，保存課題に正解できるようになる。つまり，図 11–11 のジュースの量は元に戻せば同じであるとし，見かけにだまされなくなる。また，系列化もできるようになる。図 11–13 のような高さと丸みのある積み木の並び方を再生することは5歳児でもできる。しかし，左手前の一番小さく丸い積み木を右奥にして，同じように並べ替えることは7歳以降にならないとできない。並び替えるためには，記憶ではなく，高さと形という2次元の系列を矛盾無く操作しなければならないためである。しかし，加速度や力といった目に見えない抽象的な対象の操作は，次の形式的操作期を待たなければならない。

（4）形式的操作期

12歳以降になると，具体的なものに関わらず抽象的な事象に関して操作を行えるようになる。振り子が一定時間中に何回振れるかという振動数を決定する要因は何であろうか？それを決定する際，他の要因を変えずに，特定の要因の水準について，順番に試さなければならない。つまり，重さの要因の影響を調べたい場合には，ひもの長さとスタート地点を固定して試さなければならない。そのような実験ができるのは，この時期になってからである。

（5）ピアジェの認知発達理論に対する批判

ピアジェは，子どもの非論理的な思考が論理的な思考にどのように発達していくのかを明らかにした。この発達理論に対して，さまざまな批判がなされている。1つは，ピアジェが使用した臨床法という研究方法に関する批判である。臨床法では，実験者が子どもと対面し，主に子どもの言語報告からデータを抽出する。その結果，子どもの認知能力を低く見積もる可能性がある。2つめは，子どもたちは4つの段階を一方向に普遍的に進むと考えたことである。例えば，形式的操作期にすでに入っている大人でも，難しい問題を解く場合に

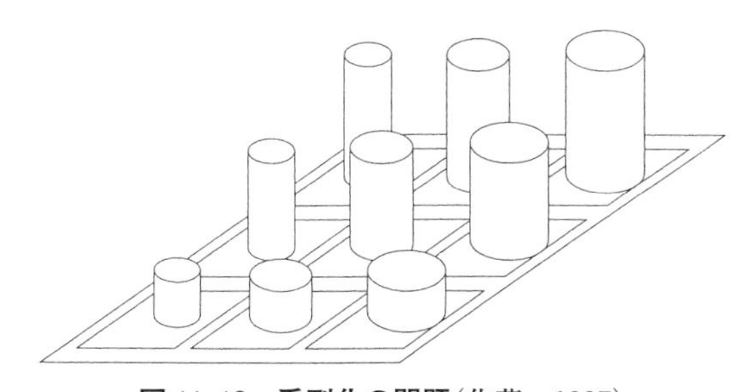

図 11–13　系列化の問題（佐藤，1997）

は，具体的ななじみのあるものに置き換えて考えたりする。ピアジェが想定したほど，認知能力は一方向に発達するわけではない。3つめは，ピアジェは課題ができない子どもは，必要な認知能力がないと考えた。つまり，遂行と能力を同一視していた。しかし，例えば，数の保存課題でクマの人形が偶然おはじきに触って，長さが変わってしまった場面を子どもに見せる。すると，6歳児の約6割は数は変わらないと正しく判断できた(McGarrigle, J. & Donaldson, M., 1974)。このように，子どもは特定の領域で有能さを発揮したりできなかったり，不安定な存在であることを忘れてはいけない。このような批判は，次節に述べる状況論的な発達理論や情報処理論的な発達理論に結びついていく。

11-4　認知発達：ヴィゴツキーの考え方

ヴィゴツキー(Vygotsky, L., 1886-1934)はヒトの認知はその個人の中だけで起こるのではなく，ヒトとのやり取りの中で発達していくと考えた。

(1) 発達の最近接領域

例えば，表11-2のような父親と女の子の会話を読んでほしい。彼女は，より有能な父親から支援を受けて，おもちゃを見つけることができた。父親はすでに自分が持っている記憶検索の方略，ここでは自分が行ったことのある場所について，組織的に悉皆(しっかい)的に思い出す方法を「自分の部屋？」「部屋の外？」「隣の部屋？」「車の中？」という短い質問でたずねて，子どもを導いている。

このように，子どもは一人ではまだできないことでも大人の支援を得られればできるようになる。それをヴィゴツキーは**発達の最近接領域**(zone of proximal development)とよんだ(図11-14)。発達の最近接領域で他者の支援によってできたことは，その後，自分一人だけでも達成できるようになる。その際，

表11-2　父親とのやり取りで捜し物を見つける手順を学ぶ
(Tharp & Gallimore, 1988：高木，1996より作成)

状況：6歳の女の子がおもちゃをなくしてしまい，父親に助けを求めた。
父親：最後におもちゃを見たのはどこ？
女の子：思い出せない
父親：自分の部屋で見なかった？部屋の外はどう？隣の部屋かな？
女の子：ううん
父親：車の中かな？
女の子：そうだと思う
女の子はおもちゃを取りに行った。

図 11-14　発達の最近接領域

他者が担ってきた支援をする役割を自分自身で行い，他者がやったように自分自身に内的に声かけをし，自分の行動を制御していくようになる。これを**内言**(inner speech)とよぶ。例えば，表 11-2 の子どもは次の機会には，他者の手を借りずに，父親のような組織的な問い，つまり内言を自分自身に発して，おもちゃの場所を探し出すだろう。

この発達の最近接領域の考えを発展させて，ウッドら(Wood, D. J. et al., 1976)は足場づくりの重要性を提唱した。例えば，ある男の子は一人でお姉さんにバースデイケーキを作ってあげることができない。しかしながら，ケーキ作りが得意である母親が，ケーキを作る場や材料を用意し，その使い方を説明することによって，男の子は無事にプレゼントをあげることができる。その後，母親が作った足場は徐々にはずされ，男の子は一人でケーキを焼くことができるようになる。このような考え方は，**認知的徒弟制**(cognitive apprenticeship)とよばれる状況論的教授・学習モデルに発展している。そこでは，学習者は徒弟に，教授者を親方に見立てる。最初は徒弟が親方の作業を見るモデリング段階，次に親方が手取り足取り教える指導段階，そして徒弟ができることを確認して自立させる足場づくり段階，最後に親方が手を退いていくフェーディング段階によって構成されている(Collins, A. et al., 1989)。

(2) 内　　言

ヴィゴツキーは，思考する際に，声を出さないで自分自身に語りかけることを内言とよんだ。一方，幼児が難しい課題を行う際には，内言を声に出して発話することが多い。このように幼児は，ことばを声に出してはいるが，それは他者とのコミュニケーションを目的としているものではない。自分自身がやるべき目標や次に何をするかの手続きといった，まるで支援している大人が言いそうなことを自分自身に向けて発している。この方略は，年齢が高くなっても使われる。例えば，大人でも大舞台に立つ前の緊張をほぐすために「絶対大丈夫」「自分はできる」と声に出して自分に言い聞かせることは内言の発話方略を使っている。また，声に出さなくとも，やるべき事をメモに書き出す方略も内言をうまく利用している例である。

このように，ピアジェは社会的環境を軽視したが，ヴィゴツキーは認知発達は他者との関わり合いの状況の中で発達していくと考えた。

11-5　認知発達：情報処理論的考え方

情報処理論ではすでに研究されている成人の認知過程の考え方を，認知の発達にも適用した。

（1）種々の認知発達

まず，長期記憶に保存されている知識の量の差異が認知能力に影響するのかについて考えてみよう。通常は，大人の方が子どもよりも知識量が多い。そのため，大人と子どもをそのまま比べると，年齢の差によるものかそれとも知識量の差によるものか，結果を考察できない。そこで，年齢は大人の方が子どもよりも高く，同時に知識量は子どもの方が大人より高いという状況を作る必要がある。チィ(Chi, M. T. H., 1978)は，チェスが上手な10歳児とチェスをよく知らない大人の記憶を2つの課題を使って調べた。その結果，数字の記憶再生は大人の方が良かったが，チェス盤のコマの配置の記憶は子どもの方が良かった。つまり，知識量が多い方が記憶に良い影響を与えることがわかった。ピアジェは一般的な認知発達を強調したが，認知発達は特定の領域ごとに別々に発達していることもこの実験から示された。

2つめに，ワーキングメモリ(6–2参照)の処理速度はどうであろう。認知課題をする際の処理速度は年を取っていくにしたがって速くなる。簡単なかけ算をする際，最初は指で数えたり，筆算をしたり，頭の中に数字をイメージしたり苦労する。長期間の練習を経て，どのように暗算しているか自分でも意識できないような**自動処理**(automatic process)に移行する。自動処理とは，高速で行われ，通常意識化されない処理過程を指す。

最後に，音韻ループや視空間スケッチパッドに関する処理容量はどのように発達していくのであろうか。シーゲル(Siegel, L. S., 1994)は，まず，実験参加者に最後の単語が欠けている文を提示し，単語を埋めてもらった。そして，自分が埋めた単語を順番通り答えさせた。これによって，子どもと大人の単語の親密度などを統制する必要がなくなり，広い年齢層のデータを比較できる。その結果，健常者でも読みに障害を持っている者でもかかわらず，20歳くらい

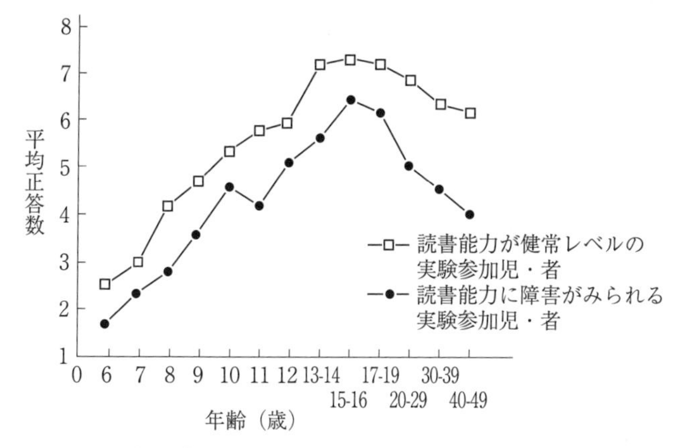

図 11-15　処理容量の変化(Siegel, 1994：多鹿，1996 より改変)
なお，横軸のスケールが13歳以降，異なることに注意されたい。

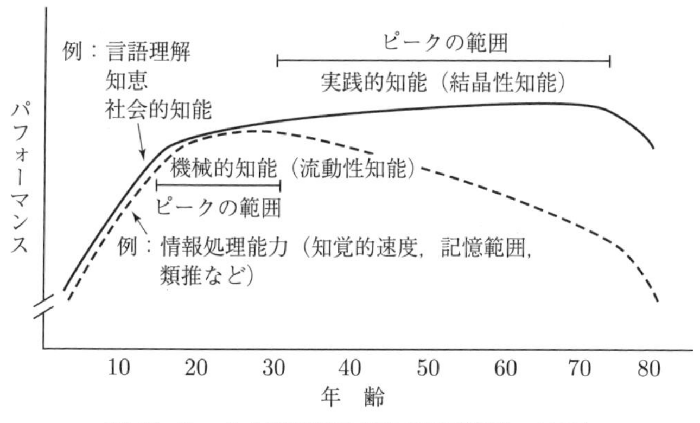

図 11-16　成人期以降の認知発達(楠見，1995)

までは年齢とともに正答数は増えていく(図 11-15)。そして，中年期になると障害の有無にかかわらず，低下していくことがわかる。

ピアジェは子どもが特定の課題を解決できない場合には，それを達成するための認知能力が欠け，その能力は段階的に発達すると考えた。一方，情報処理論的な立場では，特定の課題ができない理由は，その課題を遂行する認知能力が不足していると考える。また，特定の領域別に必要な認知能力は連続的に発達していくと考えられている。

(2) 成人・老年期以降の認知能力

成人期に入ると処理速度が遅くなり，処理容量が減少し，**流動性知能**が衰える。それにもかかわらず，成人期以降の知的能力が衰えない理由は，語彙量や知恵，対人関係をうまく行う社会的知能などを含む**結晶性知能**が蓄積されていくからである(図 11-16)。青年期まで蓄えた知識や技能を新たに結びつけて新しい知識を獲得し，深化させていくことができる。

11-6　ことばの発達：人生の始め

(1) ことばの前のコミュニケーション：喃語

新生児は 11-2 で述べたとおり，母親の声のリズムやイントネーションを記憶し，それを好む。そのため，生後まもなく音を介したコミュニケーションがスムーズに行われる。お腹がすいたといった不快感を表すために，乳児は泣く行為，つまり叫喚音を発声する。その後，生後 6 週から 8 週頃に，機嫌の良い時に「アー」といったクーイングとよばれる発声をする。そして，生後 6 か月頃から「バババ」といった**喃語**(babbling)を発声する。この音声は，①「子音＋母音」といった音声言語の基本単位を兼ね備え，②複数の音節からなるという特徴を持つ。喃語の働きとして，複雑な協応作業である構音の練習という側面と，発声自体を楽しむ娯楽的側面と，他者が存在する際に喃語の発生率が高くなることから社会的側面がある。8 か月から 1 歳くらいになると，喃語の音の強弱やイントネーションは，母国語のそれと同じになる。その頃，日本語としての意味と音韻体系を持つ**初語**が出現し，子どもは自らの要求をより効率の良い形で伝達できるようになる。

このような赤ん坊からの働きかけに対して養育者もさまざまな応答をする。叫喚音に対して母親はミルクや離乳食を与える，抱き上げるといった行為が多く，非叫喚音に対しては子どもに語りかける。また，養育者は**マザリーズ**とよばれる養育語を多用する。その特徴は，単純な文法構造を持った発話で，短く，声のトーンが高く，テンポが遅く，誇張した抑揚を持ち，内容は「今，ここで」について繰り返し話しかける(福田，1997)。このような養育語は模倣しやすく，子どもはそれを好む(正高，1993)。

(2) ことばの前のコミュニケーション：三項関係の成立

他者が注意を向けているものに自分も注意を向けることを**共同注意**(joint attention)とよぶ。共同注意はコミュニケーションの成立に重要である。なぜなら，相手が「あれ，素敵ね」と言っていても，相手の指している物がわからなければコミュニケーションは成立しないためである。共同注意は，まず「私－あなた」の二項関係が0か月から4か月頃，「私」「他者」「もの・こと」の三項関係が6か月頃形成される。この頃までは，養育者がイニシアティブをとり，子どもに何かを見せることが多い。しかしながら，10か月から1歳くらいになると，子どもが主導権をとった指さし行動が出てくる。

（3）語彙や文法の発達

子どもは，1歳くらいになると初語や一語発話，1歳半くらいから二語発話を話し始める。この頃から幼児の語彙が11か月の間に約450語も増える(小林，1999)。この語彙の爆発的増加現象をマークマン(Markman, E. M., 1990)は表11-3のように生得的な制約があるため，余計な仮説検証をする必要がなく，短い時間でたくさんの新しいことばを獲得できると説明した。

しかし，マークマンは環境の要因を軽視している。例えば，子どもに新奇な物を見せ，新奇単語「ムタ」と言いながら，形に注目させるため転がしたり，材質に注目させるため握りつぶしたりする。その後，いくつかの対象から「ムタはどれですか？」と尋ねると，各動作に対応した特徴をもつ物を子どもはムタとして選ぶ(小林，1998)。つまり，子どもは大人がどのような動作をするかという環境からの情報も語彙獲得の際に利用している。

3歳以降になると長い文を発話する文章構成期になる。その時に，終助詞

表11-3　主な制約の種類(福田，2010)

種　類	概　略	例
対象全体ルール	新しい語彙は，その部分やその性質その特性ではなく，全体を指している。	養育者がポチを指さして「ワンワン」と発話した際，子どもはポチの毛の茶色さに注目するのではなく，ポチ全体を呼ぶラベルであると理解する。
カテゴリールール	新しい語彙は主題的に関連を持つ対象ではなく，同じカテゴリーに属する対象につけられる。	/wanwan/という新しいラベルは，ポチの固有名詞ではなく，犬というカテゴリーに対する語彙だと子どもは理解する。
相互排他ルール	対象はただ1つのラベルを持つ。	/ringo/だけを知っている子どもの前にリンゴとマンゴーを置いて「マンゴーを取って」と頼む。子どもは目の前の赤い果物は/ringo/と呼ばれていることは知っているので，これが同時に/mango/とは呼ばれないと推測する。そして，黄色い果物を手渡し(正解！ですね)，黄色い果物＝/mango/という新しい語彙を獲得する。

(ネ，ヨなど)，格助詞(ガ，ノなど)，接続助詞(ケド，テなど)，係・副助詞(ハ，モなど)の順で獲得される(綿巻・西野，1997)。文の構造を決定する大切な格助詞は，主なものは1歳後半から使うことができる。しかし，格助詞の理解が定着するのは小学校3年生以降になる(伊藤ら，1991)。

11-7　ことばの発達：幼児・児童期以降

(1) 会話の発達

a. ターン・テイキング

会話は音声によって行われるために，2人以上の人がいっぺんに話し始めると音が重なり聞き取りにくくなる。そのため，基本的なルールとして話し手が順番に話すこと，つまりターン・テイキングをスムーズに行うことが重要である。聞き手は，発話内の直接的な疑問詞やイントネーションの上がり具合，ポーズとよばれる小休止，身振り手振りなどの合図を受け取り，自分のターンであることを判断し，話し始める。子どもたちが一斉に喋りはじめて，大人が会話の交通整理をしなければならないといった状況は，子どもによるターン・テイキングのルール違反の例である。

b. 会話の公理

大人同士の会話には，明文化されてはいないが厳然とした会話のルールが存在する。グライス(Grice, H. P., 1975)は，表11-4のような4つの公理を提案した。これらのルールに違反すると，社会的制裁を受ける。このようなルールは通常，日常生活の中で獲得していく。

c. 中 心 性

中心性とは，11-3で説明した通り，自分の基準だけから物事を見たり，考えたりする状態である。このような中心性は，例えば，子どもが親族名称を使う場合に現れる(表11-5)。かよ自身の立場だけから考えると，日本の文化の中では誰からも彼女は「かよちゃん」と呼ばれる。一人の人物と名前が一対一対応している。しかし，かよの父親には「お父さん」と「お兄さん」の2つの呼称がある。また，その呼称は呼びかける人によって，許可される場合と許可されない場合があることにかよは混乱している。かよは，父親とかよとの関係と父親と叔母との関係の相違を理解していない。

(2) 読み書き能力の発達

5歳児の6割強は小学校に入る前にすでに61～71文字読め，21～40文字書

表 11-4　会話のルール

会話のルール	概　　略	違反した際の社会的制裁の例
量の公理	必要十分な情報だけを与える	同じ事を何度も話すとけむたがられる
質の公理	虚偽の情報を与えない	「嘘つき」となじられる
関係の公理	相手の発話に関係のあることを言う	「この女の人からの着信は何？」とスマホ片手に質問する妻に向かって「今日の夕飯はおいしいなあ」と応えた夫は浮気を疑われてしまう
様態の公理	簡潔に順序立てて言う	話をわざと難しくしていると，嫌がられる

表 11-5　親族名称に表れた中心性の例(上野，1981)

6歳のかよが叔母と話している
かよ：「せっちゃんどうして，(わたしの)おとうさんのこと，おにいさんなんていうの？」
叔母：「しかたがないでしょ，おにいさんなんだもの。」
かよ：「でも，おとうさんは，おとうさんで，かよ，こまるよ。」
叔母：「かよちゃんには，おとうさんでいいのよ。」
かよ：「でもさ．なんか，おとうさんとおにいさんがふたりいっしょみたいで，きもちがわるいよ。それにさ，ふたつなまえがあるのに，かよがせっちゃんのまねして『おにいさん』なあーんちゃったら，すごくおこられちゃった。だってふたつのなまえがあるんだから，いいんじゃないねえ。おかあさんたら，おこったよ。」

ける割合は5割強である(東ら，1995)。文字を読むためには，**音韻意識**(phonological awareness)をもつことが必要である。音韻意識とは，ことばの音の側面に注意を向け，その音を操作する能力を指す。「つくえ」を「ツ・ク・エ」と音節に分解する能力と，「つくえ」から「エ」という音韻を抽出する能力から構成されている。このような音節分解と音韻の抽出ができるようになるにしたがって，読字数も増加する。日本語の場合は，かな文字と音がおおむね一対一対応していることから，読みの習得は容易である。一方，長音(例：ボール)や拗音(例：さんりんしゃ)，拗長音(例：チョーク)，促音(例：コップ)，撥音(例：パン)といった特殊音節や，助詞の「は」や「へ」の習得が完全にできるようになるのは小学校1年生後半くらいである。

このような読み書き能力は，小学校低学年では単語の命名速度によって規定される。しかし，中学年になると命名速度の影響は無くなる。一方，低学年から高学年にかけて，ワーキングメモリ容量の多さや語彙の豊富さが読解力に正の影響を与える(高橋，1996)。

11-8　対人関係の発達：愛着

人生初期の対人関係は，親子関係が中心となる。その後，兄弟や祖父母などの家族内，近所の人々，仲間，教師との関係に広がっていく。

20世紀前半，栄養や感染などの衛生面が改善されたのにもかかわらず，児童福祉施設に入所している子どもに身体や知能，情緒，社会性の発達に遅滞が認められた。このような発達の遅滞はホスピタリズム（**施設病**）とよばれる。このような事例は，ヒトが正常な発達をするにはミルクだけでは足りないことを物語っている。ボウルビィ（Bowlby, J., 1969）は，ヒトが正常に発達するためには特定の対象に対する特別な情緒的結びつき，**愛着**（attachment）が重要であるとした。

子どもの発達にとって，栄養や物理的環境よりも愛着が重要であることは，ハーロウ（Harlow, H. F., 1959）のアカゲザルの一連の実験によっても明らかにされている。アカゲザルの子を生後まもなく母ザルから引き離し，二体の代理母といっしょに育てた（図11-17）。針金母からだけミルクが出るように仕掛けをしても，子ザルは一日の大半を布母のもとで過ごした。また，シンバルを鳴らすクマのおもちゃを檻の中にいれると，子ザルはびっくりして布母にしがみついた。これは，子ザルが布母を安全基地と認知していることを示す。このように，子ザルは渇きや飢えを満たしてくれる針金母ではなく，柔らかく暖かい触覚に惹かれているのである。

このような愛着行動は，特定の大人と乳児の双方によって形成される。大人が乳児の面倒をみることは想像しやすい。一方，世話をされなければ，個体保存も難しい乳児はどのような働きかけを養育者に行っているのだろうか。

乳児は，さまざまな方策で大人の養育行動を引き出す。例えば，1か月半から2か月くらいから，図11-18のように，他の図形よりもヒトの顔に対して社会的微笑み反応が生じる。社会的微笑み反応は，乳児がうれしいといった感情状態になって，微笑みをうかべているわけではなく，顔などの刺激によって引き起こされる反射である。しかし，乳児の微笑みを見た大人は，社会的通念によってそれを解釈する。つまり，この子は自分のことが好きだ…などである。そうすると，大人は乳児の面倒をみる行動をする。また，子どもの顔よりも大人の顔に対して微笑み反応が出ていることに注目したい。つまり，赤ん坊は養育者として大人を選択している。

また，ベイビネスという身体的特徴も大人の養育行動を引き起こす。乳児は

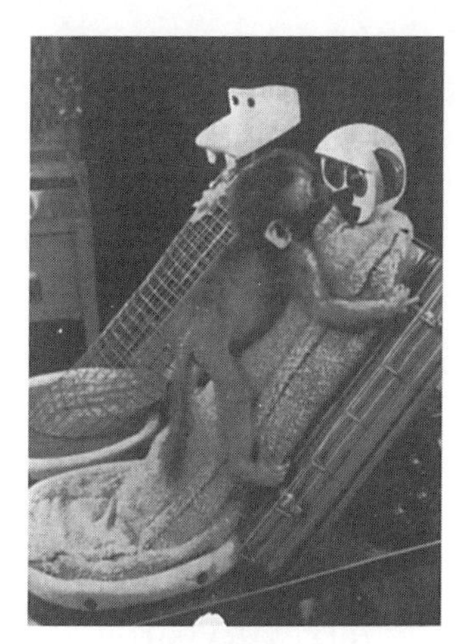

図 11-17　愛着行動（Harlow, 1959：今田ら，2003 より）

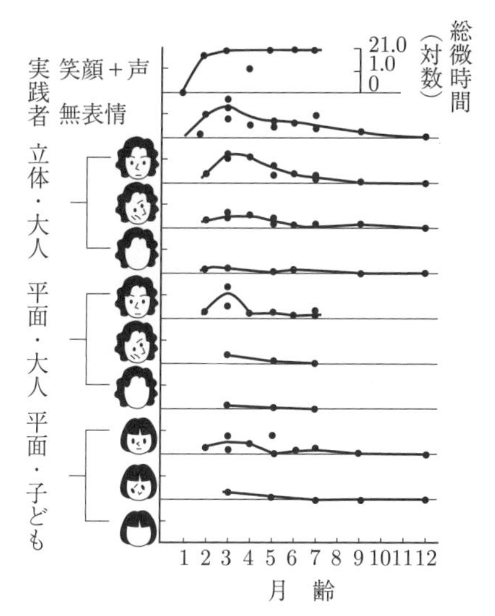

図 11-18　乳児の社会的微笑み反応（高橋，1974）

親との分離場面

悲しみや拒否を表現する

No → 回避型

Yes ——→ 親との再会場面

- 再会できたことを喜ぶ。 → 安定型
- 素直に再会を喜べず，親に近づいたかと思えば，叩いたり，非難したりする。 → アンビバレント型

図 11-19　ストレンジ・シチュエーション法による愛着の分類

3か月くらいになると三等身くらいになり，ふっくらとした体つきや頼りない手足が，大人の守ってあげたいという気持ちを引き出す。このように，生後まもなくから乳児は大人の広く浅い養育行動を引き出している。一方，6か月になると**人見知り**が始まる。このことは，乳児が特定の養育者と他人を区別し，養育者を選好していることを示す。つまり，乳児は特定の大人からより深い養育行動を引き出し，特定の養育者との間の愛着を形成しつつある。

このような愛着は，**ストレンジ・シチュエーション法**によって3つのタイプに分類される。そこでは，幼児が親と離れたり，再会したりする際に示す行動によって分類される(図11-19)。日本では，回避型6％，安定型79％，アンビバレント型15％に分類される(繁田，1987)。

11-9　対人関係の発達：幼児期以降

子どもの対人関係は，2, 3歳になると家族の関係から同年代の子どもとのやり取りに広がっていく。

(1) 幼児期の仲間関係

幼児の遊びは，何もしない状態や傍観している状態から2, 3歳になると他の子どもがいても無関係に遊ぶ行動が増えてくる。また，同じ頃，他の子どもと同じような遊具を使いそばで遊んでいるが，交流はしていない**平行遊び**も増える。年長になると他の子どもと一緒に遊ぶ**連合遊び**が多くなる。そして，何かを作ったり，ゲームをしたり組織だった遊びをする協同遊びに移行しいく(Parten, M., 1932)。幼児は，4歳から9歳といったさまざまな年齢層を遊び相手とし，男女からなるゆるやかな集団をつくる。年長者がリーダーになり，年少者の面倒をみるということが多い。主に，住んでいるところが近いといった物理的要因で形成される。この集団は遊びのたびに作られ，引越し等で一緒にいられなくなると遊ばなくなってしまう，非常に流動的な集団である。

(2) 児童期・青年期の仲間関係

仲間の選び方の基準として，クラスで席が近いといった物理的距離の近さなどの近接性，自分と似た性格や能力，態度，趣味，同じ性別などの類同性，自分とは似ておらず，互いに補え合えるような特性である相補性がある。

小学校低学年では近接性が，中学年になると近接性に加えて類同性が仲間作りの要因になってくる。高学年では類同性が近接性より重要になり，中学生以上になると類同性や相補性が対人魅力の基準となってくる。このように，子どもの自己意識の発達と関連して，他者選択の場合も単なる物理的な要因だけでなく，他者の内面的な特性によって選んだり，選ばれたりするようになる。

特に，児童期の特徴として，9歳くらいになると**ギャング・エイジ**(gang age)とよばれる同性だけからなる集団が作られる。その遊び友だちは，強い結束力を持ち，自分たちだけの秘密を守り，他の人たちに対して排他的である。親や教師の言い付けを守らず，自分たちのルールをかたくなに守ろうとする。子ども同士の横の関係では，集団内でのいろいろな問題を自分たちで解決しなければならない。そこで，自己主張と自己抑制のバランス，コミュニケーション能力，社会的ルールの理解や問題解決能力を養っていく。また，「女子が～」「男子が～」とお互いを攻めたりする時期がこれにあたる。このような性による排他的な行動は，互いに性を意識しているが，まだどのようにアプローチしたらいいかわからないときに起こる。異性に対する社会的スキルが発達するにしたがって，次の集団タイプに移行していく。

思春期になると同性集団ではあるが，異性の集団とも交流を持つクリークという集団を形成する。いわゆるグループ交際をする時期である。そして，男女混同のクラウドという集団を経て，親密な男女関係を築いていく。

（3）成人期から老年期の仲間関係

中年期は今まで生きてきた自分の人生を振り返り，今後の人生をどのように生きるかを考え直す時期である(10-4参照)。その際，重要な他者との関係における葛藤や危機を体験し，それを通して彼らとの関係を自分の人生の中で主体的に位置づけることが再体制化の鍵となる(永田・岡本，2005)。自分にとって関係性が深く，意味がある他人のことを重要な他者(significant other)とよぶ。具体的な再体制化の過程の例を表11-6に示した。

表11-6　重要な他者との関係に関する再体制化プロセスの例(永田・岡本，2005改変)

段　階	49歳男性の例
Ⅰ．危機の認知	嫁姑問題をめぐり，夫婦間での大きな葛藤に直面する。
Ⅱ．重要な他者との相互作用の意識化	自分の母親への態度を非難し続ける妻に対して葛藤をもっていた。その一方で，「投げられたボールをちゃんと投げ返す」という内容の言葉が好きな妻からの自分に対する働きかけやそれに対する自分の対応に目がいく。
Ⅲ．主体的位置づけ	「結局自分は(妻に)向き合っていなかった」という自身の夫としてのあり方が問い直される。
Ⅳ．重要な他者との関係の再構築	「真剣な妻に対して，自分も真剣に投げ返さないといけない」と今後の夫婦関係の方向が確認された。また，「妻がいたから(自分が)変わることができた。そういう人とめぐり会って本当に良かった」と，新たな夫婦関係が自分自身の安定感にもつながる。
Ⅴ．コミットメントの普遍化	「人と(真に)めぐりあうためにはいい加減に生きていてはいけない。(人間関係は)プラスもあればマイナスもある。それがどんなものであっても，(自分は)受け入れられる。」自分自身の対人関係に対する真摯なあり方を重要視している。

注)「　」内は対象者のことばをそのまま使用。(　)内は補足を示す。

また，老年期になるとそれまでの人間関係が失われ，身体的自由がきかなくなり，認知能力も低下していく。そのような中で人生の高い質を保つためには男性女性にかかわらず友人の存在が重要である(近藤，2007)。

11-10　感情の発達

(1) 感情の表出

新生児は生まれて数週間で，満腹になったりなでられていたりする時，おだやかな表情を浮かべる。ルイスら(Lewis, M. et al., 1989)は，他の認知発達と相互作用しながら感情がどのように発達するかを示した(図 11-20)。まず，全身を使った喜びや悲しみ，不快な刺激に対する嫌悪が表出される。そして，6か月頃になるまでには欲求不満状況での怒りや見知らぬ人への恐怖，初めて見るものに対する驚きが表れる。このような基本的な感情に対して，自己意識が発達してくると，照れや他者に対する嫉妬や共感が生まれる。また，社会的規範を内在化しつつある2歳代になると，成功したときの誇り，失敗したときの罪悪感，他人と比較することになり羞恥心が芽生える。また，3歳くらいまでは，地団駄を踏むといった全身運動によって怒りを表したりするが，4歳頃になると，憎まれ口をたたくとか文句を言うといったことばを使った表現に変化していく。

また，他の行動と同様に，感情も学習によって獲得される。5-3の恐怖条件

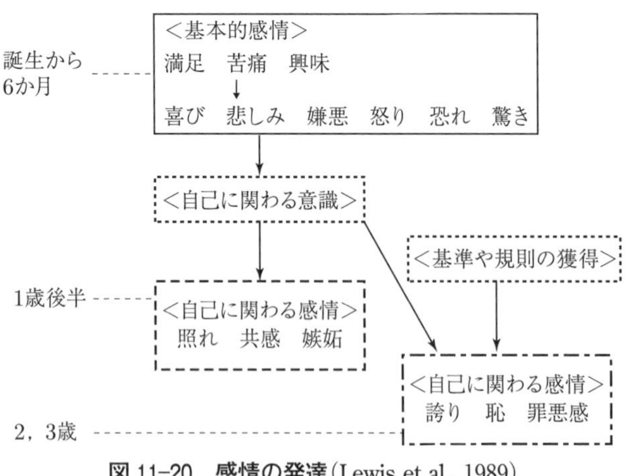

図 11-20　感情の発達(Lewis et al., 1989)

づけを参照してほしい。感情を喚起させる対象は学習を通じて広がっていく。そして，何度も同じ感情体験を繰り返すうちに類似した状況に対する特定のスクリプトができあがっていく(Oatley, K. & Jenkins, J. M., 1996)。例えば，のどが渇いたという欲求不満を泣くことによって表出し，それに対して母親がジュースを買ってくれたら，泣けばジュースを買ってもらえることが幼児に内在化される。そして，ジュースだけでなく，おもちゃが欲しい状況にも広がる。また，母親と一緒というだけなく祖父と一緒という状況でも同じ方略をとるようになる。つまり，他者との相互作用によってどの状況でどの感情をどのように表出するのが適切かを学習していく。

(2) 相手の感情の理解

1歳くらいになると相手の感情を理解し，自分の行動を調整する**社会的参照**(social reference)を利用できるようになる(Sorce, J. F. et al., 1985)。例えば，11-2で紹介した視覚的断崖実験の深い側の奥行きを30センチくらいの高さに変更することにより乳児の感情理解を実験できる。30センチの高さは，乳児にとって行くか行くまいかと迷うくらいの高さである。深い側にいる母親が微笑んでいるときには，約7割の乳児はガラスの上を渡ったが，母親が怖がっているときには全員渡らなかった。つまり，1歳くらいになると母親の表情から感情を推測し，その情報を自分の行動の決定に利用している。

一方，お話の場合にはたとえ主人公が自分と同じ年齢，性別や日常的な場面であっても5歳を過ぎないと主人公の感情推論はうまくできない(戸田, 2003)。特に，怒りや恐れの理解は喜びや悲しみよりも遅い。このように，乳幼児の認知能力は日常の文脈において発揮されることを忘れてはならない。

(3) 感情のコントロール

大人は怒っていてもぐっとこらえるなど，常に感情を表に出すわけではない。特定の文化において適切な感情表出を**表示規則**とよぶ。例えば，3歳くらいになると自分が欲しくないおもちゃをもらった場合，一人になるとがっかりした表情になるが，一方で，贈った人がそばにいるときには微笑むことができる(Cole, P. M., 1986)。つまり，3歳でも表示規則にしたがった行動ができる。しかしながら，微笑んだ理由についてはうまく説明ができない。贈った人をがっかりさせないために，わざと嬉しそうな顔をしたという説明ができるようになるのは，5歳くらいからである。

また，自分の感情によって大人の行動をコントロールすることもできる。例えば，さっきまで元気にはしゃいでいた子どもが，ジュースの自動販売機の前で，のどが渇いて悲しそうなふりをする。そうすると，母親がジュースを子どもに買い与える。ジュースを手に入れた子どもは，戦利品をいかにもおいしそうに飲むといった日常的に見られる光景は，子どもの感情表出による他者の行動のコントロールを示している。

11-11　道徳性の発達

道徳性には，社会で認められている正邪についての原理や規範を受け入れることと，その規範にもとづき行動しようとするという2つの側面が含まれている（石田，1995）。前者に重きを置く場合には，道徳的判断といった認識の問題としてとらえられる。一方，後者に重きを置く場合には，向社会的行動といった実際どのような行動をするのかの問題としてとらえられる。

（1）道徳性の発達

コールバーグ（Kohlberg, L., 1985）は，どこまで普遍化させるかという普遍化可能性と，どこまで〜べきを守るかという指令性によって，個人の道徳性を判定できると考えた。また，道徳的な葛藤は自他の視点の相違から生じ，これ

表 11-7　道徳性の発達（Kohlberg, 1984；首藤，1999 より改変）

	道徳性の内容	社会的視点の様式
レベルⅠ　慣習以前の水準		
段階1　罰志向	罰を回避するために規則に服従する。	自己中心的視点
段階2　個人主義的志向	報酬やよい返報を受けるために同調する。	具体的・個人主義的な視点
レベルⅡ　慣習的水準		
よい子志向	他者の非承認を避けるために同調する。	自分と関係を保つ他者の視点
権威志向	義務不履行についての権威からの非難や罪悪感を避けるために規則を支持する。	自分が所属している社会全体の抽象的な視点
レベルⅢ　慣習以後・原則的水準		
社会的志向	社会契約（自由で平等な個人同士の契約）や社会全体の効用（最大多数の最大幸福）に志向する。	自分が所属している社会を超えた一般的な社会における抽象的な視点
倫理的原理への志向	行為は自分で選んだ倫理的原理によって規定される。	全人類を含む普遍的な視点

を解決するためにより高次の視点を取得する必要がある。これにより彼は，発達段階を道徳的内容と社会的視点取得の両方の観点から考えた(表 11-7)。

具体的には，「奥さんの命を唯一救うことのできる薬を盗んだ」という生命と法律のジレンマに関する道徳的葛藤場面を子どもたちに示し，主人公はどうすべきだと思うか，また，その理由を尋ねた。そして，何について理由づけをしているのか「生命について」「財産を守ることについて」などと，どのように理由づけしているか「単に社会的なルールにしたがっているのか」「権利があると考えるのか」などをもとに，子どもの道徳的発達段階を決定した。その結果，5，6歳の子どもたちは，主に前慣習的レベルにあり，児童期から高校生くらいになると慣習的レベルに移行する。さらに，大学生以降になると社会秩序や人権，福祉への志向が多くなる。

(2) 向社会的行動の発達

電車の中で高齢者に席を譲る，けがをした人を助けるといった自分への見返りを期待せず，他人のために行う行動を**向社会的行動**とよぶ(9-5 参照)。一方，社会的ルールを侵す行動，例えば万引きをするなどは反社会的行動とよばれる。

向社会的行動の萌芽は，泣いている子どもを慰めようとする1歳の子どもの行動にもみとめられる。2歳くらいになると，泣いている赤ん坊にクッキーをあげようと近づき，うまくいかないと頭をなで，それでもうまくいかないと自分の母親を呼んでくるというように慰め方にも多少のバリエーションが出てくる(浜口，1997)。しかし，中心性から脱却していない幼児は，泣いている赤ん坊の母親ではなく，「自分」の母親を呼んでしまう。このように，幼児期にお

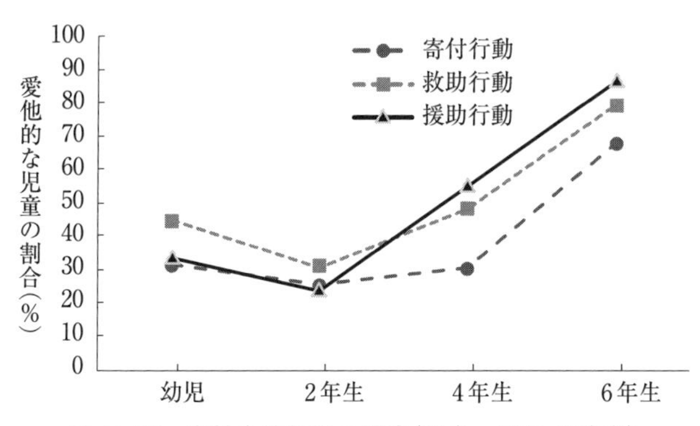

図 11-21　向社会的行動の発達(川島，1991 を改変)

ける慰め行動は自己中心的であり，パターン化している。一方，寄付行動や援助行動，救助行動といったさまざまな向社会的行動の割合は，小学校6年生になると60% を超える(図 11-21)。

12章　こころの個人差

心理学はヒトの行動の一般法則を科学的に探求するという課題を持っている。この課題のもとでは，ヒトの個人差を仮に誤差，すなわち無視するべき要因と考えて，ヒトのこころに入力する刺激を変化させ，刺激の変化に対応する反応の変化を追及する心理学の研究方法がとられることになる。この代表例は社会心理学であり，実生活の例としては，例えば火災などの非常事態には個人差に関係なく，ほぼ全員が避難行動をとる。つまり，状況によって個人差はまさに無視すべき誤差となる。

しかし，その一方で同じ刺激を与えられたときの反応の個人差は存在する。そしてヒト全体が同じ行動をとらざるを得ない非常事態が本当に常ならぬ出来事であれば，すなわち，社会が安定していれば，個人差は無視できない意味を持つ。現代社会はいくつかの社会変動はあるものの，個人差や個性が尊重されている。

労使による賃上げ交渉の場を想像してほしい。経営側と労働者側は対面して座る。これは，二者の立場が異なることを示している。また，仕事のパフォーマンスは対面して座った方が高まる。一方，リラックスした雰囲気を出し，相手との親密感を高めたい場合には，90 度の場所に座ると効果がある。

これに対して，例えば川べりのカップルは隣どうしに座り，かつ腕を肩にまわしたりして，身体的距離は非常に近い。親密な関係があるため，個々人の個人空間への侵入が許されている。一方，他のカップルからは，一定の距離を置いて座っている。

12-1　知　能

物理が得意な人は数学もできることがある。英語ができる人は中国語の学習も速いことがある。ある領域の課題を解く能力に優れた人が，他の領域の課題を解く能力に優れているということは，2つの領域の課題を解く能力には何らかの共通点があると考えられる。このように，知能はいくつかの知的な作業の遂行能力どうしの背景にある共通因子と考えられている。

（1）知能の因子論

イギリスのスピアマン（Spearman, C. E., 1904）は小学生の古典，仏語，英語，数学，音楽の学業成績の間に相関があるかどうか検討し，因子分析的な処理を行ったところ，いわゆる一般的な頭のよさに相当する一般因子と各科目の得手不得手に関する特殊因子が抽出された。ここからスピアマン（1904）は知能の二因子説を唱えた。

一方，アメリカのサーストン（Thurstone, L. L., 1938）は知能をすべての知的作業に共通する一般因子で説明するのは困難と考えて，知的能力を測定する各種検査の結果に因子分析的処理を行って，言語理解，語の流暢性，空間関係，計算，記憶，推理，知覚の速さに分類した。これを知能の多因子説という。

これらの知能因子研究をうけ，ギルフォード（Guilford, J. P., 1967）は情報処理機能を中心に据えた，**知能構造立体モデル**を提唱した（図 12-1）。知能とは，①処理される情報の種類や型を捉える（内容），②情報に心的操作を加える操作，③情報を伝えるカテゴリーを示す所産，という一連の過程で構成されると考えた。図 12-1 のように，①内容には 4 種，②操作には 5 種，③所産には

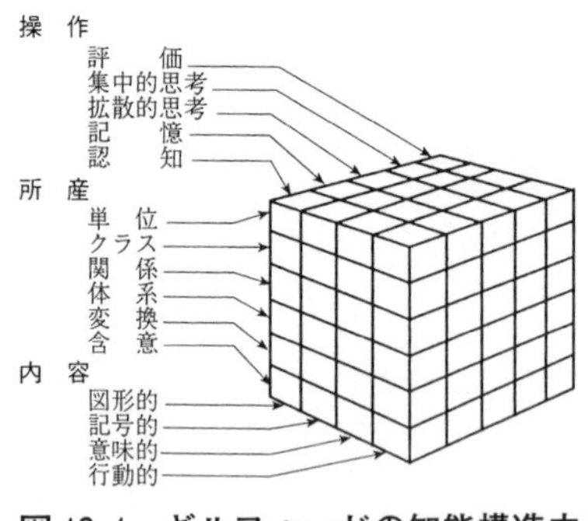

図 12-1　ギルフォードの知能構造立体モデル

$$IQ = \frac{\text{精神年齢（月齢）}}{\text{生活年齢（月齢）}} \times 100$$

図 12-2　知能指数（IQ）の計算式

6種があるとして，知能因子立体モデルを提案した。この一つひとつのブロックが知能因子である。120の知能因子が想定され，うち80因子はかなり解明されたが，未だ残されている因子もある。しかし，未発見の知能因子を予測するという意味で興味深い。

（2）知能の測定

現代につながる知能の測定方法が最初に体系化されたのはフランスである。フランス社会教育省は知的障害児の支援状況を改善するために，知的障害の有無と障害の程度を査定できる知能尺度の制作をビネー(Binet, A.)に依頼した。ビネーはある年齢段階で社会が子どもに期待する知的能力を知能と定義した。そして，知的障害者施設の医学者シモン(Simon, T.)と共に，特定年齢の子どもの50%から75%が正しく答えられるテスト項目を統計的な手続きで標準化した(Binet & Simon, 1911)。このテスト項目は，アメリカで実際の月齢(**生活年齢**)とテスト結果が示す知的発達(**精神年齢**)から**知能指数**(**IQ**)を算出するスタンフォード・ビネー式知能検査に発展した(図12-2)。この検査は3歳から13歳まで適用でき，総合的な知能の発達状況を短時間で測定できる。

現在の知能測定ではニューヨークのベルビュー病院のウェクスラー(Wechsler, D.)が開発した方法がよく用いられている。ウェクスラーは知能を，合目的的に行動し，合理的に思考し，環境を効果的に処理する総合的または全体的な能力と定義した。そして，知能の質的な差異を調べるために，図12-3のように知能を言語性知能と動作性知能に大別し，それぞれに下位の知能検査を設定した。個人の各下位検査間のバラツキはプロフィールで表す。手続きとしては**言語性知能**，**動作性知能**それぞれのIQを算出し，その後，総合的な知能を算出する。なお，総合的な知能得点を算出するために**偏差IQ**という偏差値の算出方法と似た独自の方法を開発している。

ウェクスラーは1955年に，16歳以上に適用できる成人用知能検査(**WAIS**：Wechsler adult intelligence scale)を作成した。また5歳から15歳に適用する

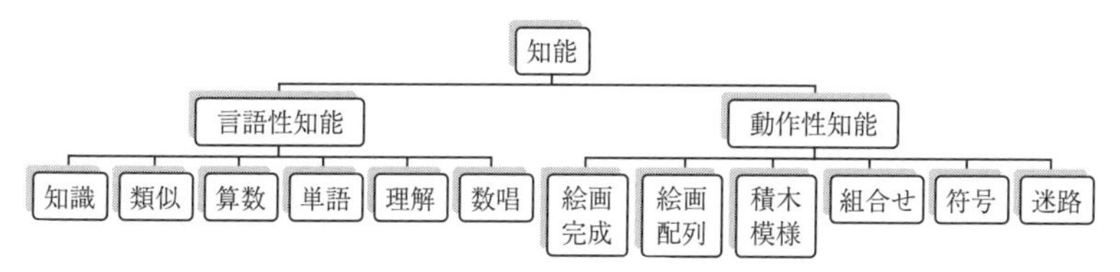

図12-3　ウェクスラーの知能モデルと下位検査

児童用知能検査(**WISC**: Wechsler intelligence scale for children)，5歳以下に適用できる知能検査(**WPPSI**: Wechsler preschool and primary scale of intelligence)も作成している。

(3) 知能検査の問題点

知能検査に関してよく指摘される問題点としては，創造性や社会性，芸術的なセンスなどは測れないこと，標準化された一種類だけのテストしかないため練習効果が表れやすいこと，社会的な主流派を対象に作られるので人種や富裕度によって得点が違うこと，知能指数が正常でも対人関係でトラブルが多いなどは判別できないこと，などがある。知能検査を用いる場合は，こういった問題点や限界への配慮を怠ってはならない。

12-2　性　　格

私たちはだれかに大切な話をする前に，この話をするとこの人はきっとこんな顔するだろうなあ，あの人はきっとあんな顔するだろうなあ，と相手の反応を想像することがある。同じ話をしても誰もが同じ反応をするわけではない。反応の違いはその人の立場や置かれている社会的な状況で異なることもあるが，その人の個性に由来する違いもある。このような刺激への反応の個人差の中でも特に情動的で意志的な側面を性格とよぶ。

(1) 性格，気質，パーソナリティ

ヒトのこころを表すときに知情意ということばが用いられるが，このうち情と意の個人差を表すことばが**性格**(character)である。関連する用語として特に性格の中の遺伝的素質と生理的特質を表すときに**気質**(temperament)ということばが使われる。一方で，個人の行動の特徴は個人の知情意の活動が全般的

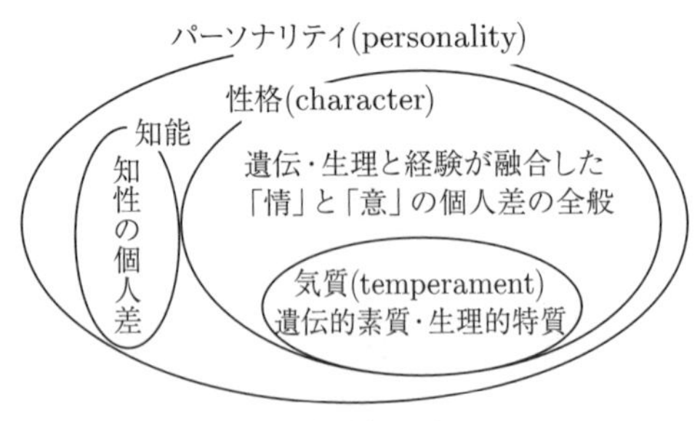

図 12-4　性格，気質，パーソナリティ

表 12-1　ユングの類型論による各類型の特徴

	外向性	内向性
思　考	科学者・弁護士	哲学者・大著を持つ学者
感　情	司会者・料亭の女将	神秘的な芸術家・宗教家
感　覚	冒険家・実業家	古美術の鑑定士
直　観	腕のいい職人・企画者	詩人・荒野に叫ぶ説教者

に関わっていると考える場合には**パーソナリティ**(personality)という用語が用いられる。なお，パーソナリティと性格は相互に言い換えられることもある。またパーソナリティには人格という訳語があてられることもあるが，近年ではパーソナリティと表記することが多い(図 12-4)。

(2) 性格の類型

私たちは性格を理解・記述するときに，あの人はこういうタイプだね，と何らかの類型をイメージして，その類型に当てはまるかどうかで個性を考えることがある。このような性格の理解の仕方を**類型論**という。ドイツの精神医学者クレッチマー(Kretschmer, E.)によると，体型と性格は関連があり，肥満型の人は気分に波がある**躁うつ気質**，細長型の人は非社交的な**統合失調気質**，筋肉質の**闘士型**の人は粘り強く没頭しやすいとされている。またスイスの精神科医で心理療法家のユング(Jung, C. G.)はこころのエネルギーが自分の内面に向く内向性，外面に向く外向性を１つの軸として，ヒトを**内向性**と**外向性**に分けた。さらに思考・感情・感覚・直観の４つのこころの機能を想定し，そのうちの１つが相対的に他の機能より使われやすい優性機能として，８つの類型を提案した。表 12-1 のようにユングの類型論は性格を活かせる職業や社会的役割と結びつけて考えられることが多く，就労支援や**キャリア開発**の分野でよく使われている(詫摩ら，2003)。

類型論は，このように比較的少数の典型を設けて個人の全体像を記述する方法であり，直観的に理解しやすく，またヒトの実態から出発しているので，妥当性も高いことが多い。しかし，類型に合致しない個人の細かい特徴や程度の差を捉えることが難しく，また類型間の中間型や混合型などを捉えることも難しい。

(3) 性格と特性

一方で，性格をいくつかの特性に分け，その特性の高低をプロフィールに描いて個人全体の性格を把握する方法が**特性論**である。例えばキャッテル(Cattell, R. B., 1905–1998)は性格特性用語を整理して因子分析という心理統計法か

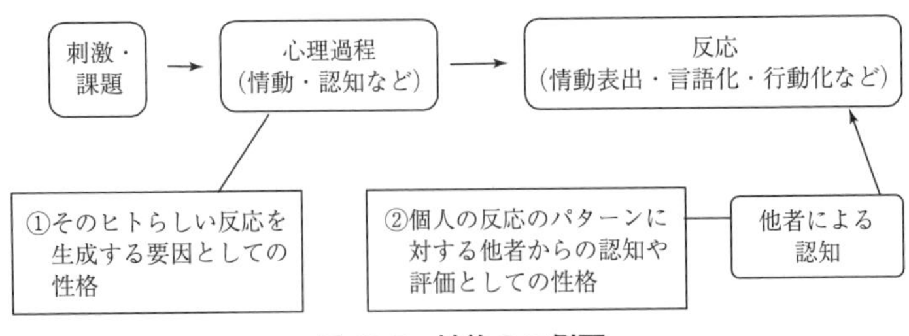

図 12-5 性格の二側面

ら12の特性を突き止めた。12の特性は情感や知能，自我強度，支配的，衝動性，公徳心，大胆，繊細，猜疑心，空想性，狡猾（こうかつ），罪責感である。キャッテルはさらに，抗争性，自己充足，不安抑制力，浮動性不安の4特性を加えて16特性のプロフィールで性格を理解する**16 PF**という心理テストを開発している。このような性格特性用語を用いた因子分析的研究から，近年では**5因子論**(Big Five Theory)とよばれる5因子に整理できるという考え方が主流になっている(12-5参照)。特性論は個人の細かい特徴を多次元的に把握できるが，直観的にわかりにくいという特徴を持っている。

(4) 性格の考え方

性格を「その人らしい反応」を生成する要因として捉えると図12-5の①のように，刺激や課題を心理的に処理する過程の個人差と考えることができる。一方で，性格とは他者による認知や評価で成り立っている側面もある。例えばユングの類型論における内向感情型の人を「神秘的」と思うのは本人ではなく，それ以外の類型の人々だろう。このように性格を考える場合は①と②の両面から考えて把握する必要がある(詫摩ら，2003)。

12-3 性格テスト

性格テストは大きく分けると，質問紙法，作業検査，投影法がある。質問紙法は主に意識の部分，作業検査法や投影法は主に無意識の部分を測定する。

(1) 質問紙法

質問紙法とは用意された質問文に本人が自発的に回答していく方法である(図12-6)。集団で実施することもできる。おもに性格や情緒性，社会的適応性，態度，興味，道徳性の測定に利用される。日本で一般的に用いられるものに，ギルフォード(Guilford, 1940)のパーソナリティ目録と人事公差目録を参

次の文章について，普段のあなた自身にどの程度あてはまりますか？あてはまる番号に○をつけて下さい。

全く当てはまらない／やや当てはまらない／どちらともいえない／やや当てはまる／よく当てはまる

1．私はたいてい受け容れられている。…………1－2－3－4－5
2．私は信頼されている。…………………………1－2－3－4－5
3．私は理解されている。…………………………1－2－3－4－5
4．私が行くと喜ばれる場がある。………………1－2－3－4－5
5．私はたいていの場で認められている。………1－2－3－4－5
6．私は人並みには大切にされている。…………1－2－3－4－5
7．たいてい人は私に快く応えてくれる。………1－2－3－4－5
8．だれか私に優しくしてくれる人がいる。……1－2－3－4－5

図 12-6　質問紙の例（対人関係の認知傾向の被受容感尺度（杉山・坂本，2006）
平均値(SD)：男性 28.4(4.96)，女性 29.7(5.27)

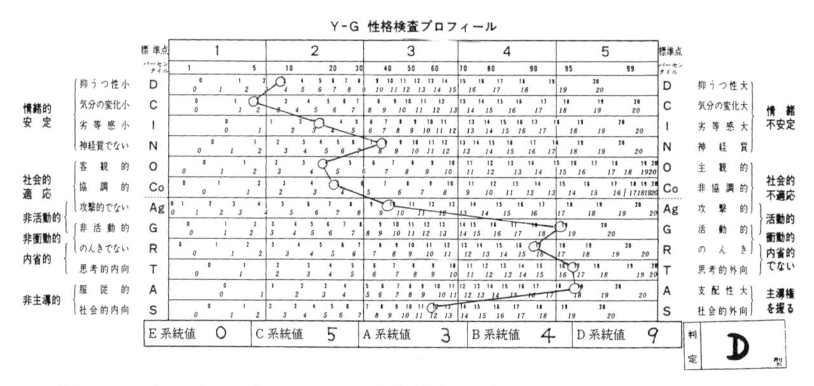

図 12-7　矢田部・ギルフォード性格検査のプロフィール例（辻岡，1976）

考に矢田部らが作成した**Y-G（矢田部・ギルフォード）性格検査**がある（図 12-7）。また，交流分析という心理療法のパーソナリティ仮説に基づいた**TEG（東大式エゴグラム）**も，企業の採用活動や心理教育などでも活用される。医療領域でよく用いられるものには，精神障害者に対する医学的診断に客観性を与えるために作成された**MMPI（ミネソタ多面式パーソナリティ目録）**がある。これは，心気症や抑うつ性，ヒステリー性，精神病質的偏倚などの10の異常心理についての臨床診断尺度と妥当性に関わる尺度の計550項目からなる心理検査である。また，抑うつの重軽症の程度を測定するのに優れた**SDS（自己記入式抑うつ尺度）**は医療だけでなく心理学研究でもよく用いられている。ストレスの測定では**CMI（コーネルメディカルインデックス）**などがあげられる。

質問紙法は，簡便で短時間で多くのデータを取ることができる。しかし，嘘の回答や社会的に望ましい方向に回答がゆがむという短所がある。

（2） 作業検査

作業検査とはある一定の作業を課して，作業の経過や遂行結果を資料としてパーソナリティを測定する方法の一つである。日本でよく使われているものに**内田クレペリン精神作業検査**がある（図 12-8）。この検査はランダムに並んだ一桁の数字について，隣どうしを合算して1の位の数を間に次々と記入していく。15列を各1分ずつ，休憩をはさんで2試行実施する。1分ごとの作業量を前半，後半ごとにグラフ化して作業曲線を作成し，曲線の型や作業量から性格の判断が行われる。図 12-9 のような定型曲線ではない作業量にでこぼこがある場合には注意集中に問題があると考えられる。また，定型曲線では検査開始直後の作業量は多く，これは被検者の初頭努力を反映している。しかし，この初頭努力が見られない場合には，スロースターター型とよばれ，仕事への取りつきが悪いとされる。自動車の運転免許の適性検査として用いられることもあり，高校の進路指導，企業の採用試験など広く実社会で活用されている。

作業検査の長所は，検査の目的が調査参加者にわかりづらく，嘘などの回答

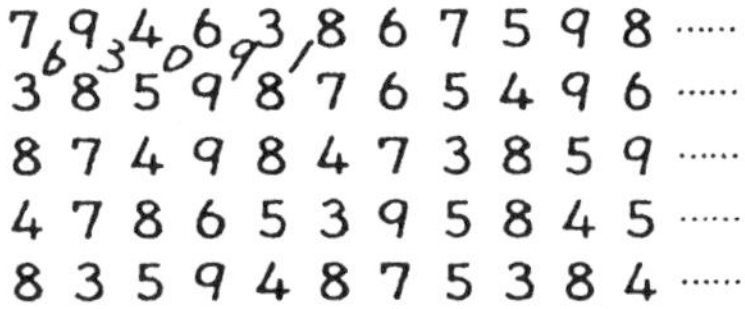

7 9 4 6 3 8 6 7 5 9 8 ……
6 3 0 9 1
3 8 5 9 8 7 6 5 4 9 6 ……
8 7 4 9 8 4 7 3 8 5 9 ……
4 7 8 6 5 3 9 5 8 4 5 ……
8 3 5 9 4 8 7 5 3 8 4 ……

図 12-8　内田クレペリン精神作業検査のイメージ（甲村，2006）

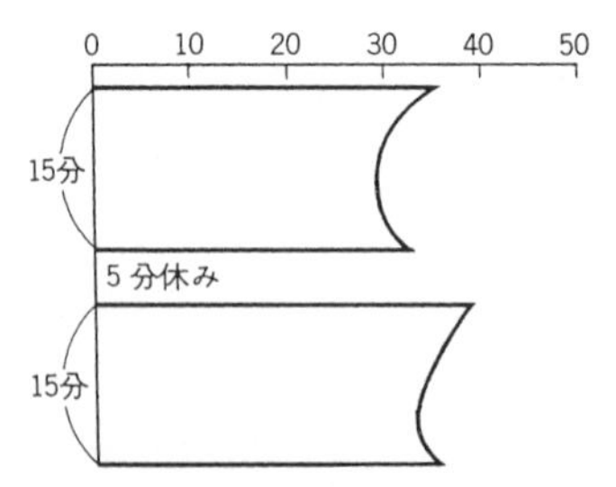

図 12-9　内田クレペリン精神作業検査結果の定型曲線例（村田，1987）

が無いことである。一方，測定できる対象が狭いことが短所である。

(3) 投 影 法

投影法とはあいまいな図形や文章を提示して口頭あるいは文章で回答を求め，パーソナリティを測定・診断する方法である。おもに欲求や葛藤などの深層心理を探るために利用される。

文章完成法(SCT：Sentence Completion Test)は「私の父は…です」などの未完成な文章の空欄を埋める方法で，埋められた事象にそのヒトの欲求や考えが投影されるとみなす。このテストは児童以上に行われ，深層心理のより浅いレベルを探るときに利用される。

PF スタディは 8-3 で紹介したように，葛藤場面におけるヒトの攻撃性について測定する。例えば，被検者に図 12-10 の図版の吹き出しに台詞を入れてもらい，その言葉から攻撃性を測定する。

主題統覚検査(TAT：Thematic Apperception Test)では，被検者に図 12-11 のような図版をもとに，自由に物語を作ってもらう。その物語には被検者の無意識の動機が投影されている。

また，**ロールシャッハ・テスト**とはスイスの精神科医ロールシャッハ(Rorschach, H., 1921)が提案した 10 枚のインクのシミでできた左右対称の図版への反応をもとに被検者の内界の動きを検討する方法である。曖昧な刺激を知覚する場合，ヒトは個人によって異なる知覚の構えを用いて判断する。その知覚の構造を分析することで日常生活の言動では明らかになりにくい精神の内界，すなわち無意識的な領域を明らかにすることを目的に開発された。10 枚のうち半分は色つきの図版であり，色に対する個人の反応や，全体的な形への反

図 12-10　PF スタディの例

図 12-11　TAT 図版の例

図 12-12　ロールシャッハ・テストの図版を模した図(牛腸，1980)

応，図版の部分への反応などから個人の葛藤や多用する防衛機制の質などを理解する資料とする。専門的な知識と豊富な臨床経験が必要とされ，個人ごとに実施するのが普通である。

なお，原図版を繰り返し見ると学習効果が生じて検査時に正しく判定できないことがあるので，原図版の安易な掲載は心理検査の倫理規定に触れる。図12-12はロールシャッハ・テストの原図版と類似した方法で作成した模造図版の例である。

投影法の長所は作業検査と同様に，検査の目的が被検者にわかりづらく，嘘などの回答がされにくいことである。一方，検査の実施や結果の解釈のために専門的な訓練を受けた検査者しか行うことができないため，コストがかかる。

12-4　認知の個人差

例えば，知らない街でも地図を見るだけでほとんど迷わないヒトもいれば，何度通っても繰り返し迷うヒトもいる。ヒトの行動の背景にある認知的な情報処理には個人差がある。このような個人差は**認知スタイル**とよばれており，さまざまな認知スタイルが研究されている(例えば Larsen-Freeman, D. & Long, M. H., 1991)。

(1) 熟慮型と衝動型

例えば，駅であなたの友人と思われるヒトが，あなたを追い越した。あなたは即座にそのヒトに声をかけるだろうか。黙って友人かどうか確認するだろうか？

このような個人差について，ケイガンら(Kagan, J. et al., 1963)は認知的なテンポに注目して，反応や判断は遅いけれども誤りが少ない**熟慮型**(reflectivity)，反応や判断は早いけれども誤りが多い**衝動型**(impulsivity)に分類した。この認知スタイルは個人内で比較的変化が小さいが，年齢と共に判断の枠組みとして複雑で体制化された認知構造を使うようになる。そのため，成長するに従って衝動型から熟慮型に少しずつ移行することが多い。

(2) 場依存と場独立

図12-13を見て，左側の小さな図形を右側の大きくて複雑な図形の中にいくつ見い出すことができるだろうか？あまり時間をかけずに回答できるヒトは**場独立型**(field independence)，なかなか見い出せないヒトは**場依存型**(field dependence)に分類される。

ウィトキンら(Witkin, H. A. et al., 1977)は，場独立型は場全体からその一部分を分離して，組織化された文脈の中から目指す要素を認知的に取り出すことができるタイプとした。目立つ手がかりや場の雰囲気よりも内的な目標や課題遂行を重視する傾向にある。一方で，場依存型は目立つ手がかりを重視し，場の雰囲気や文脈に敏感である。人間関係や社会的意味のある情報処理に優れる傾向にある。男女差があり，男性は場独立の傾向が高い。女性は場依存の傾向が高く，対人関係の認知に優れているため，対人接触が多い職に向いているとされている。

(3) 聴覚優先型と視覚優先型

あなたは新しい漢字を覚えるときに，まずはその形にじっくりと注目するだろうか，それともその漢字の読み方に注目するだろうか？

認知スタイルの中でも語学学習に関連が深いと言われているものが，リチャードソン(Richardson, A., 1977)の提案した情報処理の**視覚優先型**(visualizer)と**聴覚優先型**(verbalizer)である。前者は文字通り形態や視覚的な変化など視覚情報を優先的な手がかりとして情報を処理して物事を学習するのに対して，後者は音声や聴覚的な変化など聴覚情報を優先的に処理して学習する。そのた

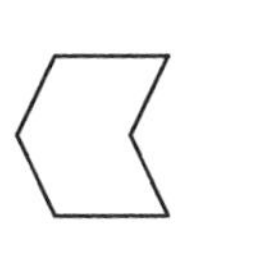
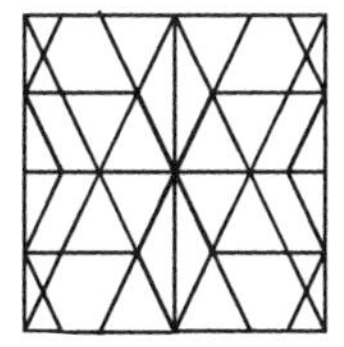

図12-13　左の図形は右の図の中に左右反転を含めて6つ見出せる

め，教授者の教授スタイルと学習者の認知スタイルが合致すると学習効果が高いが，スタイルが合わない場合は学習効果も低く，時間がかかり，両者とも負担を感じる場合が多い。このことから個人のスタイルに適した学習の方略を用いることが重要であることがわかる。

（4）曖昧さへの耐性

一方で，認知スタイルが私たちの心理的な安定に影響する場合もある。ヒトは自分のいる状況に最適な対応をするために，状況を把握するように動機づけられるが，場合によっては状況の意味を明確に理解できない事態もある。例えば，初めての仕事で作業の流れが不明確な場面，他者が笑っているけれども本当は何を考えているかわからない場面などの状況には，曖昧さが存在する。

ブドナー(Budner, S., 1962)は，状況に対して十分な手がかりがないときに，ヒトは曖昧さを知覚すること，そしてこの曖昧さへの反応に個人差があることを指摘した。曖昧さを促しやすい状況は，手がかりが少ない新奇な状況，考慮すべき手がかりが多すぎる複雑な状況，手がかりどうしが矛盾している複雑な状況の3つがある。

例えば，答えが簡単に出ないような課題があるときに曖昧さへの耐性が低い場合は可及的速やかに答えを出して課題を解決するように動機づけられ，情報収集など解決に向けた努力も惜しまない。つまり，曖昧な事態を否認している。しかし，努力しても答えが出ない場合は大きな葛藤を抱えることになり心理的な負担が増す。一方で，曖昧さへの耐性が高い場合は，適切な答えが見つかるまでは結論を急がない態度をとることができる。つまり，曖昧な事態を受容する。この場合は，少しの努力で曖昧さが消える場合は曖昧さを残してしまうが，曖昧さを消しがたい状況では心理的な負担を軽減することができる。このように認知スタイルは私たちの心理的な安定にも関わっている。

12-5 情動の個人差

ヒトの性格について話し合うときに，このヒトはこんなときには怒るよね，とか，あのヒトはあんなときには笑うよね，というようにヒトの情動について考えることはないだろうか。私たちはヒトの情動的特質について関心を持つことが多い。情動は個人の内面や生活環境をうかがう窓のような役割を果たしている(8-5 参照)。

表 12-2　性格の 5 因子と情動の関連

分類した心理学者	性格特性用語の分類(因子)と情動				
McCrea & Costa(1985) Norman(1963)	外向性 高潮性	(非)調和性 (非)協調性	勤勉性 勤勉性	神経症傾向 情緒不安定性	経験への開放 教養(文化)
関連する情動	喜び	怒り・不満	−	不安・恐れ	興味・関心

(1) 情動の個人差の認知

私たちはヒトの情動傾向のパターンを日常生活でどの程度分類して捉えているのだろうか。私たちの認知資源は限られているので，実生活の中で注目できる情動の種類は限られてくる。この問題に対する 1 つの答えとして，性格の 5 因子論が注目されている。性格の 5 因子論とは，ヒトの性格特性を表す用語を類似性で分類すると 5 つの領域が抽出できる，という仮説である(12-2 参照)。表 12-2 のように 5 因子のうち 4 因子は情動と対応しており，私たちはヒトの情動的特質を 4 領域から捉えていることがわかる(例えば高橋・谷口，2002)。勤勉性に対応する情動はないが，例えば事務作業に集中すると軽いうつ状態やイライラが緩和するなど，ネガティブな情動体験への対処と考えられている。

また，情動には個人の生活環境の構成を方向付ける役割もある。例えば興味・関心が高い個人は文化的な刺激を呼び込む生活環境を作り，不安・恐れの高い個人は新奇な刺激や変化の少ない生活環境を作る。

(2) 対人関係における情動の体験の個人差

人間関係はヒトの重要な生活環境であるので，人間関係における情動の個人差を考えてみよう。11-8 で紹介された乳幼児期の愛着の概念を応用した**成人愛着スタイル**(adult attachment style)モデルでは，他者の自分への情緒的反応や他者との適切な距離感を考えるときの**内的ワーキングモデル**として働いている。そのモデルには**安定型**(secure)，**不安－アンビバレント型**(anxiety–ambivalent)，**回避型**(avoidance)と 3 つのタイプがある。

安定型は自分の対人関係が安全で安定していると確信しているので，情動の変化が全般的に小さい。特にネガティブな刺激に直面したときの情緒の安定が目立つ。

不安－アンビバレント型は他者と親和的な関係を望む一方で，自分の接近によって他者がネガティブな反応をするのではないかと不安になりやすく，些細な他者の表情の曇りで大きな情動反応を示す。情動には怒りを中心に反応が構成される支配的な対抗型と，悲しみを中心に反応が構成される悲観的な受動型がある。一方，他者に受容された，尊敬されたといったポジティブなメッセージやライフイベントでは大きな喜びを経験するなど，情動の変化が大きい。

回避型は恐れを中心に内的ワーキングモデルが組織化されており，他者の接近は侵入や脅威に感じられることが多い。他者への情動表出も相対的にネガティブなものが目立ち，他者に危害を加えるわけではないが他者を寄せ付けないように振る舞う。

このように対人関係で感じる情動には個人差があるが，特定のロマンティック・パートナーと長期的に安定した関係を持った場合，他のタイプから**獲得安定型**に変容することがある。

（3）気質としての情動

情動の個人差には生得的な気質の影響もある。例えばクローニンジャー(Cloninger, C., 1997)は脳内の**セロトニン**の代謝パターンに由来する**危険回避**(harm avoidance)という気質を見いだした。この気質傾向が高いヒトは悲哀感や不安を喚起するような情報に敏感で，ネガティブな情動を感じやすい。行動を自制しやすいので，例えば見知らぬ人には近づかない，初めてのことには手を出さない，といった傾向が見られる。そのため，既知の事柄や慣れ親しんだ環境に深い安心感を覚えるので引っ越しを好まない。同様に**ドーパミン**の代謝パターンに由来する**新奇性追求**(novelty seeking)が高い個人は，自分自身の興味関心や行動が外的に制限されると，怒りや敵意を持ちやすい。一方で，新しい発見や未知の領域に大きな喜びを覚えるので，探索的な行動に動機づけられやすい。そのため，転職や引っ越しに抵抗はなく，むしろ嬉しい。このように情動反応パターンの気質的な個人差はヒトの反応パターンや活動，生活様式の多様性を生みだしている(例えば木島ら，2010)。

V 部　こころの支援

13章　こころへの支援

ヒトを愛すれば愛するほど，ヒトを素敵に思えば思うほど，そのヒトに見捨てられる不安を持てあますことがある。逆に自分を愛すれば愛するほど，自分を磨けば磨くほど，ヒトが自分から遠ざかっていくことがある。このようなこころの動きと周囲の反応の裏腹さは，程度の違いはあれ，私たちは日常的に体験している。

ヒトは周囲の反応に合わせて，こころの動き方を調整しなければならない。幸い調整する能力を備えて生まれているが，調整は負担が大きく，大きな心理的苦痛を伴うこともある。しかし，他者からのわずかな支援で，心理的苦痛は大きく軽減できることがある。ヒトを苦痛から救うのは，ヒトからのこころへの支援である。

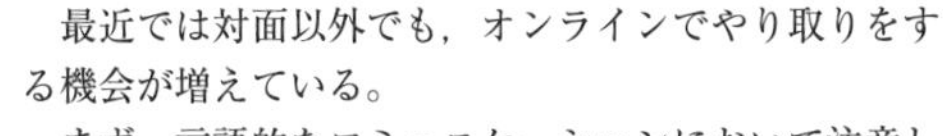

最近では対面以外でも，オンラインでやり取りをする機会が増えている。

まず，言語的なコミュニケーションにおいて注意しなければならないことは対面の場合と同じである。加えて，ゆっくりとそして発音を明瞭に話すことが重要である。オンラインでのコミュニケーションでは対面時よりも，話し手と聞き手の交替はスムーズにできない。自分の話を理解しているかの確認とともに，相手の発信を妨げないような配慮が必要である。

非言語的な行動にも注意しなければならない。対面時の時と同様な表情では，自分の感情を伝えられない場合がある。大げさなリアクションやカメラの位置を調整することによってアイコンタクトをして，話し手に話しやすい場を与えることが，お互いの円滑なコミュニケーションにつながっていく。

13-1　精神分析

こころの問題の軽減を目指した支援を総称して**心理療法**(psychotherapy)とよぶ。ここでは今日の心理療法に発展したもっとも古い試みであるフロイト(Freud, S.)の精神分析について考えてみよう。

(1) 精神分析の病因論

初期の精神分析は，当時**ヒステリー**とよばれた**解離性障害**および**身体表現性障害**の原因は幼少期に受けた心的外傷の結果であるという病因論に基づいている。フロイトはこころの領域を**意識**，少しの努力で意識化できるこころの領域である**前意識**，努力しても意識化できないこころの領域である**無意識**に分け(図13-1)，思い出すと不愉快な**心的外傷**体験は無意識に押しとどめられると考えた。しかし，無意識に押しとどめても外傷体験の記憶は特に感情面で意識に影響を与える。すなわち行動を動機づける無意識の力が発生する。ただし，外傷体験そのものは意識化されないので，何に苦悩しているのかわからないままに心理的，身体的なヒステリーの症状として表われる(図13-1の矢印)。フロイトは無意識に封印した外傷体験を，感情表現とともに語ってもらうことで症状の軽減を図る**カタルシス療法**という治療法を考案した。

(2) 自由連想法

クライエントに自分自身の心理的な体験を語ってもらうことは非常に基本的な方法としてあらゆる心理療法で重視されている。しかし，思い出すと不快な心的外傷は防衛機制(8-3参照)によって複雑に無意識に押しとどめられている。そこで，フロイトはクライエントに寝椅子に腰掛けさせ，彼自身もクライエントの視界外に移動し，刺激を極力減らして，リラックスして自由に話して

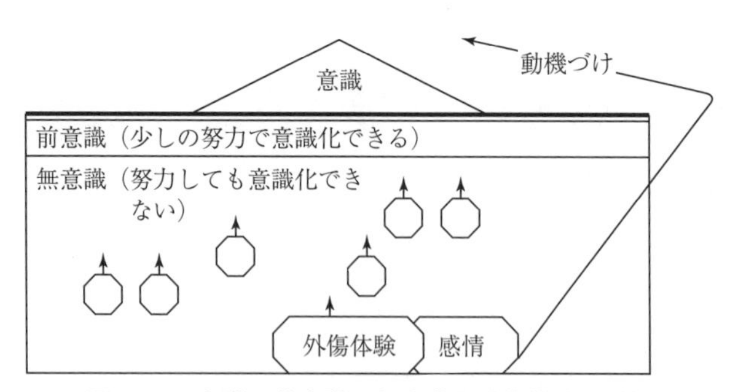

図13-1　意識・前意識・無意識と外傷体験の影響

もらう**自由連想法**という方法を考案した。この方法により無意識の内容が言語化されやすくなる。現在の日本の心理療法では特殊な場合を除いてあまり使われていないが，リラックスによって防衛機制の抵抗を減らして自由に話してもらうという心理療法の基本姿勢は今日も重視されている。

（3）心的装置

外傷体験の記憶や社会的な摩擦を起こすような願望，過剰な恐れや不安を必要以上に考えることは，現実の世界においてうまく生きることの妨げになってしまう。例えば，男児は自分を懲らしめるかもしれない父親を恐れる心理と，父親を未来の自分または自分の理想として同一化する心理を同時に持つことがある。このように父親を恐れる心理は**エディプス・コンプレックス**とよばれ，4, 5歳の男児が自分を快適にしてくれる母に恋をして，独占しようと思うあまり，ライバルとしての父親が恐ろしくなる状態を指す。

二種類の心理が葛藤すると，子どもには父親とよい関係でいることが生活や生存のために必要なので，恐怖のほうを防衛機制で意識から除外する。このようなこころの働きは図13-2のような複雑な心的装置の働きで生じる。

イドは生き残るためのエネルギーの源泉として「安全に生き延びたい」という基本的な願望を**自我**に要請する。さらに，生き延びるために必要な物には快

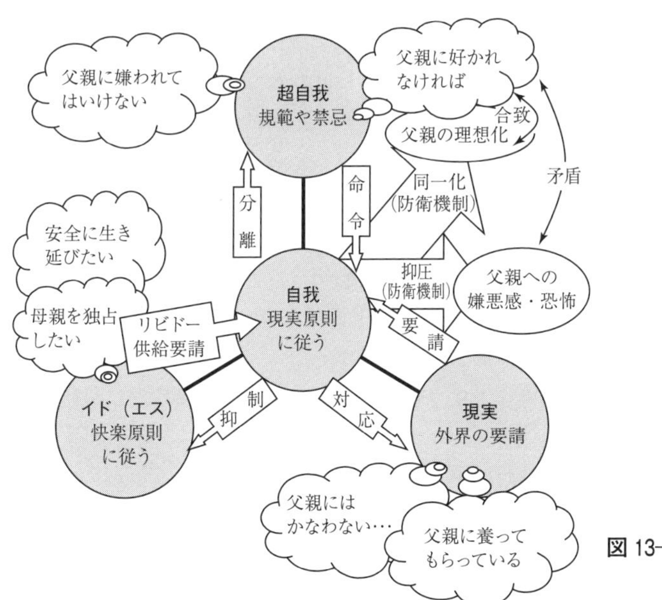

図13-2　心的装置

楽を覚えるように作られている。そのため，イドは可能な限り快楽を追求するようにも自我に要請をするので，この場合，男児は母親の独占を希求する。

一方，父親に養われていて全くかなわないという現実の中で，父親に嫌われてはいけないという規範，つまり**超自我**が作られる。同時に母親を独占したいという強いリビドーもある。**リビドー**とは，生きるために快楽に向かわせるエネルギーを指す。すなわち，自分のリビドーと父親から嫌われてはいけないという超自我の命令や現実の要請と矛盾するので，自我は願望や恐怖を持てあましてしまう。そこで，この恐怖や衝動，動機づけを無意識的に抑圧したり，抑制したりする。さらに「父親が怖い」という心理を「父親のように偉く立派になりたい」とすり替えて，父親を理想化し同一化することにより，超自我や現実との矛盾はなくなる。当面は母親を独占する願望は抑制せねばならないが，安全願望を満たせる可能性は残る。こうして，心的装置の複雑な働きで，私たちは内面的な願望と外的な要請のバランスを取り，こころの平静を保っている。精神分析的心理療法ではこころの平静を保つために，自我をサポートすることも行っている。

13-2　行動療法

行動療法は学習理論の活用による行動変容法である(内山・坂野，2008)。問題行動あるいは不適応行動の発生メカニズムを評価し，その行動修正法を構築する。実に多くの技法があり，表13-1のように古典的条件づけと道具的条件づけは，対象によって用いられる技法は異なっている。また，観察学習は成人と子どもの両方に対して行動変容を動機づけるためによく用いられる。

(1) 古典的条件づけの応用

クライエントは不適切な古典的条件づけで恐怖症などの情動反応のパターンが形成されているので(5-3参照)，新たな古典的条件づけで症状の消失を図る。具体的には，**系統的脱感作**および**エクスポージャー**(**暴露法**)とよばれる方法が有効である。系統的脱感作とは恐怖反応を引き起こす物や状況に段階的に

表13-1　よく用いられる技法

	古典的条件づけ	道具的条件づけ
成　人	エクスポージャー	自己強化
子ども	系統的脱感作	トークン・エコノミー

近づけることで，少しずつならしていく方法である。恐怖反応と条件づけられた刺激が提示されても，元々の恐怖反応を誘発していた無条件刺激が提示されなければ反応はやがて消去される。効果をさらに高めるために，子どもの場合はお菓子などを与えて恐怖と拮抗する反応を喚起する**拮抗条件づけ**を取り入れる場合もある。この方法はジョーンズ(Jones, M. C.)によって原法が提案され，ウォルピ(Wolpe, J.)によって体系化された。

エクスポージャーとは恐怖反応を引き起こす刺激にわざとさらす方法で，刺激にさらされることで恐怖反応という大きな緊張と強い情動を経験させる。通常，強い情動や緊張は長時間持続しにくく，一定の時間を超えると急速に低減することが多い。ただし，恐怖を直接与えるので，実施に当たっては十分な**インフォームド・コンセント**が必要である。拮抗条件づけと併用することもある。**パニック障害**など恐怖反応が顕著な場合に有効なことが多い。また，**拒食症**ともよばれる**神経性無食欲症**の場合，自己の身体に漠然とした恐怖感をもつことが多い。そこで，等身大の鏡に映る自己を詳細に観察し，価値判断抜きで記述する鏡エクスポージャーで，あるがままの自分の身体への恐怖感の軽減を図る。この方法では，鏡に映る自分自身とそれを見ている自分の内面に沸き起こるあらゆる感覚を選別せず，拒絶せず，可能な限りすべて実感する**マインドフルネス**を高めることと，それを受容するクライエントの**アクセプタンス**を支援することが重要である。よって，これはマインドフルネス&アクセプタンス療法とよばれている(ヘイズら，2005)。

この他にも嫌悪反応を条件づけることで不適切な行動や誘因への接近を減らす方法もある。例えば，**嫌煙療法**は薬物やタバコの有害物質が身体を蝕むイメージの暗示によって喫煙行動に嫌悪感を条件づける。同様の方法は性行動の異常やアルコール依存症の治療にも効果的とされているが，この方法は他の行動療法より多くのスタッフによるサポートが必要で，本人の協力を得にくいこと，倫理的な問題などから広く受け入れられているとは言いがたい。

(2) 道具的条件づけの応用

スキナー(Skinner, B. F.)の自己制御の実践が有名である。スキナーは決められた時間に忠実に仕事をこなすことで，自分の大好きな音楽をゆったりと楽しめる時間を報酬として自分に与える**自己強化**(self-reinforcement)を用い，自分の行動を制御していたという。報酬には自分をこころの中でほめる，好きな人に電話する等，強化子になるものを選ぶことが重要である。成人の心理療法では自己強化が可能な習慣や環境作りを支援する。

同様のことを他者が操作的に行う方法が**トークン・エコノミー**である。クライエントが望ましい行動をすれば，集めると報酬にたどり着くトークンを与えるルールを作る。トークンをシールにして表に貼り付けると，報酬までの過程をイメージしやすく効果的である。環境の道具的条件づけシステムを統制できる場合に効果が高く，子どもや入院患者によく用いられる。一方，罰はそれを避けるように動機づけることが多く，問題行動の減少にはあまり役に立たない。罰よりも予定されていた報酬を取り消す，または割り引く**レスポンス・コスト法**が有効である。

(3) 観察学習の応用

例えばイヌを怖がる子どもに対して，子どもが同一視できるような親しい友だちがイヌと遊んでいる場面に連れて行く。イヌは怖がる必要がない，むしろ楽しい，という友だちによる代理強化を提示する。その後，セラピストが付き添いイヌに接近させて，モデリングした内容と同じように，実際に楽しいことを体験させる直接強化を行う。イヌなどの恐怖対象と関わって嫌な思いをした直接経験がなく，友だちにできることは自分にも，と思える同一視可能な人物の協力が得られる場合にはこのような参加型のモデリングが有効なことがある。成人の場合は症状から回復した人，問題行動を克服した人のインタビューの記録を視聴させる方法も用いられる。このように観察学習で行動変容の可能性を高めることができる。

13-3　人間性アプローチ

精神分析ではヒトは無意識に支配されるとされ，行動主義では外的環境や学習に支配されるとされたが，ヒトは自由意志を持つ主体的な存在であると考える方法が**人間性アプローチ**である。精神分析と行動主義に対して第三勢力とよばれることもある。心理療法としてはロジャース(Rogers, C. R.)のクライエント中心療法が最も有名である。

(1) 人間性アプローチの特徴

「人間性」とはヒトがヒトとして生まれ，ヒトとして育つという前提に立って，その成長の過程や体験の全般を指すことばである。個人が経験し体験している主観的な現象を重視し，ヒトが何かを選択すること，自分の意思で行動することに注目する。その特徴を表13-2に示す。ロジャースは自己実現を進めてゆく過程を自己実現化とよび(8-2参照)，自己実現化が進みやすい，精神的

表 13-2　人間性アプローチの特徴

①人間の全体的理解
②人間の直接経験の重視
③共感的関与
④個人の独自性重視
⑤価値や未来を重視
⑥人間の選択性，創造性，価値判断，自己実現の重視
⑦人間の健康的な側面を重視

表 13-3　精神的に健康な人間の条件

①あらゆる体験にこころを開く。
②あらゆる瞬間を充実して生きる。
③他人の期待より自分自身に従う。
④自発的で柔軟な思考と行動の自由。
⑤創造的である。

に健康なヒトについての考えを提案している(表 13-3)。

(2) クライエント中心療法と母性的風土

ロジャースの心理療法ではクライエントを治療の中心に考え，クライエントの行動や認知，洞察などを変えるよりも，クライエントという存在やその人生の営みを暖かく支持することを優先した。セラピストの支持的な姿勢を強調することから支持的心理療法，または指示をしない姿勢から非指示的心理療法ともよばれる。方法としては，母性的風土を実現する 3 つの治療的態度，**無条件の肯定的配慮**(unconditional positive regard)，**共感的理解**(empathic understanding)，**自己一致**(self-congruence)を必須条件としている(久能ら，1997)。

無条件の肯定的配慮とは，無条件の積極的関心，または支配欲のない愛情ともいわれ，セラピストがクライエントに肯定的な姿勢を取ることを意味する。ロジャースは，ヒトは他者に大切にされることで自分を大切にするようになることを強調している。共感的理解とはクライエントの内的な枠組みを自分自身も経験すること，そして経験していることをクライエントに示すことである。セラピストに内的な枠組みを理解されることで，セラピストに対して安心感や信頼感を持つことができる。自己一致とはセラピストのクライエントに対する純粋な(genuine)姿勢である。クライエントに対してうそや偽りのない存在であることを意味している。

なお，現在ではこれらの三条件はあらゆる心理療法に共通する基本姿勢とされ，東(2007)によると全ての心理療法の全ての過程で重要な治療要因である。しかし，三条件のみで効果があるのはクライエントに現実検討能力がある比較的軽度なケースに限られるといわれている。**うつ病**や**統合失調症**，**パーソナリティ障害**，**パニック障害**には効果が限られるので，アメリカではこころの問題を扱う心理療法と区別してカウンセリング心理学という独立した一つの分野とみなされている。

(3) ロジャースの自己理論

ロジャースの**自己理論**では適応と不適応を図13-3のように考えている。自己概念とは自分自身の状況や状態，さらに自己と周囲との関係性も含んだ一種の自己認知システムである。そして，自分が実際に感じる世界である体験または**現実自己**と，自分の思っている自分である自己概念または**理想自己**のギャップが小さく，両者の重なりあいが大きい場合が適応的な状態であるとしている。この状態では，否認される現実と歪曲された自己概念が少ない。つまり，自分自身の経験や現実自己を意識化しやすい。一方で，両者の重なり合いが小さい不適応的な状態では，体験と自己概念の間に大きな不調和があることを意味する。この状態では，現実との葛藤と現実の拒否が大きく，緊張や不安が高まりやすく，本人にとって負担が大きい。

自己概念は3つの治療的態度に満ちた母性的な風土の中で現実を検討することで変容する。母性的風土の中でセラピストに大切にされる経験をすることで，体験している現実の自己を大切に思えるようになり自己概念の柔軟性をとり戻すことができる。この過程を経て自分の本当の感情や感覚をありのままに自己受容できることを心理療法の人間性アプローチは目指している。

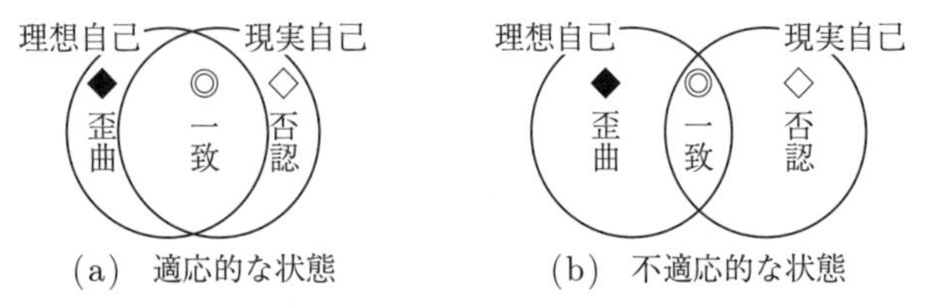

◎　体験に即して形成されている自己概念
◆　体験を受け入れず，理想的に歪曲された自己概念
◇　受け入れることができずに，否定された体験

図13-3　ロジャースの自己理論と適応・不適応

13-4　認知療法

昔から言われている「病は気から」は，こころの問題によくあてはまる。認知療法は主に自動思考とよばれる本人の意思とは関係なく半ば自動的に生じる

状況や出来事の解釈が，私たちの感情的な苦悩を生むと考えられる場合に有効な方法として開発されている。

(1) 認知療法のモデル

認知療法(cognitive therapy)はアメリカの精神分析医ベック(Beck, A. T.)が，軽症うつ病の治療のため創始した心理療法である。現在ではうつ病以外の精神病理の治療はもとより，精神的健康の維持プログラムや企業が実施する社員研修プログラムにも活用されており応用範囲は広い。すでに健康保険制度の対象になる例も増えており，心理療法やカウンセリングの新しいスタンダードとする動きが活発になっている。「自分の殻を破る」などの自己啓発セミナーや就職活動セミナーでもこの方法を取り入れていることが多い。

この方法論の第一の特徴は表13-4の病理モデルである。そして，この病理モデルをもとにした，次の回復モデルが第二の特徴である(表13-5)。回復モデルのように，建設的な新しい考え方を作ることで情緒的に安定した状態で現在の状況に対応できるようになることを目指す。そして，自分の弱みである自動思考を検討して，強みになる新しい考え方を見つけ出すという点で，精神分析や人間性アプローチよりも能動的に介入する。ただし，能動性が高い分，介入が当を得ていないとクライエントを不愉快にさせる可能性もあり，時には傷つける可能性もある。実施するセラピストはこころの問題に対する心理学研究を十分に理解し，適切にクライエントの問題を理解する力量と人間的な温か

表13-4　認知療法の病理モデル

1)人間の状況の解釈や行動は，過去に学習した考え方，イメージ，記憶などのスキーマ(信念)に基づいている。
2)スキーマが現状に適していないと，現在の状況を適切に理解できず，自動的に自己や環境の状態を歪めて考える自動思考が起こる。
3)自動思考に基づいて不適切な感情を経験することで苦悩を深め，また不適切な問題行動を続けてしまう。

表13-5　認知療法の回復モデル

1)クライエントが持っているスキーマは過去のある時点，あるいは現在の特定の状況では必要なものである可能性がある。
2)しかし，それによって今現在の通常の状況やクライエントの未来の可能性が阻害されているとしたら，それはより適切なものに改めたほうが今後の生活において有利だ。
3)そこで自動思考の根拠や必然性，さらにメリット・デメリットを再検討して不当に苦悩を深めていることを確認しよう。
4)その上で，苦悩が軽減できて建設的になれる新しい考え方を探そう。

さ，ユーモアのセンスなどが求められている。

(2) 認知再構成法

現状に合わないスキーマによって私たちの**自動思考**はどのように歪むのだろうか。表 13-6 のような認知の歪みがでることが知られている(大野，2003)。

認知療法の代表的な技法は**認知再構成法**と言われる方法で数回のセッションを通して図 13-4 のように展開する。再構成は英語で言うと，restructuring つまり「リストラ」で，自分自身の考え方を評価・検討・整理して，自分の可能性が活かされやすいようにリストラすることを目指す。

例えば，うつ状態になっているヒトは，「自分はダメな人間だ」「世間は不公平だ」「これからも何もよいことはない」と自動的に考えてさらに絶望することが多い。このような考え方は過度の一般化といわれ，すべてがダメになったように感じられる。認知療法では，ダメになった証拠をクライエントとセラピストが共同で探してみる。また，ダメになっていないものは本当にないのかを共同で探し，より生きやすい考え方を模索する。

表 13-6　認知の歪みの例

認知の歪みの例	特　徴
白黒思考	状況や出来事を極端な 2 つのカテゴリーで考える。
過度の一般化	1 つの嫌な出事事から世の中すべてこれだと考える。
選択的抽出	1 つの嫌な事にこだわって考える。
肯定的側面の否定や割引	自分の良い経験や長所，実績などを無視するか，理由もなく過小評価する。
結論の飛躍	根拠のない悲観的な予測を結論にする。
読心術	相手が自分に悪印象を持っていると結論づける。
先読みの誤り	事態が悪くなると決め付ける。
拡大視・縮小視	自分の失敗を過大に考え，成功を過小評価する一方で，他人に対しては反対の事を行う。
「べき」思考	自分や他人の振る舞いや考えを固定観念で評価する。

1) 否定的な自動思考を発見する。

⬇

2) 自動思考と不快な感情が結びついていることを確認する。

⬇

3) 自動思考の合理性やメリットを考える。

⬇

4) 自動思考の現実性，妥協性を吟味する。

⬇

5) 自動思考をより現実的で合理的な思考に置き換えることによって，不快な感情を軽減し，新しい解決法やより適切な行動を探索する。

図 13-4　認知再構成法の手続き

(3) 認知行動療法

認知療法は先述の行動療法と融合して，認知行動療法とよばれており，現在，最も使われている心理療法のひとつである。行動療法は学習理論に基づいて行動の最適化を図る方法，認知療法は認知(考え方)の最適化を図る方法であるが，認知も学習理論に基づいて獲得される。

例えば，上司が目を合わせてくれない場面で，「上司に嫌われているんだ」と解釈して気分的にダメージを受けていたヒトがいたとする。先述の認知再構成法で「上司は忙しくて余裕がなさそうだ」という新しい考え方にたどり着いたとする。この考え方で気分的なダメージから開放され，気持ちがスッキリするとこの状態が報酬になる。

すなわち，オペラント条件づけの原理で新しい考え方が強化され個人の中で新しい習慣として定着する。このように認知も行動も同じ原理で変容するので，区別する必要はない。1つのパッケージで同時に変容を目指したほうが治療効率も上がる。そこで，現在では認知行動療法という形で必要とする対象者に提供されている。

今日では多くの場合で図13-5のようなワークシートが活用されている。図のように，ある場面における対象者の認知，行動，感情，そして身体反応の状態，その事態における対処行動(コーピング)，活用可能なサポート資源を確認する。そして「何を変えられそうか」，「仮に変えたらどうなりそうか」を話し合いながら，認知，行動，感情の最適化について話し合う形で行われている。

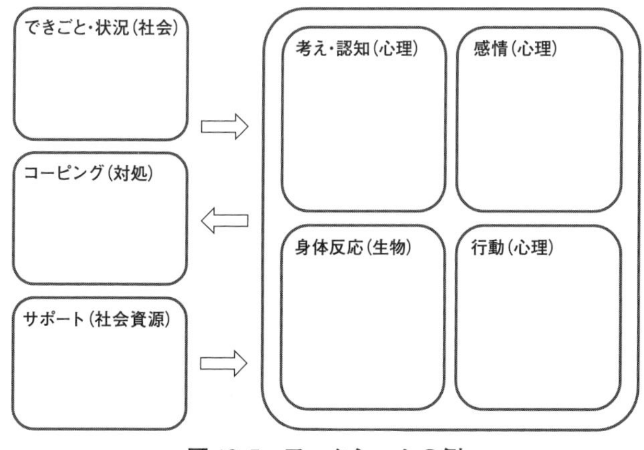

図13-5　ワークシートの例

13-5　統合失調症・うつ病

こころの問題は，特別なヒトの特別な問題と考えていないだろうか。しかし，近年の心理統計は正常な心理と異常心理に明確な境界線を引くことが困難なことを示しており（杉山ら，2010），こころの問題は私たちの身近にありえる。代表的なこころの問題である統合失調症とうつ病について考えてみよう。

（1）統合失調症とは

「隣人が勝手に侵入して私のものを盗った」と周りのヒトを疑う，「謎の組織が私を狙っている」と家の外にあまり出たがらない被害妄想や，「頭の中にだれかが話しかけてきて嫌なことを言う」と悩む幻聴などが**統合失調症**（schizophrenia）の代表的な症状である。思考や感情などを統合する脳内の認知機能のネットワークが失調しており，情報や刺激に反応した脳の活動をうまく制御できず，こころの安定を喪失している（例えば横井ら，2003）。症状は表13-7のように陰性症状と陽性症状，**認知障害**に大別されている。

（2）統合失調症の臨床像

統合失調症は地域や文化に関係なく罹患率は人口の1％前後といわれており，急性期には衝動的な行動が目立つが，全般的には活動性が低く，受動的で犯罪（殺人を含む）を犯す確率は極めて低い。また，他者や権威に脅かされやすく，有名企業や官公庁，著名人が自分とかかわっている，あるいは自分を狙っているといった妄想に結びつくこともある。

また，私たちも一時的に統合失調症に近い妄想観念を体験することがあるといわれている（丹野ら，2000）。例えば，自分の考えが他者に伝わっているという自我漏洩感や，自分が標的にされているという自己標的感などは大学生の多くが経験している。

表13-7　統合失調症の主な症状

	陰性症状（生活機能の欠如）	陽性症状（異常体験と異常行動）	認知障害（認知機能の低下）
主な症状	感情の鈍磨 興味の喪失 引きこもり 意欲の低下 身だしなみ・衛生への無頓着 摂食への無関心 気分の落ち込み	幻覚（幻聴，幻視など） 妄想 思考の障害 支離滅裂な発言，行動 新語創作 強い焦燥感やイライラ 激しい興奮	選択的注意の低下 比較照合の低下 概念形成の低下 集中力の低下 記憶力の低下 計画能力の低下 問題解決能力の低下

（3） うつ病（抑うつ）

うつ病（depression）は喜びの喪失や強い悲しみといった気分の障害が長期間持続する状態である。慢性化すると朝目覚めた瞬間から悲しく，自己批判を繰り返し，自己の存在を呪う。自殺念慮・自殺企図が見られることも少なくないが，死を願うよりは存在の抹消，または自分以外の別の存在になることを願っていることも多い。精神疾患の診断基準の大うつ病エピソードでは2週間の症状の持続を一つの目安としているが，半年から2年以上も持続して慢性化することもある。きっかけは過度の疲労感や喪失感が多い。うつ状態が長期化すると身体機能と社会性が低下するので，仕事や家族関係，人間関係も含めて社会生活の維持が困難になり，さらに喪失を重ねやすい。そして，うつ病に対するうつ病，つまり，うつ病になってしまったことに対してさらに抑うつ的になる，すなわち二次的なうつ病によって再び症状が悪化することも多い。

生涯罹患率はWHOの推計によると人口の10%強で，1990年以降，罹患率と罹患期間が延びる傾向にあるため，人類を脅かす疾患として将来的には最上位に近づくと予想されている。日本人に比較的羅患率が高く，また女性も比較的多い。現代社会ではもっとも警戒すべきこころの問題と言えるだろう（例えば坂本ら，2005）。

（4） 抑うつはなぜ長期化するのか？

悲しい気分や喜びの喪失は誰もが経験し得る。そこで心理学研究では「抑うつ」という状態をdepressionと考えて，その認知の偏りや持続性に注目することが多い。例えば，ベック（1983）は自己の価値に疑念を深め，他者およびこの世が信じられない，そして自己の将来を悲観する，という抑うつ認知を指摘した。また坂本（Sakamoto, S., 2000）は自分自身について考え続ける自己没入の持続によって抑うつ的な自己に関する認知処理が長期化すると指摘した。同様にノーレン＝ホエクセマ（Nolen–Hoeksema, S., 2000）はネガティブな事象を考え続ける反芻を行うことを抑うつの要因として指摘している。

抑うつの対人関係では，抑うつ者は他者に自分を肯定するようなフィードバックを執拗に求めることが多い。これを再保証の希求とよぶ。このため，他者に不快感を与え，他者に嫌がられ，さらに抑うつを重症化させて，抑うつが長期化する（Joiner et al., 1993）。また抑うつ者のこの傾向の背景には，他者から悪く思われているという懸念があり，この懸念が他者の気持ちに配慮する注意資源を失わせて，再保証の希求などの不適切な他者への態度を繰り返し，抑うつが長期化しやすくなる（6–1の図6–2参照）。

このように認知と対人関係の2つの側面から抑うつの持続は説明されており，これらの研究を応用した**認知行動療法**が抑うつの軽減や予防を目指して行われている。

13-6　PTSDと摂食障害

私たちは日々，必要に応じて必要なことを思い出し，不要なことは思い出さないようにできる。また，必要に応じて食べ物を食べたり，食べなかったりしている。このように必要に応じた調整を私たちは当たり前のように行っているが，何らかのきっかけで当たり前のことができなくなることがある。

(1) PTSD

とても怖い体験をした後にその体験や恐怖がなかなか頭から離れずに困ってしまった経験はないだろうか。ヒトは強い恐怖を喚起する体験をすると，なかなか忘れることができない。そしてその出来事を思い出すたびに，心理的には「いま，この場」の現実の世界ではなく，その時のその状況に引き戻されて，過去の出来事を再び生きることになる。このような状態が**PTSD(外傷後ストレス障害**：posttraumatic stress disorder)である(例えばResick, P. A., 2000)。

PTSDにつながりやすい体験としては，交通事故や転落事故などの実際に危うく死にかける，または重傷を負うような出来事，暴漢に襲われるなど，自分や他者の身体の保全に迫る危機がある。これらの出来事を体験したり，目撃したり，または直面したりする恐怖体験をした後に，本人の意図と無関係に侵入的に，そして繰り返し想起して苦痛を経験する状態がPTSDである。

成人の場合は，強い恐怖反応や無力感に襲われ，とても恐ろしい夢を見ることも少なくない。子どもの場合は，文脈からは理解できないまとまりのない行動や興奮で表すこともあり，夢もはっきりとした内容のない恐ろしい夢であることが多い。また外傷体験のテーマを象徴するような遊びを繰り返すこともある。虐待の疑いのある子どもは自分の被虐待体験を象徴するような遊びを人形やおもちゃを使って表現することがある。このような遊びをしている子どもの表情は無表情なこともあり，はっきりした恐怖の表現がないので周囲の大人にはそれとわからないこともある。

(2) PTSDの支援

PTSDを生み出す脳内部の記憶のメカニズムはかなり解明されており，生理学的に作用する薬物療法や刺激物摂取の制限など医師による処方や助言が欠かせない。その上で心理的なサポートも有効である。例えば，外傷体験の直後，数時間から数日以内に外傷体験の後遺症予防という目的で，異常な体験をした正常な人たちとして集まり，それぞれの自己の体験を語り合う**心理的デブリーフィング**(psychological debriefing)という方法が有効とされている。また，外傷体験と関連する刺激に接近して安全を確認するエクスポージャー(13-2参照)も有効である。

(3) 摂食障害

摂食障害(eating disorders)とは食行動の異常，特に**過食症**(神経性大食症：bulimia nervosa)と**拒食症**(神経性無食欲症：anorexia nervosa)を指す。過食症はストレスや対人関係の葛藤が背景にあると指摘されることが多い。安らぎや満足感を求めて，通常よりも多く，長く，頻繁に食べる。また食べることへの統制不可能感もある。体重の増加を防ぐために代償行動をするか否かで排出型と非排出型に分けられている(表13-8)。

一方で，拒食症は10代の女性に多く，一般的にはかなりやせていると見える場合でも本人は「太っている」と思い込んでいることが多い。空腹感や栄養が失調した身体感覚に安心感や高揚感が条件づけられていることもあり，食べることで空腹感を失うことや栄養が身体に満ちる感覚を覚えることに嫌悪反応を示すこともある。一時的に大量に食べて排出するむちゃ食い／排出型と，むちゃ食いをしない制限型がある。

(4) 摂食障害の支援

摂食障害者に対して，他者との情緒交流のパターンについて話し合って，より良い他者との交流を目指す対人関係療法や，不適切な不安や衝動の軽減を図る行動療法(13-2参照)，適切な考え方を探る認知療法が有効である。しかし，治療を強要されると自尊心を傷つけられることが多いため，治療に抵抗することが少なくない。慣れ親しんだ摂食行動を変えること，またそこに伴うさまざまな身体感覚の変化の過程が，本人には苦痛や恐怖になることがある。

表13-8　過食症の類型

	排出型	非排出型
主な症状	自己誘発の嘔吐	一時的な絶食
	下剤，利尿剤等の過剰使用	過剰な運動
	チューイング (食べ吐き行動)	脂肪燃焼効果などが謳われる薬品の乱用

よって本人が支援を受け入れる動機づけを作る配慮が重要である。異常行動ではなくクライエント自身の主体性に関心を向け，ヒトとしての成熟や対人関係の充実，実生活での適応などを援助することが重要である。その上で**セルフモニタリング**など自分自身に対する**自己効力感**を回復するような支援法を導入することもある。また同じ症状を持つヒト同士のネットワークに参加することにより安心感を持つこともある。

13-7　恐 怖 症

何かに恐怖を覚えたとき，その恐怖が他者でも理解できる状況や刺激によって必然的に引き起こされたわけではないなら，個人の中の何らかの内的なメカニズムが恐怖を発生させたといえる。このような内的なメカニズムによる恐怖が**恐怖症**(phobia)の特徴である。

また，自動車事故で亡くなる人の数とカエルやトカゲで亡くなる人の数とどちらが多いだろうか？日本にはヒトに被害を与えるようなカエルやトカゲの害は固有種としては生息していないので，圧倒的に自動車事故で亡くなる人が多い。一方，私たちは自動車とカエルやトカゲのどちらをより怖がったり嫌がったりしやすいだろうか？一般的にはカエルやトカゲの方が恐怖反応や嫌悪反応を喚起しやすいだろう。

このように恐怖や嫌悪感は実際の危険と必ずしも対応していない。恐怖反応を条件づけやすいものやそうでないものが存在し，恐怖症の対象になりやすいものとなりにくいものがある。また，対象が恐怖の対象になっている場合と，恐怖反応を起こして自分をコントロールできなくなることへの恐怖症がある。

(1) 対人恐怖症

対人恐怖症とは対人刺激に恐怖反応を起こす恐怖症で，**社交不安障害**(social anxiety disorder)ともいわれる(例えば坂野ら，2006)。対人恐怖症のヒトは，よく知らないヒトたちの注目を浴びるかもしれない社会的状況や，そこで自分が何らかの行為をするかもしれないという状況を恐れることが特徴で，ほとんど必ず恐怖反応やパニック発作様の状態になる。

日本人には視線恐怖が多く，大量の発汗や赤面，吃音を伴うこともある。他者そのものではなく，他者の視線の向こうにある自分自身への認知や評価に不安を覚えている。例えば他者が自分に対して「気持ち悪い」などネガティブな認知や，ヒトとして低い評価をしているのではないかといった不安や連想が多い。このような恐怖や不安から社会的な状況を避けることが多い。

(2) 不潔恐怖

不潔恐怖とは「まだ不潔なのではないか」,「雑菌が繁殖して取り返しがつかなくなるのではないか」と感じるあまり，いつまでも掃除や手洗いをやめられなくなる状態である。このような症状は**強迫性障害**(OCD：obsessive-compulsive disorder)とよばれており，他の恐怖症と違って強迫観念とよばれる**侵入思考**によって引き起こされている。「必要なものは持ったはずだがうっかり忘れていないか」,「旅行の時に旅券や搭乗券などを落としていないか」などだれもが日常的に思うが，このような思考に対する強迫観念への偏った対処によってOCDに発展する。

例えば，不潔や雑菌に関する**強迫観念**の場合，不安による緊張感から興奮する。雑菌は視覚的に安全を確認することが難しいので，不安に基づいて手を洗うと，手を洗う水やお湯で体感覚の変容が知覚され，一時的に興奮が沈静化する。しかし，雑菌の消滅や死滅を確認できるわけではないので，手洗いが不十分なのではないかと不安になり，手洗い中に再び興奮する。そのため手洗いをやめられなくなる。

強迫観念で示唆される最悪の出来事は，本当に起こる確率はとても小さいことが多い。しかし，万が一起こった時の影響の大きさを過大評価して強迫行為に至ると考えられている。認知行動療法による支援が確立しており，図13-6の方程式で不安の大きさの仕組みを説明する心理教育や，強迫観念への対処方法を組み立てる方法が有効である。

実は私たちの悩みの大きさは右の方程式で表せます。
あなたのお悩みはどのように出来上がっているでしょうか？

$$\text{悩みの大きさ} = \frac{\text{最悪の時の重み} \times \text{最悪が起こる可能性}}{\text{あなたにできること} + \text{あなたを助けるもの}}$$

図13-6　不安(悩みの大きさ)への理解を促す心理教育ツールの一部

(3) パニック障害

パニック障害では「心臓が苦しくて，汗が止まらなくなって，目眩がして，自分がこのままどうなるのか怖くなって・・・」という異常な身体感覚，つまりパニック発作が本人に自覚できる理由なしに生じることで，自分自身のコントロール不能感が高まる。対人関係や外出などへの自己効力感が損なわれて，ヒトに会うことや乗物に乗ることが怖くなるなど生活全般に支障がでる状態である。パニック発作はヒトが多い電車の中など，狭く窮屈な乗り物の中で起こることが多い。原因はよくわかっていないが，パニック発作の体験中は「私はこのまま死んでしまう」などの破局的な認知が生じやすい。エクスポージャー(13-2参照)など認知行動療法による支援が確立しており改善の可能性は小さくない(伊藤，2008)。しかし，自尊心の低下が深刻なうつ状態をもたらすこともあるので，臨床的には自尊心への配慮が必要である。

13-8　発達障害：社会性や学習の障害

発達障害とは乳児期から幼児期にかけて見られる発達の遅滞や歪み，機能獲得の困難を指す広い概念で，現在の診断基準(DSM-5)では知的障害も含み神経発達障害とカテゴライズされている。ただし，2004年度に施行され，2016年度に改正された発達障害者支援法では知的障害者以外の発達障害を対象とし，支援を目的とした文脈では知的障害は含まずに考えることが多い。ここでは区分・分類を目的とした診断基準ではなく，発達障害者支援法に基づいて説明しよう。

(1) 広汎性発達障害

広汎性発達障害(pervasive developmental disorders)とは診断基準では自閉症スペクトラム障害とされる自閉性障害とアスペルガー症候群，および小児期崩壊性障害，レット障害を含む概念である(図13-7)。対人相互作用の重症で広汎な障害と定義されており，言語または非言語のコミュニケーション能力の障害，常同的な行動・興味が伴ない社会性が発達していない状態を指す。

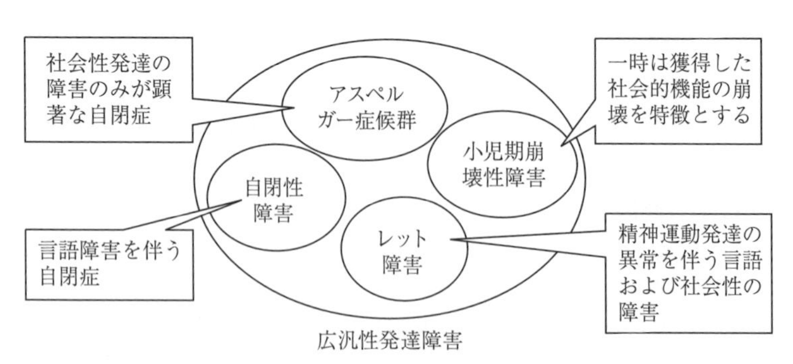

図13-7　中項目としての広汎性発達障害のイメージ

自閉性障害とは広汎性発達障害の中でも社会性や他者とのコミュニケーション能力が発達しにくい発達障害で，先天性の脳機能の障害，認知機能の障害といわれている。知的な障害を伴うことが多い。しかし，知的な障害の程度には個人差が大きく，正常レベルかそれ以上の水準を示す場合もある。社会生活で目立つ特徴として，①相互の人間関係に疎い，②会話やその場の雰囲気を理解できない，③冗談を冗談と受け止めず真に受けてしまう，④言外の意味を捉えられない，などがよく指摘される。診断的には3歳までに特徴が現れるといわれており，アイコンタクトの欠如や仲間関係からの孤立，指差し行動の欠如，ごっこ遊びの欠如，などが指摘されている。

アスペルガー症候群は言語障害が伴わない自閉症を指し，自閉性障害と主な症状は共通するものの，言語に著しい遅れが見られない。作詞や小説を書くなど言語を媒介にした創作活動を行うこともある。ただし，言語的な障害がないことが社会への適応に必ずしも有利に働くとは限らない。ことばによるコミュニケーションが取れることで，周囲は人間関係への理解を期待してしまう。しかし，実際にはできないために周囲との葛藤を増し，孤立したり，人間関係でトラブルを起こしたりしやすい場合もある。なお，診断基準では自閉症，広汎性発達障害，アスペルガー症候群など知的な障害では説明できない社会性の障害を自閉症スペクトラム障害と分類しているが，原因が異なるレット障害はここからは除外されている。

（2）自閉性障害の支援

自閉性障害は知的な水準や自閉傾向の重症度など個性はさまざまである。支援に向けては個人の特徴を正確に把握することが望ましい。自閉症の評価ツールとしては模倣や知覚，微細運動，粗大運動，目と手の協応，言語理解，言語表出の領域における個々の発達状況を評価するPEP-R(新訂自閉症児・発達障害児教育診断検査)などが知られている。また日常生活のさまざまなシチュエーションを想定したカードで日常的なコミュニケーションを支援する方法やマカトンサインとよばれる意味のある身振りをあらかじめ決めて，家族や学校などでその意味を共有しておくなど，本人のコミュニケーション能力に応じた支援が必要である(ホジダン，2009)。

（3）学習障害とその支援

文科省(2003)における学習障害の定義は「学習障害とは，基本的には全般的な知的発達に遅れはないが，聞く，話す，読む，書く，計算する又は推論する能力のうち特定のものの習得と使用に著しい困難を示す様々な状態を示すものである。学習障害は，その原因として，中枢神経系に何らかの機能障害があると推定されるが，視覚障害，聴覚障害，知的障害，情緒障害などの障害や，環境的な要因が直接的な原因となるものではない」である。

学習障害(learning disorder)の中でも読み書きのみに困難がある**発達性読み書き障害**(developmental dyslexia)の割合が多く，著名人がこの障害に悩んでいることを公表する例がある。アメリカの俳優のトム・クルーズも読み書き障害であることを公表し，日本で読字障害を克服した半生について講演し，自身の経験から教育の重要性を訴えた。定義にもあるように，学習障害は本人の努力や通常の教授法では期待される効果が得られない。うまくできないことの習得に特化した支援や得意なことを伸ばす支援，自尊心などが低下しないような支援が必要である。

13-9　発達障害：行動の障害

授業中に教室を歩き回る，順番待ちを我慢できない，授業中上の空で「また聞いてない！」と先生に怒られる。幼稚園児ではこれらの行動は必ずしも異常ではない。しかし，小学校高学年までこの状態が続くと，何らかの異常が疑われるだろう。これらの特徴はパーソナリティや不安，愛着の問題などの心理的な問題を反映していることもあるが，本人にも衝動をコントロールできない障害の可能性もある。DSM-5では周囲の大人が期待するような秩序だった行動を取る，または規範を遵守することが困難な問題を総称して注意欠如および破壊的行動障害と言う(図13-8)。

(1) 注意欠陥多動性障害とその支援

注意欠陥多動性障害(ADHD：attention deficit / hyperactivity disorder：診断基準では注意欠如・多動症とされる)は，興奮しやすいといった衝動性が顕著な群と，時間の管理や片付けといった日常的な注意力が欠ける群と，その両方の特徴を示す群に分けて考えられる。うれしい時も不快なときもテンションが高まりやすい。火災報知機のボタンを押すなど，してはいけない行為をして，それに対して大声で非難や叱責をされるとパニックに陥ることがある。周囲が早急な改善を追求すると，お互いに負担感が高まる。

a. 学級での支援

ADHDの子どもは，興奮しやすく感情の自制が困難で，周囲とトラブルを起こし，孤立することがある。この孤立が人格の形成に影響を及ぼして他者ま

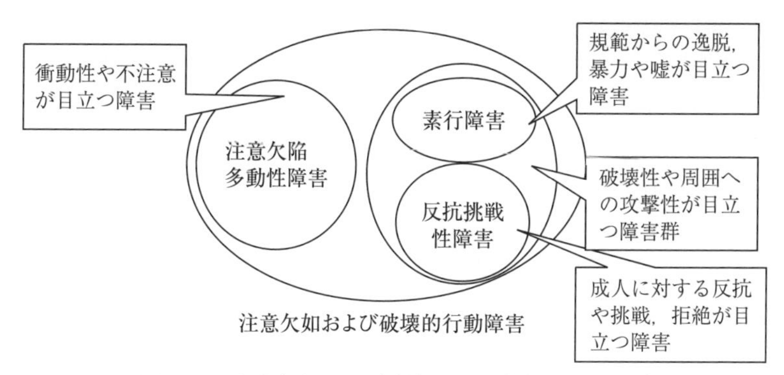

図 13-8　注意欠如および破壊的行動障害のイメージ

たは自分自身に対して否定的，攻撃的になり，性格を歪める二次的な障害が発生することがある。素行障害(**行為障害**)や**反抗挑戦性障害**(表 13-9)と ADHD は別概念だが，他者に否定的になる場合は ADHD 児童が行為障害の特徴を持つこともある。また，ADHD 児童の自尊心を傷つけて抑うつ的な性格にさせることもあるので，本人を孤立させない生活環境全般における理解と支援が必要である。また，学級では衝動性や不注意を非難するのではなく，学校全体で支援し，学級編制の段階から配慮できると望ましい。学校での効果的な支援体制作りは今後の課題といえる(例えば楠本ら，2002)。

b.　家庭と学校の連携

日常生活では好ましい行動をとった場合は，些細な行動でも積極的にほめることが必要である。家庭と学校が協力して，増やしたい好ましい行動，減らしたい好ましくない行動，危険な行為や他の人を傷つける行動など，してはいけない行動の3つに分類する。このような行動療法的アセスメントを行い，情報交換をしながら一貫性のあるほめ方やかかわり方を行うことが望ましい。また，好ましい行動が増えたらなんらかの報酬を与えるトークン・エコノミー法

表 13-9　素行障害と反抗挑戦性障害

素行障害の特徴	反抗挑戦性障害の特徴
・人や動物に対する攻撃性 ・所有物の破壊 ・嘘をつくことや窃盗 ・重大な規律違反	・かんしゃく，怒り，執念深さ ・口論，けんかを売る ・過度の要求，または拒否 ・過度に人のせいにする

(13-2 参照)も効果的である。可能ならばアセスメントを本人と両親と教師が一緒に行うと，行為と報酬の随伴性認知を促して有効性が増す。行動の記録を自分でつけさせて，自分をコントロールできる効力感や正しい行いをしているという自尊心を育てる方法も効果が高い。ただし，本人を行動の変容に動機づける周囲の努力が何よりも優先される。

興奮した時はその場で諭すような対応はあまり効果的でなく，静かな場所に移してクールダウンさせる，深呼吸させるなどの対応で落ち着くことがある。本人と一緒に周囲もテンションを上げてしまうと，さらに興奮するので冷静な対応を心掛けたい。また，薬物療法とこれらの行動療法的な支援を併用すると極めて効果的と言われている。

(2) 成人の ADHD

ADHD の不注意は前頭前野，多動性は大脳基底核の発達のアンバランスさが関係している。成人して脳発達のバランスが取れてくると症状が軽減する場合もある。特に多動性と関連する気質である新奇性追求(12-5 参照)は，幼児期から青年期，成人期から老年期と加齢によって低下することが知られており，臨床的にも成人後は早口やおしゃべりといった程度に軽減することが多い。二次的な障害がない場合は，行動の早さや自分が興味を持っていることへの集中力の高さが逆に社会的に評価されることもある。

(3) 素行障害と反抗挑戦性障害

素行障害と反抗挑戦性障害(表 13-9)は ADHD とは直接の関係はないが，慢性的な孤立による人格形成の歪みから ADHD 児がこれらの特徴を示すことがある。触法行為のような深刻な社会不適応の可能性もあるので，これらの行為が目立つ場合は心理臨床的な支援だけでなく，社会的な側面や司法・矯正的な側面も考慮して多面的な支援が検討されている。

引用文献

■1章

Allport, F. H. (1924). *Social psychology.* Boston : Houghton Mifflin.

Atkinson, R. L., Atkinson, R. C., & Lindzeg, G. (1983). *Introduction to psychology.* 8th ed. New York : Harcourt Brace Jovanovich.

Bain, A. (1855). *The sense and the intellect.* London : John W. Parker & Son.

Bain, A. (1859). *The emotion and the will.* London : John W. Parker & Son.

Bell, C. (1811). *Idea of a new anatomy of the brain ; Submitted for the observations of his friends.* London : Strahan and Preston.

Breuer, J., & Freud, S. (1895). *Studien über Hysterie.* Leipzig & Wien : Deuticke.

Chomsky, A. N. (1957). *Syntactic structures.* Oxford : Mouton.

Darwin, C. (1859). *On the origin of species by means of natural selection, or the preservation of favoured races in the struggle for life.* London : John Murray.

Darwin, C. (1860). *The expression of the emotions in man and animals.* London : John Murray.

Dewey, J. (1896). The refrex arc concept in psychology. *Psychological Review, 3,* 357–370.

Ebbinghaus, H. (1885). *Über das Gedächtnis.* Leipzig : Duncker and Humber.

Ebbinghaus, H. (1897). *Gründzüge der Psychologie.* Leiptiz : Veit.

Ebbinghaus, H. (1902). *Abriss der Psychologie.* Berlin : De Gruyter.

Fechner, G. T. (1860). *Elemente der Psychophysik.* Leipzig : Breitkopf und Hrätel.

Ferrier, D. (1876). *The Function of the Brain.* London : Smith, Elder, and Company.

Freud, S. (1900). *Die Traumdeutunge.* Leipzig & Wien : Deuticke.

Fritsch, G. T., & Hitzig, E. (1870). Über die elektrische Erregbarkeit des Grosshirns. *Archiv für Anatomie, Physiologie und Wissenschfiche Medicine, 37,* 300–332.

Helmholtz, H. v. (1850). Vorläufiger Bericht über die Fortpflanzungs-Geschwindigkeit der Nervenreizungthe. *Preussche Akadamie der Wissenschaften,* 71–73.

Hull, C. L. (1943). *Principles of behavior.* New York : Appleton-Century.

James, W. (1890). *The principles of psychology.* New York : Henry Holt.

Koffka, K. (1921). *Die Grundlagen der Psychischen Entwicklung : Ein Einfuhrung in die Kinderpsychologie.* Osterwieck : A. W. Zickfeldt.

Koffka, K. (1922). Perception : An introduction to the Gestalt-Theorie. *Psychological Bulletin, 19,* 531–585.

Koffka, K. (1935). *Principles of Gestalt psychology.* New York : Hartcourt Brace and Company.

Köhler, W. (1917). *Intelligenz Prüfungen an Menschenaffen.* Berlin : Springer.

Kraepelin, E. (1883). *Compendium der Psychiatrie.* Leipzig : Ambrosius Abel.

Lamarck, J. B. (1809). *Philosophie zoologique.* Paris : Duminil-Lesueur.

Latané, B. (1981). The psychology of social impact. *American Psychologist, 36,* 343–356.

Le Bon, G. (1895). *Psychologie des foules.* Paris : Félix Alcan.

Lewin, K. (1935). *A dynamic theory of personality.* New York : McGraw-Hill Book Company.

Magendie, F. (1822). Expériences sur les fonctions des racines des nerfs rachidiens. *Journal de physiologie expérimentale et pathologique, 2,* 366–371.

Malthus, T. (1798). *An eassy on the proncipie of population.* London : J. Johnson.

McDougall, W. (1908). *An introduction to social psychology.* London : Methuen.

Miller, G. A. (1956). Magical number seven plus or minus two : Some limits on our capacity for processing information. *Psychological Review, 63,* 81–97.

Miller, G. A., Galanter, E., & Pribram, K. H. (1960). *Plans and the structure of behavior.* New York : Holt.

Müller, J. P. (1826, 1838). *Handbuch der Physiologie des Menschen.* Coblenz, Verlag von J, Hölscher.

Neiser, U. (1967). *Cognitive psychology.* New York : Appleton–Century–Crofts.

Preyer, W. T. (1882). *Die Seele des Kindes : Beobachtungen über die geistige Entwicklung des Menschen in den ersten Lebensjahren.* Leipzig : Grieben.

Ross, E. A. (1908). *Social Psychology : An outline and source book.* New York : Macmillan.

Rousseau, J. J. (1762). *Émile ou de l'éducation.* La Haye : Jean Néaulme.

Stevens, S. S. (1957). On the psychophysical law. *Psychological Review, 64,* 153–181.

Tarde, G. (1901). *L'opinion et la foule,* Paris : Félix Alcan.

Tolman, E. C. (1932). *Purposive behavior in animals and men.* New York : Naiburg.

Turing, A. M. (1936). On computable numbers, with an application to the Entscheidungsproblem. *Proceedings of the London Mathematics Society. 42,* 230–265.

Turing, A. M. (1950). Computing machinary and intelligence. *Mind, 59,* 433–460.

Weber, E. H. (1834). *De pulsu, resorptione, auditu et tactu. annotationes anatomicae et physiologicae.* Leipzig : C. F. Koehler.

Wundt, W. M. (1900–1920). *Völkerpsychologie.* Leipzig : Engelmann.

■2章

Amrhein, V., Greenland, S., & McShane, B. (2019). Scientists rise up against statistical significance. *Nature, 567,* 305–307.

Hull, C. L. (1943). *Principles of behavior.* New York : Appleton–Century.

Lewin, K. (1946). Action reseach and minority problems. *Journal of Social Issues, 2,* 34–46.

Messick, S. (1989). Validity. In R. L. Linn (Ed.), *Educational measurement.* 3rd ed. New York : Macmillan Publishing Co, Inc ; American Council on Education.

Messick, S. (1995). Validity of psychological assessment : Validation of inferences from persons' responses and performances as scientific inquiry into score meaning. *American Psychologist, 50,* 741–749.

Olds, J., & Milner, P. (1954). Positive reinforcement produced by electrical stimulation of septal area and other regions of the rat brain. *Journal of Comparative Physiological Psychology, 47,* 419–27.

Stevens, S. S. (1957). On the psychophysical law. *Psychological Review, 64,* 153–181.

Wasserstein, R. L., & Lazar, N. A. (2016). The ASA's statement on p-values. Context, process, and purpose. *The American Statistics, 70,* 129–133.

■3章

Atkinson, R. L., Atkinson, R. C., Smith, E. E., Daryl, J. B., & Nolen–Hoeksema, S. (2000). Hilgard's introduction to psychology. 13 th ed. Fort Worth : Hartcourt College Publishers. (内田一成（監訳）(2000). ヒルガードの心理学　第13版　ブレーン出版)

古川　聡（編）(1998). ふれあいの心理学　福村出版

古川　聡・川崎勝義・福田幸男 (1998). 脳とこころの不思議な関係　川島書店

Hess, E. H. (1959). Imprinting. *Science, 130,* 133–141.

Lorenz, K. (1937). The companion in bird's world. *Auk, 54,* 245–273.

Maclean, P. D. (1973). *A triune concept of the brain and behaviour.* University of Toronto Press.

Selye, H. (1978). *The stress of life.* New York : McGraw–Hill.

Spalding, D. A. (1873/1954). Instinct ; with original observation on young animals. In J.B.S.Haldane (Ed.), Introducing Douglas Spalding. *British Journal of Animal Behaviour, 2,* 1–11.

Sperry, R. (1968). Hemisphere deconnection and unity in conscious awareness. *American Psychologist, 23*, 723–733.
大島　清（監修）山下篤子（訳）(1998). ここまでわかった脳と心　集英社

■4章

Beck, J. (1966). Effect of orientation and of shape similarity on perceptual grouping. *Perception and Psychophysics, 1*, 301–302.
Boring, E. G. (1930). A new ambiguous figure. *American Journal of Psychology, 42*, 444–445.
Dijkstra, N., Zeidman, P., Ondobaka, S., van Gerven, M. A. J., & Friston, K. (2017). Distinct top-down and bottom-up brain connectivity during visual perception and imagery. *Scientific Reports, 7* (Article no. 5677).
Kanizsa, G. (1979). *Essays on Gestalt perception*. New York: Praeger. (野口　薫（監訳）(1985). 視覚の文法：ゲシュタルト視覚論　サイエンス社)
Kelley, E. C. (1947). *Education for what is real*. Harper & Brothers.
Kilpatrick, F. P., & Ittelson, W. H. (1953). The size-distance invariance hypothesis. *Psychological Review, 60*, 223–231.
Koffka, K. (1935). *Principles of Gestalt psychology*. Harcourt Brace.
Kosslyn, S. M. (1994). *Image and Brain: The resolution of the imagery debate*. Cambridge, MA: MIT Press.
Kosslyn, S. M., Ball, T. M., & Reiser, B. J. (1978). Visual images preserved metric spatial information: Evidence from studies of image scanning. *Journal of experimental psychology: Human perception and performance, 4*, 47–60.
Milner, A. D., & Goodale, M. A. (2006). *The Visual Brain in Action*. 2nd ed. Oxford: Oxford University Press.
Moulton, S. T., & Kosslyn, S. M. (2009). Imagining predictions: Mental imagery as mental emulation. *Philosophical Transactions of the Royal Society B: Biological Sciences, 364*, 1273–1280.
村田孝次 (1987). 教養の心理学　培風館
Pauter, P. (1954). Another puzzle picture. *American Journal of Psychology, 67*, 550.
Pritchard, R. M. (1961). Stabilized images on the retina. *Scientific American, 204*, 72–78.
Pylyshyn, Z. W. (2002). Mental imagery: In search of a theory. *Behavioral and Brain Sciences, 25*, 157–238.
Ramachandran, V. S., & Gregory, R. L. (1991). Perceptual filling in of artificially induced scotomas in human vision. *Nature, 350*, 699–702.
Rubin, E. (1921). *Visuell Wahrgenommene Figuren*. Gyldeudalske.
Shepard, R. N. (1990). *Mind sights*, Freeman. (鈴木光太郎・芳賀康朗（訳）(1993). 視覚のトリック　新曜社)
Shepard, R. N., & Metzler, J. (1971). Mental rotation of three-dimensional objects. *Science, 191*, 701–703.
椎名　健 (1995). 錯覚の心理学　講談社現代新書
Smith, E. E., Nolen-Hoeksema, S., Fredrickson, B.L., & Loftus, G. R. (2003). *Atkinson & Hilgard's Introduction to Psychology*. 14th ed. Belmont, CA: Wadsworth / Thomson Learning. (内田一成（監訳）(2005). ヒルガードの心理学（第14版）　ブレーン出版)
鈴木光太郎（監修）(2000). 脳のワナ―きっとあなたもだまされる―　扶桑社
Wertheimer, W. (1912). Experimentelle Studien uber das Sehen von Bewegung. *Zeitschrift fur Psychologie, 61*, 161–265.
Wertheimer, W. (1923). Untersuchungen zur Lehre von der Gestalt. II. *Psychologische Furshung, 4*, 301–350.
Winlove, C. I. P., Milton, F., Ranson, J., Fulford, J., MacKisack, M., Macpherson, F. et al. (2018). The neural correlates of visual imagery: A co-ordinate-based meta-analysis. *Cortex, 105*, 4–25.

Yarbus, D. L. (1967). *Eye Movements and Vison*. New York : Plenum.

■5章

Bandura, A. (1965). Influence of models' reinforcement contingencies on the acquisition of imitative responses. *Journal of Personality and Social Psychology, 1*, 589-595.
今田　寛 (1996). 学習の心理学　培風館
Köhler, W. (1917). *Intelligenzprüfungen an Anthropoiden*. Königliche Akademie der Wissenschaften.
Merton, R. K. (1968). The Matthew effect in science. *Science, 159* (3810), 56-63.
村田孝次 (1987). 教養の心理学　培風館
日本行動分析学会 (編) (2019). 行動分析学事典　丸善出版
日本民間放送連盟 (2016). 日本民間放送連盟放送基準 2015 (平成 27) 年 11 月 9 日改正 (https : //j-ba.or.jp/category/broadcasting/jba101032)
沼　初枝 (2014). 心理のための精神医学概論　ナカニシヤ出版
Powell, R., Digdon, N., Harris, B., & Smithson, C. (2014). Correcting the record on Watson, Rayner, and Little Albert : Albert Barger as "Psychology's lost boy". *American Psychologist, 69*, 600-611.
Raynolds, G. S. (1968). *A primer of operant conditioning*. IL : Scott, Foresman.
Skinner, B. F. (1938). *The behavior of organism*. NY : Appleton-Century Press.
高橋範行 (2020). 模倣による学び　小川容子・谷口高士・中島祥好・星野悦子・三浦雅展・山崎晃男 (編). 音楽知覚認知ハンドブック音楽の不思議の解明に挑む科学　北大路書房　pp. 125-126.
Tolman, E. C., & Honzik, C. H. (1930). Introduction and removal of reward, and maze performance in rats. *University of California Publications in Psychology, 4*, 257-275.
Warren, J. M. (1965). The comparative psychology of learning. *Annual Review of Psychology, 16*, 95-118.
Watson, J. B., & Rayner, R. (1920). Conditioned emotional reactions. *Journal of Experimental Psychology, 3*, 1-14.
Yerkes, R. M., & Morgulis, S. (1909). The method of Pawlow in animal psyhcology. *Psychological Bulletin, 6*, 257-273.

■6章

Anderson, M. C., Bjork, E. L., & Bjork, R. A. (1994). Remembering can cause forgetting : Retrieval dynamics in long-term memory. *Jounal of Expeimental Psyholgy : Leaning, Memory, and Cognition, 20*, 1063-1087.
Atkinson, R. C., & Shiffrin, R. M. (1971). The control of short-term memory. *Scientific American, 225*, 82-90.
Baddeley, A. D. (1990). *Human Memory : Theory and Practice*. Boston : Allyn and Bacon.
Baddeley, A. D. (2000). The episodic buffer : a new component of working memory? *Trends in Cognitive Sciences, 4* (11), 417-423.
Ballard, P. B. (1913). Oblivescence and reminiscence. *British Journal of Psychology : Monograph Supplements, 1*, 1-82.
Bartlett, F. C. (1932). *Remembering : A study in experimental and social psychology*. Cambrigde : Cambridge University Press.
Broadbent, D. E. (1958). *Perception and Communication*. Pergamon Press.
Carmichael, L., Hogan, H. P., & Walter, A. A. (1932). An experimental study of the effect of language on the reproduction of visually perceived form. *Journal of Experimental Psychology, 15*, 73-86.
Cherry, E. C. (1953). Some experiments on the recognition of speech, with one and with two ears. *Journal of the Acoustical Society of America, 25*, 975-979.
Craik, F. I. M., & Lockhart, R. S. (1972). Levels of processing : A framework for memory research. *Journal of Verbal Learning and Verbal Behavior, 11*, 671-684.
Craik, F. I. M., & Tulving, E. (1975). Depth of processing and the retention of words in episodic mem-

ory. *Journal of Experimental Psychology: General, 104*, 268–294.

Ebbinghaus, H. (1885). *Über das Gedächtnis: Untersuchungen zur experimentellen Psychologie*. Leipzig: Duncker and Humblot. (Translation by H. A. Ruger & C. E.)

Jenkins, J. G., & Dallenbach, K. M. (1924). Obliviscence during sleep and waking. *American Journal of Psychology, 35*, 605–612.

Miller, G. A. (1956). The magical number seven, plus or minus two: Some limits on our capacity for processing information. *Psychological Review, 63*, 81–97.

越智啓太・及川　晴 (2008). 想起抑制意図による侵入想起の増加と忘却の抑制　法政大学文学部紀要, *56*, 61–67.

坂本真士 (1997). 自己注目と抑うつの社会心理学　東京大学出版会

Schacter, D. L. (2001). The Seven Sins of Memory, Houghton Miffin. *Psycology Today, 34*, 62.

Squire, L. R. (1987). *Memory and Brain*. New York: Oxford University Press.

Stroop, J. R. (1935). Studies of interference in serial verbal reactions. *Journal of Experimental Psychology, 28*, 643–662.

杉山　崇 (2005). 抑うつと対人関係　坂本真士・丹野義彦・大野　裕 (編)　抑うつの臨床心理学　東京大学出版会

Tulving, E. (1972). Episodic and semantic memory. In E. Tulving & W. Donaldson (Eds.), *Organization of memory*. New York: Academic Press, pp.381–403.

Watkins, M. J., & Peynircioglu, Z. E. (1983). Three recency effects at the same time. *Journal of Verbal Learning & Verbal Behavior, 22*, 375–384.

Wickens, C. D., & Gopher, D. (1977). Control theory measures of tracking as indices of attention allocation strategies. *Human Factors, 19*, 249–366.

■7章

Bereiter, C., & Scardamalia, M. (1987). *The psychology of written composition*. NJ: Lawrence Erlbaum Association.

Bransford, J. D., & Johnson, M. K. (1972). Contextual prerequisites for understanding: Some investigations of comprehension and recall. *Journal of Verbal and Verbal Behavior, 11*, 717–726.

Bruner, J. S., Goodnow, J. J., & Austin, G. A. (1956). *A study of thinking*. New York: John Wiley and Sons.

Cheng, P. W., & Holyoak, K. J. (1985). Pragmatic reasoning and schemas. *Cognitive Psychology, 17*, 391–416.

Coltheart, M., Rastle, K., Perry, C., Langton, R., & Ziegler, J. (2001). DRC: A dual route cascaded model of visual word recognition and reading aloud. *Psychological Review, 108*, 204–256.

Duncker, K. (1945). ／小見山栄一 (訳) (1952). 問題解決の心理　金子書房

福田由紀 (2009). 私たちは文章を正確にとことん読んでいるだろうか?—文章理解モデルに関する浅い処理の視点—　法政大学文学紀要, *58*, 75–86.

福田由紀 (2019). 読みと感情　日本読書学会 (編)　読書教育の未来　ひつじ書房　pp. 144–154.

Fukuda, Y., & Sanford, A. J. (2008). The effect of personalization on shallow processing. *The 18th Annual Meeting of the Society for Text and Discourse*, 60.

ガードナー, M. (1979). aha!—ひらめき思考　日経サイエンス社

Gilhooly, K. J. (1982). *Thinking: Directed, Undirected, and Creative*. San Diego: Academic Press.

Griggs, R. A., & Cox, J. R. (1982). The elusive thematic-materials effect in Wason's selection task. *British Journal of Psychology, 73*, 407–420.

Hayes, J. R., & Flower, L. S. (1986). Writing research and the writer. *American Psychologist, 41*, 1106–1113.

Hayes, J. R., & Flower, L. S. (1980). Identifying the organization of writing processes. In Gregg, L., & Steinberg, E. (Eds.), *Cognitive processes in writing*. Lawrence Erlbaum Association.

Imada, H., & Imada, S. (1983). Thorndike's (1989) puzzle-box experiments revisited. *Kansai Gakuin*

UniversityAnnual Studies, *32*, 167–184.
川喜田二郎 (1967). 発想法　中公新書
金城辰夫 (2006). 記憶・思考・言語　金城辰夫 (監修)　図説現代心理学入門　三訂版　培風館
Kintsch, W. (1986). Learning from text. *Cognition and Instruction*, *3*, 87–108.
小橋康章 (1996). 創造性思考と発想支援　市川伸一(編)　思考　認知心理学 4　東京大学出版会
国立教育政策研究所(編) (2004). 生きるための知識と技能 2　OECD 生徒の学習到達度調査 (PISA) 2003 年調査国際結果報告書　ぎょうせい
Luchins, A. S. (1942). Mechanization in problem solving. *Psychology Monograhs*, *54*, 95.
森　敏昭 (1991). 学習　稲田準子・細田和雅・松本卓三(共編)　心理学概説　ナカニシヤ出版　pp.44–54.
村田孝次 (1987). 教養の心理学　四訂版　培風館
オズボーン, A. F. ／上野一郎(訳) (1958). 独創力を伸ばせ　ダイヤモンド社
斎田真也 (1993). 読みと眼球運動　苧阪良二・中溝幸夫・古賀一男(編)　眼球運動の実験心理学　名古屋大学出版会
Tversky, A., & Kahneman, D. (1981). The framing of decisions and the psychology of choice. *Science*, *211*, 453–458.
内田伸子 (1999). 発達心理学：ことばの獲得と教育　岩波書店
Voss, J. F., Vesonder, G. T., & Spilich, G. J. (1980). Text Generation and Recall by High-Knowledge and Low-Knowledge Individuals. *Journal of Verbal Learning and Verbal Behavior*, *19*, 651–667.
Wason, P. C. (1960). On the failure to eliminate hypothesis in a conceptual task. *The Quarterly Journal of Experimental Psychology*, *12*, 129–140.

■8章

Atkinson, J. W. (1957). Motivational determinants of risk taking behavior. *Psychological Review*, *64*, 359–372.
Coon, D., & Mitterer, J. O. (2008). *Introduction to Psychology : Gateways to Mind and Behavior with Concept Maps and Reviews*. South Melbourne : Wadsworth Publishing.
Deci, E. L. (1971). Intrinsic motivation, extrinsic reinforcement, and inequity. *Journal of Personality and Social Psychology*, *22*, 113–120.
Freud, A. (1937). *The Ego and the Mechanisms of Defense*. London : Hogarth Press and Institute of Psycho-Analysis.
Freud, S. (1920). *A General Introduction to Psychoanalysis*. New York : Boni and Liveright.
Holmes, T. H., & Rahe, R. H. (1967). The social readjustment rating scale. *Journal of Psychosomatic Research*, *11*, 213–218.
Hull, C. L. (1943). *Principles of Behaviour*. New York : Appleton-Century-Crofts.
Hyde, M., & McGuinness, M. (2004). *Introducing Jung New Ed.* Icon Books.
久能　徹・末武康弘・保坂　亨・諸富祥彦 (1997). ロジャースを読む　岩崎学術出版社
Lazarus, R. S., & Folkman, S. (1984). *Stress, Apraisal, and Coping*. New York : Springer Publishing. (本明　寛・春木　豊・小田雅美・織田正美(監訳) (1990). ストレスの心理学　実務教育出版)
Lewin, K., Lippitt, R., & White, R. K.(1939). Patterns of aggressive behavior in experimentally created social climates. *Journal of Social Psychology*, *10*, 271–301.
Maier, N. R. F. (1949). *Frustration : the study of behavior without a goal*. New York : McGraw-Hill.
Maslow, A. H. (1962). *Toward a Psychology of Being*. Princeton, N. J. : D. Van Nostrand Co.
Mellers, B., Schwartz, A., & Ritov, I. (1999). Emotion-based choice. *Journal of Experimental Psychology : General*, *128*, 332–345.
Miller, N. E. (1944). Experimental studies of conflict. In H. McV. Hunt (Ed.), *Personality and the behavior disorders*. New York : Ronald Press.
大平英樹・伊藤絵美・加藤　敏・津田　彰 (2010). 生理―神経心理学を活かす　坂本真士・杉山崇・伊藤絵美 (編)　臨床に活かす基礎心理学　東京大学出版会

Pultchik, R. (1960). The Multifactor-Analytic Theory of Emotion. *Psychology, 50*, 153–171.
Rosenzweig, S. (1976). Aggressive behavior and the Rosenzweig Picture-Frustration (P-F) study. *Journal of Clinical Psychology, 32* (4), 885–891.
Schachter, S., & Singer, J. (1962). Cognitive, social, and physiological determinants of emotional state. *Psychological Review, 69*, 379–399.
Schlosberg, H. (1954). Three dimensions of emotion. *Psychological Review, 61*, 81–88.
高橋雅延・伊藤絵美・杉山　崇・末武康弘 (2010). 認知心理学を活かす　坂本真士・杉山　崇・伊藤絵美 (編)　臨床に活かす基礎心理学　東京大学出版会
Taylor, S. E., & Brown, J. D. (1988). Illusion and well-being : *A social psychological perspective on mental health Psychological Bulletin, 103*, 193–210.
湯浅茂樹 (2006). 恐怖する脳，感動する脳　*Brain and mind, 4*, 6–7.
Weiner, B. (1974). *Achievement motivation and attribution theory.* Morristown, N. J. : General Learning Press

■9章

Anderson, C. A., & Bushman, B. J. (2001). Effects of violent video games on aggressive behavior, aggressive cognition, aggressive affect, physiological arousal and prosocial behavior : A meta-analytic review of the scientific literature. *Psychological Science, 12*, 353–359.
Asch, S. E. (1951). Effects of group pressure upon the modification and distortion of judgments. In H. Guetzkow (Ed.), *Groups, leadership and men : Research in human relations.* Pittsburgh : Carnegie Press, pp.177–190.
Bales, R. F. (1950). *Interaction process analysis : A method for the study of small groups.* Cambridge, MA : Addison-Wesley.
Bandura, A. (1977). *Social learning theory.* 2nd ed. Englewood Cliffs, NJ : Prentice Hall.
Bem, D. J. (1965). An experimental analysis of self-persuasion. *Journal of Experimental Social Psychology, 1*, 199–218.
Berkowitz, L. (1989). The frustration-aggression hypothesis : An examination and reformulation. *Psychological Bulletin, 106*, 59–73.
Chaiken, S., & Baldwin, M. W. (1981). Affective-cognitive consistency and effect of salient behavioral information on the self-perception of attitudes. *Journal of Personality and Social Psychology, 41*, 1–12.
Darley, J. M., & Latané, B. (1968). When will people help in a crisis? *Psychology Today, 2*, 54–57, 70–71.
Dollard, J., Doob, L. W., Miller, N. E., Mowrer, O.H., Sears, R. R., Ford, C. S., Hovland, C. I., & Sollenberger, R. T. (1939). *Frustration and aggression.* New Haven, CT : Yale University Press.
Festinger, L. (1957). *A theory of cognitive dissonance.* Stanford, CA : Stanford University Press.
Festinger, L., & Carlsmith, J. M. (1959). Cognitive consequences of forced compliance. *Journal of Abnormal and Social Psychology, 58*, 203–210.
Freud, S. (1930). *Civilization and its discontents.* London : Hogarth Press.
Janis, I. L. (1982) Victims of groupthink. Houghton-Mifflin.
Latané, B., & Darley, J. M. (1970). *The unresponsive bystander : Why doesn't he help?* EnglewoodCliffs, NJ : Prentice Hall.
Latané, B., Williams, K., & Harkins, S. (1979). Many hands make light the work : The causes and consequences of social loafing. *Journal of Personality and Social Psychology, 37*, 822–832.
Lippitt, R., & White, R. (1943). The "social climate" of children's groups. In R. G. Barker, J. Kounin, & H. Wright (Eds.), *Child Behavior and development.* New York : McGraw-Hill.
Milgram, S. (1963). Behavioral study of obedience. *Journal of Abnormal and Social Psychology, 67*, 371–378.
Mita, T. H., Dermer, M., & Knight, J. (1977). Reversed facial images and the mere exposure hypothesis. *Journal of Personality and Social Psychology, 35*, 597–601.

Moscovici, S., Lage, E., & Naffrechoux, M. (1969). Influence of a consistent minority on the responses of a majority in a color perception task. *Sociometry, 32*, 365-379.

Petty, R. E., & Cacioppo, J. T. (1986). *Communication and Persuasion : Central and peripheral routes to attitude change.* New York : Springer.

齊藤 勇 (2008). 心理学の世界 教養編 4 人間関係の心理学：人づきあいの深層を理解する 培風館

Sherif, M. (1935). A study of some social factors in perception. *Archives of Psychology, 187*, 1-60.

Staats, C. K., & Staats, A. W. (1958). Attitudes established by classical conditioning. *Journal of Abnormal and Social Psychology, 57*, 37-40.

Tajifel, H. (1978). *Differentiation between social groups : Studies in the social psychology of intergroup relations.* Academic Press.

Zajonc, R. B. (1968). Attitudinal Effects of Mere Exposure. *Journal of Personality and Social Psychology, Monograph Supplement, 9*, 1-27.

■ 10 章

Bandura, A. (1997). *Self-efficacy : The exercise of control.* New York : Freeman

Byrne, D., & Nelson, D. (1965). Attraction as a linear function of proportion of positive reinforcements. *Journal of Personality and Social Psychology, 1*, 659-663.

Erikson, E. H. (1959). *Identity and the Life Cycle.* New York : International Universities Press. (小此木啓吾 (訳編) (1973). 自我同一性 誠信書房)

Festinger, L., Schachter, S., & Back, K. (1950). *Social Pressures in Informal Groups ; A Study of Human Factors in Housing.* Palo Alto, California : Stanford University Press.

福田由紀 (2006). 発達状況の理解 古川 聡・福田由紀 子どもと親と教師を育てる教育心理学入門 丸善

Gallup, G. G. Jr. (1970). Chimpanzees : self-recognition. *Science, 167*, 86-87.

Hatfield, E., & Walster, G. W. (1978). *A new look at love.* Lanham : University Press of America.

Heider, F. (1958). *The Psychology of Interpersonal Relations.* New York : Wiley. (大橋正夫 (訳) (1978). 対人関係の心理学 誠信書房)

Jones, E. E., & Harris, V. A. (1967). The attribution of attitudes. *Journal of Experimental Social Psychology, 3*, 1-24.

Jones, E. E., & Nisbett, R. E. (1972). The actor and the observer : Divergent perceptions of the causes of behavior. In E. E. Jones, D. E. Kanouse, H. H. Kelley, R. E. Nisbett, S. Valins, & B. Weiner (Eds.), *Attribution : Perceiving the causes of behaviour.* Morristown, NJ : General Learning Press.

柏木恵子 (1996).「自分」とは？ 柏木恵子・古澤頼雄・宮下孝広 発達心理学への招待 ミネルヴァ書房

Kelley, H. H. (1967). Attribution theory in social psychology. In D. Levine (Ed.), Nebraska symposium on motivation. Lincoln : University of Nebraska Press.

子安増生 (2000). 心の理論―心を読む心の科学― 岩波書店

Leary, M. R., Tambor, E. S., Terdal, S. K., & Downs, D. L. (1995). Self-esteem as an interpersonal monitor : The sociometer hypothesis. *Journal of Personality & Social Psychology, 68*, 518-530.

Lewis, M., & Brooks-Gunn, J. (1979). *Social cognition and the aquisition of self.* Plenum.

岡本祐子(1997). 中年からのアイデンティティ発達の心理学 ナカニシヤ出版

岡本祐子(2002). アイデンティティ生涯発達論の射程 ミネルヴァ書房

Perner, J., & Wimmer, H. (1985). "John thinks that Mary thinks that …" : Attribution of second-order beliefs by 5-to-10-year-old children. *Journal of Experimental Child Psychology. 39*. 437-471.

Premack, D., & Woodruff, G. (1978). Does the chimpanzee have a theory of mind? *The Behavioral and Brain Sciences, 1*, 515-526.

佐久間 (保崎) 路子・遠藤利彦・無藤 隆 (2000). 幼児期・児童期における自己理解の発達―内的側面と評価的側面に着目して 発達心理学研究, *11*, 176-187.

Walster, E., Aronson,V., Abrahams, D., & Rottmann, L. (1966). Importance of physical attractiveness in dating behavior. *Journal of Personality and Social Psychology, 16*, 265-273.

Wimmer, H., & Perner, J. (1983). Beliefs about beliefs : Representation and constraining function of wrong beliefs in young children's understanding of deception. *Cognition, 13*, 103-128.

Wood, J. V., Heimpel, S. A., & Michela, J. L. (2003). Savoring versus dampening : Self-esteem differences in regulating positive affect. *Journal of Personality and Social Psychology, 85*, 566-580.

■11章

安藤寿康 (2000). こころはどのように遺伝するのか　講談社ブルーバックス

東　洋・繁多　進・内田伸子・無藤　隆・佐々木保行 (1995). 幼児期における文字の獲得過程とその環境的要因の影響に関する研究　平成4～6年度科学研究補助金（総合研究A）研究報告書

Bouchard, T. J. (1999). Genes, environment and personality. In Ceci, S. J. (Ed.), *The nature-nurture debate : The essential readings.* Malden : Blackwell Publishing.

ボウルビィ, J. (1969). ／黒田実郎・大羽　秦・岡田洋子・黒田聖一（訳） (1991). 愛着行動　母子関係の理論　新版　岩崎学術出版社

Chi, M. T. (1978). *Knowledge, structure and memory development.* In Siegler, R. S. (Ed.), Children's thinking. What develops? NJ : Erbaum.

Cole, P. M. (1986). Children's spontaneous control of facial expression. *Child Development, 57*, 1309-1321.

Collins, A., Brown, J. S., & Newman, S. E. (1989). Cognitive Apprenticeship : Teaching the crafts of reading, writing and mathematics. In Resnick, L. B. (Ed.), *Knowing, Leraning, Instruction : Essays in honor of Robert Glaser.* Lawrence Erlbaum Associates.

藤永　保・斎賀久敬・春日　喬・内田伸子 (1987). 人間発達と初期環境―初期環境の貧困に基づく発達遅滞児の長期追跡研究　有斐閣

福田由紀 (2010). ことばが意味をもつために―ことばと思考の発達―　川島一夫・渡辺弥生（編）図で理解する発達―新しい発達心理学の招待―　福村出版

福田由紀 (1997). ことばの発達　新井邦二郎（編）　図でわかる発達心理学　福村出版

ゴルトン, F.／甘粕石介（訳） (1935). 天才と遺伝（上・下）　岩波文庫

Grice, H. P. (1975). Logic and conversation. In Cole, P., & Morgann, J. L. (Eds.), *Syntax and semantics, Vol. 3 : Speech acts.* New York : Seminar Press.

八田武志（編） (2007). 新版現代心理学＝Today's Psychology　培風館

今田　寛・宮田　洋・賀集　寛（編） (2003). 心理学の基礎　三訂版　培風館

石田勢津子 (1995). 社会性の育ちと形成　岩田純一・佐々木正人・石田勢津子・落合幸子　児童の心理学　有斐閣

伊藤武彦・田原俊司・朴　媛淑 (1991) 被動作主をあらわす助詞ヲの獲得―助詞ガとの手がかりの強さの比較―　教育心理学研究, *39*, 75-84.

浜口佳和 (1997). 社会性の発達　浜口佳和・宮下一博（編）　子どもの発達と学習　北樹出版

Harlow, H. F. (1959). Love in infant monkeys. *Scientific America, 200*, 68-74.

Held, R., & Hein, A. (1963). Movement produces simulation and the development of visually guided behavior. *Journal of Comparative and Physiological Psychology, 56*, 872-876.

Kagan, J., & Havemann, E. (1980). *Psychology : An introduction,* 4th ed. Harcourt Brace Jovanovich.

片山尊文 (1997). 知覚の発達　新井邦二郎（編）　図でわかる発達心理学　福村書店

川島一夫 (1991). 愛他行動における認知機能の役割―その状況的要因と個人的要因の検討―　風間書房

小林春美 (1999). 慣用操作は物の名前の獲得とどのような関係をもつか　桐谷　滋（編）　言葉の獲得　ミネルヴァ書房

小林春美 (1998). 大人の動作と幼児による語の意味の推測との関係―4歳児と6歳児における発達的検討―　教育心理学研究, *46*, 1-10.

コールバーグ, L.／永野重史（編訳） (1985). 道徳性の発達と教育　コールバーグ理論の展開　新

曜社
Kohlberg, L. (1984). *Essays on moral development, Vol.2 : The psychology of moral development.* Harper & Row.
近藤　勉 (2007). 生きがいを測る　ナカニシヤ出版
楠見　孝 (1995). 青年期の認知発達と知識獲得　落合良行・楠見　孝(編)　自己への問い直し　青年期(講座生涯発達心理学 4)　金子書房
Lewis, M., Sullivam, M.W., Stanger, C., & Weiss, M. (1989). Self development and self-conscious emotions. *Child Development, 60,* 146-156.
Lykken, D. T., McGue, M., Tellegen, A., & Bouchard, T. J. Jr. (1992). Emergenesis : Genetic traits that may not run in families. *American Psychologist, 47,* 1565-1577.
マクファレン, A. (1975). ／鹿取寛人(訳) (1982) 赤ちゃん誕生：出産期の母と子の心理学　サイエンス社
Markman, E. M. (1990). Constraints children place on word meanings. *Cognitive Science, 14,* 57-77.
McGarrigle, J., & Donaldson, M. (1974). Conversation accidents. *Cognition : International Journal of Cognitive Psychology, 3,* 341-350.
正高信男 (1993). 0 歳児がことばを獲得するとき―行動学からのアプローチ―　中公新書
村田孝次 (1987). 教養の心理学　四訂版　培風館
永田彰子・岡本祐子 (2005). 重要な他者との関係を通して構築される関係性発達の検討　教育心理学研究, *53,* 331-343.
Oatley, K., & Jenkins, J. M. (1996). *Understanding emotions.* Oxford : Blackwell.
Parten, M. (1932). Social participation among pre-school children. *Journal of Abnormal and Social Psychology, 27,* 243-269.
ピネル, J. P. J. ／佐藤　敬・若林孝一・泉井　亮・飛鳥井望(訳) (2005). バイオサイコロジー　脳―心と行動の神経科学―　西村書店
佐藤寛之 (1997). 知的機能の発達　新井邦二郎(編)　図でわかる発達心理学　福村書店
首藤敏元 (1999). 社会性の発達　桜井茂男・大川一郎(編)　しっかり学べる発達心理学　福村出版
Siegel, L. S. (1994). Working memory and reading : A life-span perspective. *International Journal of Behavioral Development, 17,* 109-124.
繁田　進 (1987). 愛着の発達　大日本図書
Sorce, J. F., Emde, R. N., Campos, J. J., & Klinert, M. D. (1985). Maternal emotional signaling : Its effect on the visual cliff behavior of l-year olds. *Developmental Psychology, 21,* 195-200.
多鹿秀継 (1996). 処理速度・容量と問題解決　波多野誼余夫(編)　認知心理学 5　学習と発達　東京大学出版会
高木光太郎 (1996). 波多野誼余夫(編)　認知心理学 5　学習と発達　東京大学出版会
高橋　登 (1996). 学童期における読解能力の発達過程―1～5 年生の縦断的な分析―　教育心理学研究, *49,* 1-10.
高橋道子 (1974). 幼児の微笑反応についての縦断的研究―出生直後の自発的微笑反応との関連において―　心理学研究, *45,* 256-267.
Tharp, R. G., & Gallimore, R. (1988). *Rousing minds to life : Teaching, learning, and schooling in social context.* Cambridge University Press.
戸田須恵子 (2003). 幼児の他者感情理解と向社会的行動との関係について　釧路論集：北海道教育大学釧路分校研究報告, *35,* 95-105.
Turkheimer, E. (2000). Three laws of behavior genetics and what they mean. *Current Directions in Psychological Science, 9,* 160-164.
上野輝男 (1981). はなぢがナンでぇ　童心社
綿巻　徹・西野知子 (1997). 平均発話長の伸びと助詞の発達　日本教育心理学会第 39 回総会発表論文集, *25.*
Wood, D. J., Bruner, J. S., & Ross, G. (1976). The role of tutoring in problem solving. *Journal of Chile Psychology and psychiatry, 17,* 89-100.

ワトソン, J. B. (1930). ／安田一郎(訳)　(1980). 行動主義の心理学　河出書房

■ 12章

Binet, A., & Simon, Th. (1911). *A method of measuring the development of the intelligence of young children*. Lincoln, Illinois : Courier Company.
Budner, S. (1962). Intolerance of ambiguity as a personality variable. *Journal of Personality, 30*, 29-50.
Cloninger, C. (1997). 人格と精神病理の精神生物学的モデル　心身医学, *37*(2), 91-102.
牛腸茂雄・片口安史 (1980). 扉をあけると　片口インクブロット研究所
Guilford, J. P. (1940). *Inventory of factors STDCR*. Beverly Hills, California : Sheridan Supply
Guilford, J. P. (1967). *The Nature of Human Intelligence*. New York : McGraw-Hill.
Kagan, J., Moss, H. A., & Sigel, I. E. (1963). Psychological significance of style of conceptualization. *Monograph Social Research of Child Development, 28*, 73-112
木島伸彦・伊藤絵美・杉山　崇・津川律子 (2010). パーソナリティ心理学を活かす　坂本真士・杉山　崇・伊藤絵美(編)　臨床に活かす基礎心理学　東京大学出版会
甲村和三(編)　(2006). 心理学―工科系学生が学ぶ人間行動論　培風館
Larsen-Freeman, D., & Long, M. H. (1991). *An introduction to second language acquisition research*. New York : Longman Inc.
村田孝次 (1987). 教養の心理学　四訂版　培風館
Richardson, A. (1977). Verbalizer-Visualizer : A cognitive style dimension. *Jounal of Mental Imagery, 1*, 109-126.
Rorschach, H. (1921). *Psychodianostik*. (片口安史(訳)　(1976). 精神診断学, 金子書房)
Spearman, C. E. (1904). General intelligence, objectively determined and measured, *American Journal of Psychology, 5*, 201-293.
杉山　崇・坂本真士 (2006). 抑うつと対人関係要因の研究―被受容感・被拒絶感尺度の作成と抑うつ的自己認知過程の検討　健康心理学研究, *19*, 1-10.
住田勝美・林　勝造・一谷　彊 (1964). P-F スタディ使用手引(改訂版)　三京房
Thurstone, L. L. (1938). *Primary mental abilities*. Chicago : University of Chicago Press.
高橋雅延・谷口高士(編)　(2002). 感情と心理学　北大路書房
詫摩武俊・瀧本孝雄・鈴木乙史・松井　豊 (2003). 性格心理学への招待　改訂版　サイエンス社
辻岡美延 (1976). 新性格検査法　日本・心理テスト研究所
Witkin, H. A., Moore, C. A., Goodenough, D. R., & Cox, P. W. (1977). Field-dependent and field-independent cognitive styles and their educational implications. *Review of Educational Research, 47*, 1-64.

■ 13章

東　斉彰 (2007). 心理臨床における統合・折衷とは　杉山　崇・前田泰宏・坂本真士(編)　これからの心理臨床　ナカニシヤ出版
Beck, A. T. (1983). Cognitive therapy of depression : New perspective. In P. J. Clayton & E. Barret (Eds.), *Treatment of depression : Old Controversies and new approaches*. New York : Raven Press, pp.265-290.
伊藤絵美 (2008). 事例で学ぶ認知行動療法　誠信書房
ヘイズ, S. C.,・フォレット, V. M.・リネハン, M. M.,／武藤　崇・伊藤義徳・杉浦義典(監訳)　(2005). マインドフルネス&アクセプタンス：行動療法の新次元　ブレーン出版
ホジダン・A・リンダ／門信一郎・長倉いのり(訳)　(2009). 自閉症スペクトラムと問題行動―視覚的支援による解決　星和書店
Joiner, T. E. Jr., Alfano, M. S., & Metalsy, G. I. (1993). Caught in the crossfire : Depression, self-consistency, self-enhancement, and the response of others. *Journal of Social and Clinical Psychology, 12*, 113-134.
久能　徹・末武康弘・保坂　亨・諸富祥彦 (1997). ロジャースを読む　岩崎学術出版社

楠本伸枝・岩坂英巳・西田 清 (2002). ADHDの子育て・医療・教育 クリエイツかもがわ
Nolen-Hoeksema, S. (2000). The role of rumination in depressive disorders and mixed anxiety/depressive symptoms. *Journal of abnormal psychology*, *109*, 3, 504-11.
大野 裕 (2003). こころが晴れるノート—うつと不安の認知療法自習帳 創元社
Resick, P. A. (2000). *Stress and Trauma*. Psychology Press.
Sakamoto, S. (2000). Self-focusing situations and depression. *Journal of Social Psychology*, *140*, 107-118.
坂本真士・大野 裕・丹野義彦 (編) (2005). 抑うつの臨床心理学 東京大学出版会
坂野雄二・杉浦義典・丹野義彦 (編) (2006). 不安障害の臨床心理学 東京大学出版会
杉山 崇・坂本真士・伊藤絵美 (2010). これからの心理臨床：心理学研究と臨床心理学のコラボレーション 坂本真士・杉山 崇・伊藤絵美 (編) 臨床に活かす基礎心理学 東京大学出版会
丹野義彦・石垣琢磨・杉浦義典 (2000). 妄想的観念の主題を測定する尺度の作成 心理学研究, *71*, 379-386.
内山喜久雄・坂野雄二 (編) (2008). 認知行動療法の技法と臨床 日本評論社
横井正夫・丹野義彦・石垣琢麿 (編) (2003). 統合失調症の臨床心理学 東京大学出版会

■コラム1

高見澤孟 (2004). 新・はじめての日本語教育基礎用語事典 アスク出版 矢口幸康 (2011). オノマトペを用いた共感覚的表現の意味理解 認知心理学研究, *8*, 119-129.

■コラム2

文化審議会国語分科会 (2018). 分かり合うための言語コミュニケーション(報告) 文化庁 Retrieved from https://www.bunka.go.jp/seisaku/bunkashingikai/kokugo/hokoku/wakariau/index.html(2021年7月18日)
Council of Europe (2001). Common European Framework of Reference for Languages: Learning, teaching, assessment: Structured overview of all CEFR scales Retrieved from https://rm.coe.int/CoERMPublicCommonSearchServices/DisplayDCTMContent?documentId=090000168045b15e (2021年7月21日)
菊池理紗 (2016). メールに対する読み手の評価とその共通点に関する考察 実践女子大学生活科学部紀要, *53*, 69-77.
菊池理紗 (2020). 好ましいメールの産出において考慮される要因の関係 読書科学, *62*, 26-41.
竹原卓真・栗林克匡 (2006). 様々なエモティコンを付加した電子メールが受信者の印象形成に及ぼす効果—感謝と謝罪場面の場合— 日本感性工学会研究論文集, *6*, 83-90.

索　引

人名索引

▌事項索引

▶数字・欧文

▶あ　行

▶か　行

▶さ　行

▶た　行

▶な　行

▶は　行

▶ま 行

▶や　行

▶ら・わ行

編著者略歴

福田由紀
ふくだゆき

1986年　筑波大学第二学群人間学類(心理学主専攻)卒業
1991年　筑波大学大学院博士課程心理学研究科　単位取得退学
現　在　法政大学文学部心理学科教授
博士(心理学)

主要著書

読書教育の未来
(共編著，ひつじ書房，2019年)
言語心理学入門—言語力を育てる—
(編著，培風館，2012年)
子どもと親と教師を育てる教育心理学入門
(共著，丸善，2006年)
はじめて学ぶ乳幼児の心理
(分担執筆，有斐閣，2006年)
発達心理学—これからの保育を考える—
(共著，丸善，2002年)
物語理解における視覚的イメージの視点の役割(風間書房，1996年)など

2010年4月1日　初版発行
2022年3月25日　改訂版発行

心理学要論
こころの世界を探る

編著者　福田由紀
発行者　山本　格

発行所　株式会社　培風館
東京都千代田区九段南4-3-12・郵便番号102-8260
電話(03)3262-5256(代表)・振替00140-7-44725

東港出版印刷・牧製本

PRINTED IN JAPAN

ISBN978-4-563-05259-1 C3011